Kristin Neff & Christopher Germer

Selbstmitgefühl

– Das Übungsbuch –

Kristin Neff & Christopher Germer

Selbstmitgefühl

— *Das Übungsbuch* —

Ein bewährter Weg zu Selbstakzeptanz, innerer Stärke und Freundschaft mit sich selbst

Aus dem amerikanischen Englischen übersetzt von
Nadine Helm und Annett Zupke

Arbor Verlag
Freiburg im Breisgau

arbor

Die Originalausgabe erschien 2018 unter dem Titel: *The Mindful Self-Compassion Workbook. A proven way to accept yourself, build inner strength and thrive* by The Guilford Press, a division of Guilford Publications, Inc., New York, USA.

Deutsche Erstausgabe
9. Auflage 2026

Autorenschaft: Kristin Neff ISNI 1 0767 0355; Cristopher Germer,ISNI 3703 7991
Lektorat: Ralf Lay
Fachliche Beratung: Hilde Steinhauser
Titelfoto: ©plainpicture/Westend61/Brigitte Stehle
Hergestellt von mediengenossen.de
Druck und Bindung: Memminger MedienCentrum Druckerei und Verlags-AG

Dieses Buch wurde auf 100% Altpapier gedruckt und ist alterungsbeständig.
Weitere Informationen über unser Umweltengagement finden Sie unter
www.arbor-verlag.de/umwelt

www.arbor-verlag.de
Informationen zur Produktsicherheit können Sie erfragen unter gpsr@arbor-verlag.de
Arbor Verlag GmbH, Lienhard Valentin, Alice-Salomon-Str. 4, 79111 Freiburg

ISBN 978-3-86781-239-9

Wichtiger Hinweis
Die Ratschläge und Übungen in diesem Buch sind von den Autor:innen sowie dem Verlag sorgfältig geprüft worden. Dennoch kann eine Garantie nicht übernommen werden. Bei Beschwerden sollten Sie auf jeden Fall ärztlichen, psychotherapeutischen oder psychologischen Rat oder den Rat eines/einer Heilpraktiker:in Ihres Vertrauens einholen. Eine Haftung der Autor:innen oder des Verlags für Personen,- Sach- und Vermögensschäden ist ausgeschlossen.

Inhalt

Einleitung

Der Umgang mit diesem Übungsbuch

Unsere Aufgabe ist es nicht, nach Liebe zu suchen,
sondern lediglich alle Hindernisse in uns selbst aufzuspüren,
die wir der Liebe in den Weg gestellt haben.

RUMI[1]

Wir alle haben Hindernisse der Liebe gegenüber errichtet. Das war zuweilen nötig, um uns vor der rauen Wirklichkeit eines menschlichen Lebens zu schützen. Es gibt jedoch einen anderen Weg, sich sicher und beschützt zu fühlen. Schon wenn wir achtsam unsere Bemühungen wahrnehmen und uns selbst in schweren Zeiten Mitgefühl, Freundlichkeit und Unterstützung entgegenbringen, beginnen die Dinge sich zu ändern. Ungeachtet innerer und äußerer Unvollkommenheiten können wir lernen, uns selbst und unser Leben zu umarmen, und uns die Kraft zur Verfügung stellen, die wir benötigen, um zu gedeihen. Die Zahl der Forschungsarbeiten auf dem Gebiet des Selbstmitgefühls ist in den vergangenen zehn Jahren explosionsartig angestiegen, sie belegen seine Wirkung auf das Wohlbefinden sehr eindrücklich.[2] Menschen, die selbstmitfühlender sind, zeigen die Tendenz, zufriedener und sogar glücklich zu sein, sie verfügen über eine höhere Motivation,[3] haben funktionierende Beziehungen,[4] eine bessere körperliche Gesundheit[5] und weniger Ängste und Depressionen.[6] Ebenso besitzen sie die Resilienz, derer es bedarf, um mit herausfordernden Ereignissen wie etwa einer Scheidung,[7] gesundheitlichen Krisen,[8] schulischem oder akademischem Versagen[9] und sogar mit einem Trauma nach dem Einsatz in Kriegsgebieten[10] umzugehen.

Zu lernen, dich selbst und deine Unvollkommenheit zu umarmen, schenkt dir die Resilienz, die du brauchst, um zu gedeihen.

Wenn wir innerlich ringen, leiden, versagen oder uns unzulänglich fühlen, ist es schwer, achtsam dem gegenüber zu sein, was in unserem Umfeld vor sich geht; wir schreien dann lieber und schlagen mit der Faust auf den Tisch. Es ist nicht nur so, dass wir nicht mögen, was geschieht, wir denken auch, dass irgendetwas mit uns nicht stimmt, weil es geschieht. Innerhalb eines Wimpernschlags können wir uns von »Ich *mag* dieses Gefühl nicht« über »Ich *will* dieses Gefühl nicht« und »Ich *sollte* das Gefühl nicht haben« zu »Irgendwas *stimmt mit mir nicht*, dass ich dieses Gefühl habe« oder bis hin zu »Ich bin *schlecht*« bewegen. Hier kommt Selbstmitgefühl ins Spiel. Manchmal müssen wir uns erst einmal Trost und Geborgenheit für die Tatsache entgegenbringen, wie schwer es ist, überhaupt ein Mensch zu sein, bevor wir achtsamer mit unserem Leben in Beziehung treten können.

Selbstmitgefühl tritt aus dem Herzen der Achtsamkeit empor, wenn wir dem Leiden in unserem Leben begegnen. Achtsamkeit lädt uns ein, uns dem Leiden gegenüber aus einem liebevollen, weiten Gewahrsein heraus zu *öffnen*. Selbstmitgefühl fügt dem hinzu: *»Sei inmitten des Leidens liebevoll mit dir selbst.«* Zusammen machen Achtsamkeit und Selbstmitgefühl in schwierigen Momenten unseres Lebens einen Zustand warmherziger, verbundener Präsenz aus.

Selbstmitgefühl entspringt dem Herzen der Achtsamkeit in Momenten des Leidens.

Achtsames Selbstmitgefühl

Achtsames Selbstmitgefühl (Mindfulness Self-Compassion, MSC) war das erste Übungsprogramm, das speziell entwickelt wurde, um Menschen in ihrem Selbstmitgefühl zu stärken. Achtsamkeitsbasierte Übungsprogramme, wie Stressbewältigung durch Achtsamkeit (Mindfulness-Based Stress Reduction, MBSR)[11] und Achtsamkeitsbasierte Kognitive Therapie (Mindfulness-Based Cognitive Therapy, MBCT)[12] erhöhen ebenso das Selbstmitgefühl,[13] dies geschieht jedoch auf eher implizite Weise als willkommener Nebeneffekt der Achtsamkeit. MSC wurde explizit dafür entwickelt, Menschen Fähigkeiten zu vermitteln, die sie brauchen, um im alltäglichen Leben selbstmitfühlend zu sein. MSC ist ein achtwöchiger Kurs, in dem ausgebildete Lehrer und Lehrerinnen eine Gruppe zwischen 8 und 25 Personen in wöchentlichen Treffen von 2¾ Stunden sowie während eines Halbtags-Meditations-Retreats durch das Programm begleiten. Forschungsergebnisse belegen, dass das Programm zu einer lang anhaltenden Zunahme von Selbstmitgefühl und Achtsamkeit sowie einer Reduktion von Ängsten und Depressionen führt,[14] das allgemeine Wohlbefinden ansteigen lässt[15] und sogar dazu beiträgt, den Glukosespiegel bei Menschen mit Diabetes auf einem stabilen Niveau zu halten.[16]

Im Jahr 2008 wurde die Idee des MSC geboren, als sich die Autorin und der Autor dieses Buches auf einem Meditations-Retreat für Wissenschaftler(innen) trafen. Kristin ist Entwicklungspsychologin und wegweisende Forscherin auf dem Gebiet des Selbstmitgefühls. Chris ist klinischer Psychologe, der seit Mitte der Neunzigerjahre in vorderster Reihe dabei ist, Achtsamkeit in die Psychotherapie zu integrieren. Wir teilten uns eine Mitfahrgelegenheit zum Flughafen am Ende des Retreats, als uns auffiel, dass wir unsere Fähigkeiten zusammenbringen könnten, um ein Programm zum Erlernen von Selbstmitgefühl zu entwickeln.

Mir, Kristin, begegnete der Gedanke des Selbstmitgefühls zum ersten Mal 1997, in meinem letzten Jahr an der Hochschule, in dem mein Leben einem totalen Chaos glich. Hinter mir lag eine furchtbare Scheidung, und an der Uni stand ich unter unglaublichen Belastungen. Ich nahm mir vor, buddhistische Meditation zu erlernen, um besser mit meinem Stress umgehen zu können. Zu meiner großen Überraschung betonte die Meditationslehrerin, wie wichtig es sei, Selbstmitgefühl zu entwickeln. Mir war sehr wohl bewusst, dass Buddhisten viel über die Bedeutsamkeit von Mitgefühl gegenüber anderen sprachen, doch hatte ich nie zuvor realisiert, dass Mitgefühl mit *mir selbst* ebenso wichtig sein könnte. Meine erste Reaktion darauf lautete: »Was? Heißt das, ich *darf* freundlich mit mir selbst umgehen? Ist das nicht selbstsüchtig?« Da ich aber so verzweifelt auf der Suche nach etwas innerem Frieden war, probierte ich es aus. Schon bald erkannte ich, wie hilfreich Selbstmitgefühl sein kann. Ich lernte, mir selbst gegenüber eine gute, unterstützende Freundin zu sein, wenn ich es schwer hatte. Als ich begann, liebevoller und weniger urteilend mit mir selbst umzugehen, wandelte sich mein ganzes Leben.

Nach meiner Promotion begann ich als Postdoktorandin, zwei Jahre lang mit einer der leitenden Forschungspersönlichkeiten zum Selbstwertgefühl zu lernen, und erkannte einige der Nachteile dieses Ansatzes. Auch wenn es dienlich ist, dass wir uns selbst gegenüber ein gutes Gefühl haben, schien das Bedürfnis danach, »besonders und überdurchschnittlich« zu sein, zu Narzissmus, kontinuierlichem Vergleichen mit anderen, einem das Ego verteidigenden Ärger, Vorurteilen und so fort zu führen.[17] Eine weitere Einschränkung des Selbstwertgefühls ist, dass es bedingt zu sein scheint – es steht uns zur Verfügung, wenn wir Erfolgserlebnisse haben, lässt uns jedoch in Momenten des Versagens häufig im Stich, genau dann also, wenn wir es am nötigsten bräuchten. Mir wurde bald klar, dass Selbst*mit*gefühl die perfekte Alternative zum Selbst*wert*gefühl ist, da es ein Empfinden des eigenen Werts vermittelt, welches nicht erfordert, dass wir vollkommen sind oder besser als andere. Nachdem ich eine Stelle als Assistenzprofessorin an der Universität von Texas in Austin erhalten hatte, entschloss ich mich also, Studien auf dem Gebiet des Selbstmitgefühls zu initiieren und zu leiten. Zum damaligen Zeitpunkt hatte noch niemand Selbstmitgefühl wissenschaftlich untersucht, also versuchte ich zu definieren, was Selbstmitgefühl ist, und entwarf eine Skala, um es zu messen. Dies war der Anfang einer Lawine der Selbstmitgefühlsforschung, die wir bis zum heutigen Zeitpunkt erleben dürfen.

Der Grund jedoch, warum ich *wirklich* weiß, dass Selbstmitgefühl »funktioniert«, liegt darin, dass ich seine positive Wirkung in meinem Privatleben erfahren durfte. Mein Sohn Rowan erhielt 2007 die Diagnose Autismus, und dies war die herausforderndste Situation, der ich mich je gegenübergesehen hatte. Ich weiß nicht, wie ich das ohne meine Selbstmitgefühlspraxis hätte durchstehen können. Ich erinnere mich, dass ich an dem Tag, an dem ich es erfuhr, gerade auf dem Weg ins Meditations-Retreat war. Ich sagte meinem Mann, dass ich es absagen würde, damit wir dies gemeinsam verarbeiten könnten. Er erwiderte daraufhin: »Nein, geh dorthin, und mach dieses ›Selbstmitgefühlsding‹ – und dann komm wieder, und hilf mir.«

Während dieses Rückzugs aus dem Alltag durchflutete ich mich selbst mit Mitgefühl. Ich erlaubte mir zu fühlen, was immer ich gerade empfand, und zwar ohne zu urteilen – selbst Regungen, von denen ich dachte, ich »sollte« oder »dürfte« sie nicht haben. Gefühle der Enttäuschung, auch Gefühle irrationaler Scham. Wie konnte ich solche Empfindungen gegenüber der Person hegen, die ich auf der ganzen Welt am allermeisten liebte? Ich wusste jedoch, dass ich mein Herz öffnen und alles zulassen musste. Ich ließ die Traurigkeit herein, den Kummer, die Angst. Und schon bald fiel mir auf, dass mir die Stabilität innewohnte, all dies zu halten – dass mir die Ressource des Selbstmitgefühls nicht nur dabei helfen würde, das Ganze zu überstehen, sondern ebenso dabei, Rowan die beste bedingungslos liebende Mutter zu sein, die ich sein konnte. Was für ein Unterschied!

Aufgrund der intensiven sensorischen Probleme, die Kinder mit Autismus erleben, neigen sie zu heftigen Wutausbrüchen. Das Einzige, was man als Eltern dann tun kann, ist zu versuchen, für die Sicherheit des Kindes zu sorgen und zu warten, bis der Sturm vorüberzieht. Wenn mein Sohn im Supermarkt aus nicht erkennbaren Gründen wild zu schreien und um sich zu schlagen anfing und Außenstehende mir fiese Blick zuwarfen, weil sie dachten, ich würde mein Kind nicht genug disziplinieren, praktizierte ich Selbstmitgefühl. Ich schenkte mir Trost dafür, dass ich mich durcheinander fühlte, beschämt, gestresst und hilflos, und gab mir selbst die emotionale Unterstützung, die ich in diesem Moment so dringend nötig hatte. Selbstmitgefühl half mir, Wut und Selbstmitleid zu vermeiden, und erlaubte mir, geduldig und liebevoll mit Rowan zu bleiben, trotz Stress und Verzweiflung, jener Gefühle, die unvermeidlich aufkamen. Aber ich möchte damit keineswegs sagen, dass es nicht auch Momente gab, in denen mir regelrecht der Kragen geplatzt ist. Deren gab es etliche. Ich konnte mich jedoch durch die Praxis des Selbstmitgefühls von meinen »Fehltritten« schneller wieder erholen und meinen Fokus erneut darauf richten, Rowan alle Liebe zukommen zu lassen und ihn nach Kräften zu unterstützen.

Ich (Chris) habe Selbstmitgefühl auch vor allem aus persönlichen Gründen erlernt. Ich meditiere seit Ende der Siebzigerjahre, wurde klinischer Psychologe Anfang der Achtziger und schloss mich dann einer Studiengruppe zu Achtsamkeit und Psychotherapie an. Diese doppelte Leidenschaft für Achtsamkeit und Therapie führte letztendlich zur Veröffentlichung meines Buches *Achtsamkeit in der Psychotherapie.*[18] Als Achtsamkeit an Bekanntheit zunahm, bekam ich mehr und mehr Anfragen, Vorträge zu halten. Das Problem war jedoch, dass ich unter schrecklicher Angst litt, vor einem Publikum zu sprechen. Obwohl ich eine regelmäßige Meditationspraxis über mein gesamtes Erwachsenenleben aufrechterhielt und jeden einzelnen klinischen Trick für den Umgang mit Angstzuständen aus Büchern ausprobiert hatte, raste mein Herz vor jedem öffentlichen Auftritt, meine Hände begannen zu schwitzen, und es war mir schlichtweg unmöglich, einen klaren Gedanken zu fassen. Zum Wendepunkt kam es, als ich auf einer Konferenz der Harvard Medical School sprechen sollte, die ich mitorganisiert hatte. (Ich versuchte immer noch bewusst, mich jeder möglichen Redesituation auszusetzen.) Bisher hatte ich mich als klinischer Ausbilder sicher im Schatten der Medizinischen

Hochschule versteckt, nun jedoch sollte ich eine Rede halten und mein beschämendes Geheimnis all meinen geschätzten Kollegen und Kolleginnen offenbaren.

Etwa zu dieser Zeit riet mir ein sehr erfahrener Meditationslehrer, den Fokus meiner Meditation auf liebevolle Güte hin auszurichten und einfach Sätze zu sprechen wie »Möge ich sicher sein«, »Möge ich glücklich sein«, »Möge ich gesund sein« und »Möge ich mit Gelassenheit leben können«. In all den Jahren, in denen ich meditierte und als Psychologe über mein Innenleben nachsann, hatte ich nie mit mir selbst auf solch sanfte, trostspendende Art und Weise gesprochen. So gab ich der Sache eine Chance. Mir ging es auf Anhieb besser, und mein Geist wurde klarer. Die Liebevolle-Güte-Meditation (Metta-Meditation) wurde zu meiner Hauptmeditationspraxis.

Wann auch immer Angst in mir aufstieg, wenn ich an die bevorstehende Konferenz dachte, sprach ich schlichtweg die Sätze der liebevollen Güte zu mir, Tag für Tag, Woche für Woche. Ich tat dies nicht in der besonderen Absicht, mich zu beruhigen, sondern einfach, weil es nichts gab, was ich sonst hätte tun *können*.

Schließlich kam der Tag der Konferenz. Als ich aufs Podium gerufen wurde, um meine Rede zu halten, stieg das typische Grauen in gewohnter Art und Weise in mir auf. Diesmal jedoch war da etwas Neues – ein schwaches Hintergrundflüstern sprach: »Mögest du sicher sein. Mögest du glücklich sein …« In diesem Moment tauchte zum allerersten Mal etwas auf und trat an die Stelle der Angst – Selbstmitgefühl.

Nach weiteren Überlegungen wurde mir klar, dass ich meine Angst nicht achtsam hatte annehmen können, da diese Redeangst letztlich gar keine *Angst*störung war: Sie war eine »*Scham*störung«, und die Scham war einfach zu überwältigend, um sie auszuhalten. Stell dir vor, wie das ist, wenn man nicht in der Lage ist, über Achtsamkeit zu sprechen – aus Angst! Ich war mir wie ein Hochstapler vorgekommen, inkompetent und ein wenig lächerlich. Was ich an diesem schicksalsreichen Tag entdeckte, war jedoch, dass wir zuweilen zuerst einmal *uns selbst* halten müssen, bevor wir unsere Erfahrung Augenblick für Augenblick halten können – vor allem wenn wir von intensiven Emotionen wie der Scham verschlungen werden. Ich hatte begonnen, Selbstmitgefühl zu erlernen, und erlebte seine Kraft aus allererster Hand.

Im Jahr 2009 publizierte ich mein Buch *Der achtsame Weg zum Selbstmitgefühl*[19] mit dem Anliegen zu teilen, was ich gelernt hatte. Ich bezog mich dabei im Besonderen darauf, wie Selbstmitgefühl den Klienten half, die mir in Ausübung meines klinischen Berufs begegneten. Im darauffolgenden Jahr veröffentlichte Kristin ihr Buch *Selbstmitgefühl*,[20] in dem sie ihre persönliche Geschichte beschrieb, die Theorien und den Forschungsstand des Selbstmitgefühls betrachtete und vielerlei Techniken anbot, um unser Selbstmitgefühl zu stärken. Gemeinsam führten wir im Jahr 2010 das erste öffentliche MSC-Programm durch. Seit damals haben wir, zusammen mit einer weltweiten Gemeinschaft an Lehrerinnen und Übenden, sehr viel Zeit und Energie dem gewidmet, MSC weiterzuentwickeln und es zu einem sicheren, wohltuenden und effektiven Programm für möglichst viele Menschen werden zu lassen. Sein Nutzen wird durch zahlreiche Forschungsstudien untermauert, und bis zum heutigen Tag haben Zigtausende Menschen weltweit an einem MSC-Kurs teilgenommen.

Wie du dieses Buch benutzen kannst

Ein Großteil des MSC-Curriculums findet sich, auf einfache Weise dargestellt, in diesem Buch in einem Format wieder, das dich darin unterstützt, sofort mitfühlender mit dir selbst umzugehen. Einige, die dieses Buch verwenden, besuchen vielleicht gerade einen MSC-Kurs, andere wollen gegebenenfalls auffrischen, was sie vor Kurzem erfahren haben, für viele jedoch wird dieses Buch ihr erster Kontakt mit MSC sein. Es ist deshalb so angelegt, dass es auch als alleinige Anleitung auf dem Weg benutzt werden kann, die Fähigkeiten zu erlernen, die du brauchst, um im Alltag über mehr Selbstmitgefühl zu verfügen. Es folgt dem allgemeinen Ablauf des MSC-Kurses, die Kapitel sind sorgsam ausgewählt und angeordnet, und die Fähigkeiten bauen aufeinander auf. Jedes Kapitel behandelt grundlegende Informationen zu einem bestimmten Thema, denen Übungen folgen, welche dir die Erfahrung der Konzepte aus erster Hand ermöglichen. Die meisten Kapitel enthalten auch persönliche Erfahrungen von Teilnehmenden der MSC-Kurse, um aufzuzeigen, wie die Praxis und die Übungen in deinem Leben Anwendung finden können. Es sind zusammengesetzte Darstellungen, die in keinerlei Weise die Privatsphäre eines einzelnen spezifischen Teilnehmers gefährden, und die Namen sind aus ebendiesem Grund geändert. Um eine leichtere Lesbarkeit zu gewährleisten, wird meist wie üblich das männliche grammatische Geschlecht verwendet. Wir hoffen aber zutiefst, dass sich alle angesprochen und eingeschlossen fühlen werden.

Wir schlagen vor, dass du die Kapitel der Reihe nach durchgehst und dir zwischendurch Zeit nimmst, die Übungen einige Male durchzuführen. Zur groben Orientierung könnten 30 Minuten Übungszeit pro Tag angesetzt werden, und du kannst ein bis zwei Kapitel pro Woche durchgehen. Dennoch, finde dein eigenes Tempo. Wenn du spürst, dass du langsamer vorangehen möchtest oder einem bestimmten Thema mehr Zeit widmen willst, lass dich nicht davon abhalten. Mach dir das Programm zu eigen. Falls du Interesse hast, an einem MSC-Kurs mit einem ausgebildeten Lehrer teilzunehmen, findest du hier Angebote in deiner Nähe: *www.msc-selbstmitgefuehl.org*. Online-Trainings sind ebenso verfügbar. Fachleuten, die mehr über die Theorie, Forschungsergebnisse und die Praxis des MSC lernen möchten, empfehlen wir die Lektüre des MSC Professional Training Manual.[21]

Die Ansätze und Übungen in diesem Buch gründen größtenteils auf wissenschaftlichen Forschungen (siehe die Hinweise auf relevante Studien im hinteren Teil des Buchs). Darüber hinaus basieren sie auch auf unserer Erfahrung im Unterrichten Tausender Menschen darin, wie sie selbstmitfühlender sein können. Das MSC-Programm an sich bildet selbst ein organisches Ganzes, das sich mit uns und unseren Teilnehmern während unseres eigenen Lernens und Wachsens weiterentwickelt. Selbst wenn MSC keine Therapie ist, wirkt es jedoch therapeutisch – es wird dir helfen, auf die Ressource des Selbstmitgefühls zugreifen zu können, um Schwierigkeiten zu begegnen und umzuwandeln, die unweigerlich im Verlauf unseres Lebens auftreten. Dennoch kann die Übung von Selbstmitgefühl manchmal alte Wunden neu aktivieren. Wenn du ein Trauma erlebt hast oder derzeit unter seelischen Problemen leidest, empfehlen wir, dass du dieses Arbeitsbuch mit therapeutischer Begleitung durchgehst.

TIPPS ZUR PRAXIS

Wenn du dieses Arbeitsbuch durcharbeitest, ist es wichtig, einige Punkte zu berücksichtigen, um den größtmöglichen Nutzen zu erlangen:

- MSC ist ein Abenteuer, das dich auf dir unbekanntes Terrain vordringen lässt, unerwartete Erfahrungen werden auftreten. Schau, ob es dir möglich ist, dieses Arbeitsbuch als ein Experiment der *Selbstentdeckung* und *Selbsttransformation* anzusehen. Du arbeitest im Labor deines eigenen Erlebens – schau, was geschieht.
- Du lernst vielerlei Techniken und Prinzipien der Achtsamkeit und des Selbstmitgefühls kennen. Nimm dir die Freiheit, sie ganz auf dich zuzuschneiden und anzupassen. Das Ziel besteht darin, *dein eigener bester Lehrer zu werden.*
- Sei dir bewusst, dass schwierige Situationen auftauchen können, während du lernst, dich deinen Herausforderungen auf neue Weise zuzuwenden. Wahrscheinlich wirst du mit problematischen Emotionen oder schmerzhaften Selbsturteilen in Berührung kommen. Glücklicherweise befasst sich dieses Buch damit, die emotionalen Ressourcen, Fähigkeiten, Stärken und Kapazitäten auszubilden, um mit derartigen Schwierigkeiten umgehen zu können.

- Während die Arbeit des Selbstmitgefühls herausfordernd sein kann, liegt das Ziel jedoch darin, eine Art und Weise des Praktizierens zu finden, die angenehm und leicht ist. Idealerweise impliziert jeder Moment des Selbstmitgefühls ein *Weniger an Stress, an Streben und Mühen wie auch an Arbeit* und keinesfalls ein Mehr.
- Es ist gut, ein »langsam Lernender« zu sein. Einige Menschen schießen am Ziel des Selbstmitgefühls dadurch vorbei, dass sie sich zu sehr drängen, selbstmitfühlend zu werden. Geh in deinem eigenen Tempo voran.
- Das Arbeitsbuch selbst ist ein Übungsort für Selbstmitgefühl. Die Art und Weise, mit der du diesen Kurs begehst, sollte selbstmitfühlend sein. Mit anderen Worten, Mittel und Zweck entsprechen sich.
- Es ist wichtig, dass du dir während der Arbeit mit diesem Buch zugestehst, durch einen Prozess des *»Öffnens«* und *»Schließens«* zu gehen. So wie unsere Lungen sich weiten und zusammenziehen, öffnen und schließen sich unser Geist und unser Herz auf natürliche Weise. Es ist selbstmitfühlend, uns zu erlauben, dass wir uns verschließen, wenn dies vonnöten ist, und dass wir uns wieder öffnen, sobald dies ganz natürlich geschieht. Anzeichen für ein »Sichöffnen« können sein, dass man lacht, weint oder lebendigere Gedanken und Empfindungen hat. Anzeichen für das »Schließen« können darin bestehen, dass man abgelenkt oder schläfrig ist, sich ärgert, taub für etwas ist oder unbegründet Selbstkritik übt.
- Schau, ob es dir gelingt, die richtige Balance zwischen dem Öffnen und dem Schließen zu finden. Genau wie wir den Wasserstrahl in der Dusche kontrollieren können, so ist es auch möglich, den Grad der Offenheit zu regulieren, den wir erleben möchten. Deine Bedürfnisse werden sich ändern: Manchmal fühlt es sich vielleicht nicht

> ***Die wesentliche Frage des Selbstmitgefühls lautet: »Was brauche ich?« Dieses Thema wird sich durch das gesamte Buch ziehen.***

richtig an, eine bestimmte Übung durchzuführen, und in anderen Momenten ist sie genau das, was du brauchst. *Bitte übernimm Verantwortung für deine eigene emotionale Sicherheit, und zwing dich nicht durch etwas durch, wenn es sich gerade im Moment nicht stimmig anfühlt.* Du kannst jederzeit später darauf zurückkommen oder dich der Übung in Begleitung einer vertrauenswürdigen Person oder eines Therapeuten widmen.

DER AUFBAU DIESES ARBEITSBUCHS

Dieses Arbeitsbuch enthält verschiedene Elemente, jedes davon verfolgt ein eigenes Ziel. In aller Regel beginnen die Kapitel mit allgemeinen Informationen und Konzepten, mit denen du vertraut wirst, indem du sie einfach liest.

Darüber hinaus bietet es viele schriftliche *Übungen*, die vor allem so ausgelegt sind, dass man sie einmal durchgeht; dennoch kann es hilfreich sein, sie zu einem späteren Zeitpunkt zu wiederholen, um Veränderungen wahrzunehmen. Die Absicht der ebenfalls vorgeschlagenen *informellen Übungen* beziehungsweise *Praktiken* liegt darin, sie regelmäßig im Alltag durchzuführen, wann immer sie gebraucht werden – wie beispielsweise an der Kasse im Supermarkt. Einige Übungen, wie das *Führen eines Tagebuchs*, benötigen etwas zusätzliche Zeit. *Meditationen* stellen eher formellere Übungen dar, die du regelmäßig ausführen solltest, um den größten Nutzen aus ihnen zu ziehen. Wähle dazu einen Ort, an dem du frei bist von äußeren Ablenkungen.

Im Anschluss an die meisten Übungen folgt ein Abschnitt mit Reflexionen, der dir helfen wird, deine Erfahrungen aufzunehmen und zu verarbeiten. Eventuell gibt es ein paar Fragen, die du in dir bewegen kannst, und eine kurze Besprechung dessen, was dir gegebenenfalls begegnen mag. Dies schließt mögliche schwierige Reaktionen mit ein und einige Ratschläge, wie du mit deinen Reaktionen auf sinnvolle und hilfreiche Weise umgehen kannst. Manche Menschen ziehen es vor, im Geist zu reflektieren, andere haben möglicherweise lieber ein spezielles Notizbuch, um diese Überlegungen niederzuschreiben. Ein Notizbuch kann auch praktisch sein, wenn du merkst, dass du mehr Platz brauchst, als dieses Arbeitsbuch für deine Antworten bereithält, (oder falls du nicht möchtest, dass andere deine Notizen in diesem Arbeitsbuch lesen können und du lieber für alle Übungen ein privates Notizbuch verwenden willst – beziehungsweise falls du grundsätzlich nicht gern in Bücher schreibst). Am wichtigsten ist, dich daran zu erinnern, dass du die Übungen machst, die dir am meisten Freude bereiten oder persönlich am dienlichsten erscheinen, denn dies sind die Übungen, deren Effekte mit größerer Wahrscheinlichkeit auch über längere Zeit haften bleiben werden.

Während du das Arbeitsbuch durchgehst, sollte es dein Ziel sein, eine Kombination aus Meditation und informeller Praxis von circa 30 Minuten am Tag durchzuführen. Studienergebnisse zeigen, dass der Zuwachs an Selbstmitgefühl, den die Teilnehmenden während des Programmverlaufs verzeichnen, mit der Zeit zusammenhängt, die sie üben, dass aber informelle oder formelle Praxis keinen Unterschied dabei ausmachen.

ÜBUNGEN werden in aller Regel einmalig ausgeführt, auch wenn sie wiederholt werden können.

INFORMELLE PRAKTIKEN werden häufig, typischerweise im normalen Tagesablauf ausgeführt.

MEDITATIONEN sind formelle Übungen, die ungestört regelmäßig zu Zeiten ausgeführt werden, die speziell dem Zweck der Meditation gewidmet sind.

1

Was ist Selbstmitgefühl?

Selbstmitgefühl zu haben bedeutet, dass du dich selbst so behandelst, wie du mit einem Freund oder einer Freundin umgehen würdest, die gerade eine schwere Zeit durchmachen – auch wenn sie etwas vermasselt haben, sich unzulänglich fühlen oder einfach vor einer schwierigen Herausforderung im Leben stehen. Die westliche Kultur betont sehr stark, wie wichtig es ist, zu unseren Freunden, unserer Familie und unseren Nachbarn freundlich zu sein, gerade wenn diese Probleme haben, welcher Art auch immer. Keinesfalls wird diese Fürsorglichkeit aber von uns verlangt, wenn es um uns selbst geht. Durch die Praxis des Selbstmitgefühls können wir jedoch lernen, uns selbst ein guter Freund oder eine gute Freundin zu sein, und zwar in den Momenten, in denen wir es am dringendsten benötigen – und zu einem inneren Verbündeten zu werden statt zu einem Feind. Üblicherweise behandeln wir uns selbst allerdings nicht so gut, wie wir mit unseren Freunden umgehen.

> ***Durch Selbstmitgefühl lernen wir, uns selbst ein innerer Verbündeter zu werden statt ein innerer Feind.***

Die goldene Regel lautet: »Behandle andere so, wie du auch von ihnen behandelt werden möchtest.« Allerdings willst du höchstwahrscheinlich andere lieber nicht so behandeln, wie du mit dir selbst umgehst! Stell dir vor, dass deine beste Freundin dich anruft, nachdem ihr Partner gerade mit ihr Schluss gemacht hat, und die Unterhaltung läuft wie folgt ab:

»Hi«, sagst du, als du das Telefon abnimmst. »Wie geht's dir denn so?«

»Furchtbar«, erwidert sie, die Tränen unterdrückend. »Weißt du, Michael, dieser Typ, mit dem ich einige Male ausgegangen bin? Der war der erste Mann, zu dem ich mich wirklich wieder hingezogen gefühlt habe seit meiner Scheidung. Gestern Abend hat er mir gesagt, ich würde ihn zu sehr unter Druck setzen und dass er lieber nur befreundet sein möchte. Ich bin vollkommen fertig.«

Du seufzt und sagst: »Na ja, um ehrlich zu sein, liegt es wahrscheinlich daran, dass du alt, hässlich und langweilig bist, mal ganz abgesehen davon, auch noch bedürftig und abhängig. Außerdem hast du mindestens zehn Kilo zu viel auf den Knochen. Ich würde jetzt einfach aufgeben, denn es gibt wirklich keinerlei Hoffnung, jemanden zu finden, der dich lieben könnte. Ganz offen gesagt, verdienst du das auch einfach nicht!«

Würdest du je so mit jemandem sprechen, der dir wichtig ist? Selbstverständlich nicht. Seltsamerweise sind es aber genau solche Worte, die wir in einer derartigen Situation zu uns selbst sagen – wenn nicht gar Schlimmeres. Durch Selbstmitgefühl lernen wir, stattdessen wie eine gute Freundin mit uns selbst zu sprechen. »Das tut mir so leid. Geht's dir gut? Du musst ganz aufgewühlt sein. Denk dran, ich bin für dich da, und ich schätze dich sehr. Kann ich irgendetwas tun, um dir zu helfen?«

Sich selbst so zu behandeln, wie wir eine gute Freundin behandeln würden, ist eine einfache Art und Weise, Selbstmitgefühl zu verstehen. Eine umfassendere Definition enthält jedoch drei Kernelemente, die wir aufbringen, wenn wir Schmerzen erleben: Selbstfreundlichkeit, ein Gefühl für die gemeinsame menschliche Erfahrung und Achtsamkeit.[22]

SELBSTFREUNDLICHKEIT: Wenn wir einen Fehler machen oder in irgendeiner Hinsicht versagen, neigen wir eher dazu, uns selbst fertigzumachen, als uns in Gedanken einen Arm um die eigene Schulter zu legen. Denk an all die großzügigen, fürsorglichen Menschen, die du kennst, die sich selbst aber ständig mit Kritik zerfleischen (vielleicht gehörst du ja auch dazu). Selbstfreundlichkeit begegnet dieser unseligen Neigung und lässt uns mit der eigenen Person so freundlich umgehen, wie wir andere behandeln sollten. Statt mit uns selbst ins Gericht zu gehen, wenn wir persönliche Unzulänglichkeiten an uns bemerken, geben wir uns Unterstützung und sprechen uns Mut zu, bemüht, uns selbst vor Verletzungen zu beschützen. Statt uns selbst anzugreifen und dafür zu schelten, dass wir nicht gut genug sind, schenken wir uns Wärme und bedingungslose Akzeptanz. Das kommt uns vor allem auch dann zugute, wenn unsere äußeren Lebensumstände herausfordernd und schwer auszuhalten sind – wir spenden uns aktiv Trost und geben uns Geborgenheit.

Theresa war vor Freude ganz aufgeregt: »Ich hab's geschafft. Ich kann's selbst kaum glauben, dass es mir gelungen ist. Aber ich war auf einer Firmenfeier letzte Woche, und da rutschte mir einer Kollegin gegenüber eine etwas unpassende Bemerkung heraus. Statt mich dann, wie sonst üblich, selbst innerlich auszuschimpfen, versuchte ich in der Folge, freundlich und verständnisvoll mit mir umzugehen. Ich sagte zu mir selbst: ›Herrje, davon geht die Welt nicht unter. Ich hab's doch gut gemeint, selbst wenn es nicht so geschickt rübergekommen ist.‹«

GEMEINSAMES MENSCHSEIN. Ein Gefühl der verbindenden Humanität, des Miteinander-verbunden-Seins aller Menschen, ist ein weiterer zentraler Aspekt des Selbstmitgefühls. Wir sitzen alle in einem Boot. Es bedeutet zu erkennen, dass niemand »perfekt« ist und wir uns alle in ständiger Entwicklung befinden, hin und wieder versagen, Fehler machen, schwierige Umstände zu durchleben haben oder gar in arge Not geraten. Selbstmitgefühl erkennt die unvermeidliche Tatsache an, dass das Leben auch Leiden bereithält, und zwar für alle, ohne Ausnahme. Dies scheint offensichtlich zu sein, dennoch verlieren wir das häufig aus den Augen. Wir unterliegen der falschen Annahme, dass die Dinge stets glattlaufen sollten und dass mit uns irgendetwas »nicht stimmt«, wenn mal wieder etwas schiefgegangen ist.

Die drei Elemente des Selbstmitgefühls

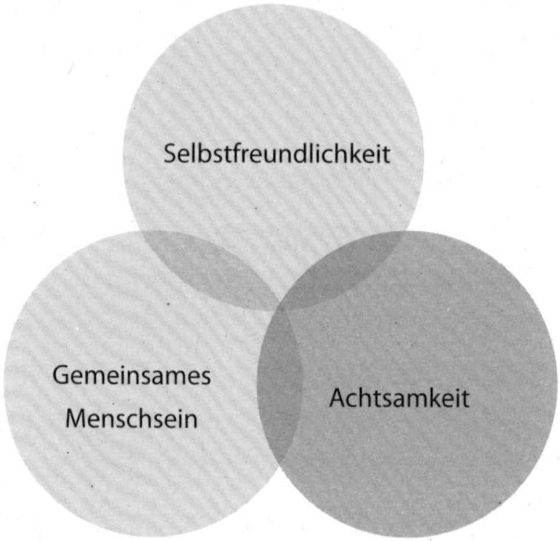

Obwohl also eine große Wahrscheinlichkeit besteht – es in der Tat sogar unvermeidlich zu sein scheint –, dass uns Fehler unterlaufen und wir regelmäßig in Schwierigkeiten geraten, neigen wir dazu, diesbezüglich keinesfalls rational zu sein. Stattdessen leiden wir nicht nur, sondern fühlen uns isoliert und allein in unserem Leid. Wenn wir uns daran erinnern, dass Schmerz ein Teil der gemeinsamen menschlichen Erfahrung ist, dann wandelt sich jeder Moment des Leidens in einen Moment der Verbindung mit anderen. Der Schmerz, den ich in schweren Zeiten spüre, ist derselbe, den du in schweren Zeiten empfindest. Die Umstände unterscheiden sich, ebenso der Stärkegrad des Schmerzes, die grundlegende Erfahrung des menschlichen Leidens jedoch ist gleich.

Theresa fuhr fort: »Dann habe ich mich daran erinnert, dass jedem mal was rausrutscht. Ich kann nicht erwarten, dass ich in jedem Moment das Richtige sage. Es ist nur natürlich, dass so etwas geschieht.«

ACHTSAMKEIT. Achtsamkeit bedeutet, sich des gegenwärtigen Erlebens von Moment zu Moment klar und ausgewogen gewahr zu sein. Sie impliziert, der Realität des aktuellen Augenblicks offen zu begegnen, sie vorurteilsfrei zu akzeptieren, alle Gedanken, Emotionen und Empfindungen in unser Gewahrsein treten zu lassen, ohne ihnen Widerstand entgegenzusetzen oder sie vermeiden zu wollen.

Warum ist Achtsamkeit die dritte Kernkomponente des Selbstmitgefühls? Weil wir in der Lage sein müssen, uns unserem Leiden zuzuwenden, anzuerkennen, wenn wir leiden, und in unserem Schmerz lange genug präsent zu sein, um ihm mit Fürsorge und Freundlichkeit begegnen zu können. Während es vielleicht so scheint, dass Leiden vollkommen offensichtlich ist, verhält es sich dennoch so, dass viele Menschen nicht anerkennen, wie viel Schmerz sie durchmachen, vor allem dann, wenn der Schmerz ihrer eigenen Selbstkritik entspringt. Oder aber sie verlieren sich im Problemlösemodus, wenn das Leben sie mit Herausforderungen konfrontiert, dass sie nicht innehalten, um zu betrachten, wie schwer es gerade für sie ist. Achtsamkeit wirkt der Tendenz entgegen, schmerzhafte Gedanken und Emotionen zu vermeiden, und erlaubt es uns, der Wahrheit unseres Erlebens zu begegnen, selbst wenn es unangenehm ist. Gleichzeitig bewahrt uns die Achtsamkeit davor, vollkommen von den negativen Gedanken und Gefühlen absorbiert zu werden und uns mit ihnen zu »überidentifizieren«, uns in unserer Ablehnungsreaktion zu verstricken und uns von dieser forttragen zu lassen. Grübeln und Wiederkäuen unserer Gedanken verengt unseren Fokus und bauscht unsere Erfahrung auf. Ich habe nicht nur versagt, sondern glaube: *»Ich bin ein Versager.«* Ich war nicht nur enttäuscht, sondern denke: *»Mein Leben ist enttäuschend.«* Wenn wir unseren Schmerz jedoch achtsam beobachten, können wir unser Leiden anerkennen, ohne es aufzublähen. Dies erlaubt uns, eine weisere und objektivere Perspektive auf uns und unser Leben einzunehmen.

Um mitfühlend mit uns selbst zu sein, bedarf es also eigentlich zunächst einmal der Achtsamkeit als ersten Schritt – wir brauchen geistige Gegenwärtigkeit, um auf neue Art und Weise zu antworten. Statt ihren Kummer mithilfe einer Tafel Schokolade zu ersticken, fasste auch Theresa gleich nach ihrem Fauxpas auf der Firmenfeier all ihren Mut zusammen, um zu betrachten, was geschehen war.

Theresa fügte hinzu: »Ich erkannte einfach an, wie schlecht ich mich in dem Moment fühlte. Ich wünschte, es wäre nicht geschehen, ist es aber. Erstaunlicherweise konnte ich einfach mit den Gefühlen der Verlegenheit sein, den rot angelaufenen Wangen, der Hitze, die mir in den Kopf stieg, ohne dass ich mich in Selbsturteilen verlor. Ich wusste, dass die Gefühle mich nicht umbringen und schließlich auch vorübergehen würden. Und genau das geschah auch. Ich redete mir selbst ein wenig gut zu und traf mich dann am nächsten Morgen mit meiner Kollegin, um mich zu entschuldigen und mich zu erklären, und alles war gut.«

Einen Zustand liebevoller, verbundener Präsenz zu kultivieren kann unsere Beziehung zu uns selbst und unserem Umfeld positiv verändern.

Die drei wesentlichen Elemente des Selbstmitgefühls können auch als *liebevolle* (Selbstfreundlichkeit), *verbundene* (gemeinsames Menschsein) *Präsenz* (Achtsamkeit) beschrieben werden. Befinden wir uns im Zustand liebevoller, verbundener Präsenz, wandelt sich unsere Beziehung zu uns selbst, anderen und der Welt.

ÜBUNG

Wie behandele ich einen Freund/eine Freundin?

- Schließ die Augen, und denk einen Moment über die folgenden Fragen nach:

  Ruf dir ein einen Moment in Erinnerung, in denen ein enger Freund, eine enge Freundin mit etwas zu ringen hatte – Pech, Versagen, einem Gefühl der Unzulänglichkeit –, während es dir gerade gutging und du dich mit dir selbst wohl gefühlt hast. Wie gehst du typischerweise in solchen Situationen mit deinen Freunden um? Was sagst du? Welchen Ton hat deine Stimme? Welche Körperhaltung nimmst du ein? Welche nonverbalen Gesten nutzt du?

- Schreib auf, was du entdeckt hast.

....

....

....

....

....

....

....

....

....

....

....

- Schließ nun erneut die Augen, und widme dich dieser Frage:

  Ruf dir einen Moment in Erinnerung, in denen du selbst mit irgendetwas zu ringen hattest – Pech, Versagen, einem Gefühl der Unzulänglichkeit. Wie gehst du typischerweise in solchen Situationen mit dir selbst um? Was sagst du? Welchen Ton hat deine Stimme? Welche Körperhaltung nimmst du ein? Welche nonverbalen Gesten nutzt du?

- Schreib auf, was du entdeckt hast.

....

....

....

....

....

....

- Denk nun über die Unterschiede nach zwischen der Art, wie du nahestehende Menschen und Freunde behandelst, wenn diese etwas Schweres durchmachen, und der Art, wie du mit dir selbst in solchen Situationen umgehst. Fallen dir irgendwelche Muster auf?

....

....

....

....

....

REFLEXION

Was ist während dieser Übung an Empfindungen und Eindrücken in deinem Inneren aufgetaucht?

Viele Menschen sind, wenn sie diese Übung machen, erschrocken darüber, wie schlecht sie sich selbst im Vergleich zu ihren Freunden behandeln. Wenn es dir auch so geht, bist du also nicht allein. Viele Datenerhebungen weisen darauf hin, dass der Großteil der Menschen mitfühlender mit anderen umgeht als mit sich selbst. Unsere Kultur ermuntert uns nicht gerade dazu, uns selbst freundlich zu behandeln. Deswegen müssen wir ganz bewusst üben, die Beziehung zur eigenen Person zu verändern, um dieser lebenslang abträglichen Gewohnheit entgegenzuwirken.

ÜBUNG

Uns selbst mitfühlend behandeln

Denk an eine aktuelle Schwierigkeit, die du gerade in deinem Leben zu bewältigen hast. Sie sollte allerdings nicht allzu problematisch sein. Beispielsweise ein Streit mit deiner Partnerin, in dem du etwas gesagt hast, was du bereust; oder vielleicht hast du einen Auftrag vermasselt und hast nun Sorge, dass deine Chefin dich zu sich rufen wird, um dich zurechtzuweisen.

- Schreib die Situation nieder.

....

....

....

....

....

....

- Zuallererst schreibst du alle Gedankenszenarios auf, in denen du dich vielleicht verlierst oder die mit dir durchgehen. Denkst du ständig darüber nach, oder machst du die Sache größer, als sie ist? Hast du beispielsweise Angst, dass dir gekündigt wird, auch wenn dein Fehler verhältnismäßig geringfügig war?

....

....

....

....

....

....

- Nun schau, ob es dir möglich ist, den Schmerz in Zusammenhang mit diesem Geschehnis achtsam anzuerkennen, ohne ihn aufzubauschen oder zu dramatisieren. Schreib alle schmerzhaften oder schwierigen Gefühle auf, die du darauf bezogen hast, und versuch dabei, einen relativ objektiven und ausgewogenen Tonfall zu treffen. Erkenn die Schwierigkeit dieser Situation an, während du dich bemühst, dich nicht in der Geschichte um deine Gefühle zu verwickeln. Beispielsweise: »Ich habe wirklich Angst, dass ich nach diesem Vorfall Ärger mit meiner Chefin bekomme. Es fällt mir schwer, das jetzt zu fühlen.«

....

....

....

....

....

- Als Nächstes schreib alle Gedanken dazu nieder, die zum Ausdruck bringen, dass du dich in dieser Situation vielleicht allein und isoliert fühlst, denkst, es hätte nicht passieren dürfen oder dass du der Einzige bist, der je in solch einer Situation war. Denkst du beispielsweise, dass deine Arbeit immer perfekt und glattlaufen sollte und es nicht normal ist, Fehler zu machen? Dass niemandem deiner Kollegen solche Fehler unterlaufen?

....

....

....

....

....

- Erinnere dich jetzt an die gemeinsame menschliche Erfahrung in dieser Situation – wie normal es ist, solche Gefühle zu haben, und dass viele Menschen wahrscheinlich Gefühle erleben, die deinen ähneln. Beispielsweise: »Ich nehme an, dass es normal ist, ein flaues Gefühl zu haben, nachdem man auf der Arbeit einen Fehler gemacht hat. Jedem unterläuft hin und wieder ein Fehler, und ich bin mir sicher, dass viele andere Menschen schon in ähnlichen Situationen waren, wie ich es gerade bin.«

....

....

....

....

....

....

- Als Nächstes schreib alle Urteile über das Geschehene auf, die du vielleicht über dich hast. Beschimpfst du dich beispielsweise (»Blöder Idiot!« oder »Dumme Gans!«), oder bist du übertrieben streng mit dir (»Du vermasselst immer alles, wann wirst du je dazulernen?«)?

....

....

....

....

....

....

- Bemüh dich nun zum Schluss darum, dir selbst gegenüber ein paar freundliche Worte zu deinen schwierigen Gefühlen aufzubringen. Schreib genau die liebevollen, unterstützenden Worte nieder, die du nutzen würdest, ginge es um eine liebe Freundin, die dir am Herzen liegt. Beispielsweise: »Es tut mir sehr leid, dass du gerade Angst hast. Ich bin mir sicher, dass alles gut wird, und ich werde da sein und dich unterstützen, egal was passiert.« Oder: »Es ist vollkommen in Ordnung, Fehler zu machen, und es ist auch okay, Angst vor den Konsequenzen zu haben. Ich weiß, dass du dein Bestes gegeben hast.«

....

....

....

....

....

REFLEXION

Wie war diese Übung für dich? Nimm dir einen Moment, um ganz und gar zu akzeptieren, wie du dich jetzt gerade fühlst. Lass dich einfach genau so sein, wie du jetzt bist.

Einige Menschen spüren allein schon dadurch Linderung und Trost, dass sie diese Übung machen und die Worte der Achtsamkeit, der gemeinsamen menschlichen Erfahrung und der Selbstfreundlichkeit niederschreiben. Wenn es dich unterstützt hat, kannst du dir erlauben, diese Gefühle der Selbstfürsorge zu genießen?

Manch einer erlebt es jedoch als seltsam oder unangenehm, in dieser Art zu schreiben. Wenn dies auch deine Erfahrung ist beziehungsweise wenn es dir zu schnell vorkommt, kannst du dir erlauben, dich erst einmal an diese Vorgehensweise zu gewöhnen und in deinem eigenen Tempo vorzugehen, in dem Wissen, dass es Zeit bedarf, neue Gewohnheiten auszubilden.

2

Was Selbstmitgefühl nicht ist

Oft äußern Leute Bedenken, ob es denn eine gute Idee sei, selbstmitfühlend zu sein, oder ob wir nicht vielleicht *zu* einfühlsam mit uns selbst sein könnten. Ganz sicher gilt Selbstmitgefühl in der westlichen Kultur nicht als Tugend, und einige Menschen hegen ein tiefes Misstrauen gegen einen freundlichen, liebevollen Umgang mit sich selbst. Da diese Zweifel oft unsere Fähigkeit hemmen, selbstmitfühlend zu sein, ist es sinnvoll, sie einmal genauer zu betrachten.

ÜBUNG

Meine Bedenken gegenüber Selbstmitgefühl

Schreib die Bedenken auf, die du persönlich gegenüber Selbstmitgefühl hegst – die Ängste oder Befürchtungen, die du in Hinblick auf seine möglichen Nachteile hast.

Manchmal ist unsere Haltung auch durch das geprägt, was andere Menschen in unserem Umfeld tatsächlich oder unserer Meinung nach über Selbstmitgefühl denken. Schreib die Zweifel oder Einwände auf, die andere oder »die Gesellschaft« zum Thema »Selbstmitgefühl« ins Feld führen (könnten).

REFLEXION

Wenn du einige der Bedenken identifiziert hast, die du gegenüber dem Selbstmitgefühl hegst, dann ist das schon mal gut. Diese Bedenken stellen Hindernisse dar, die dich in deiner Fähigkeit hindern, selbstmitfühlend zu sein. Und sich dessen gewahr zu werden ist der erste Schritt, diese Hindernisse abzubauen. Glücklicherweise gibt es immer mehr Forschungsergebnisse, die belegen, dass die häufigsten Bedenken gegenüber Selbstmitgefühl auf einem falschen *Verständnis* beruhen. Mit anderen Worten, diese Missverständnisse sind im Allgemeinen unbegründet.

Im Folgenden sind einige der Befürchtungen genannt, die wieder und wieder in unseren Kursen geäußert werden. Im Anschluss daran folgt immer eine kurze Erläuterung der vorliegenden Erkenntnisse, die Gegenteiliges belegen.

Bedenken gegenüber Selbstmitgefühl beruhen häufig auf einem Missverständnis.

»Heißt Selbstmitgefühl nicht einfach, dass ich in Selbstmitleid zerfließe – nach dem Motto ›Ich Ärmste(r)!‹?«

Viele Menschen befürchten, dass Selbstmitgefühl nichts anderes als eine Art des Selbstmitleids ist. Tatsächlich ist es jedoch sogar das *Gegenmittel* dazu. Während das Selbstmitleid »Ich arme Socke!« schreit, erkennt das Selbstmitgefühl an, dass das Leben für alle schwer ist. Forschungsergebnisse zeigen, dass Menschen mit Selbstmitgefühl eher zu einer Perspektivübernahme neigen,[23] als den Fokus allein auf ihren eigenen Stress auszurichten. Sie neigen auch *weniger* dazu, darüber zu grübeln, wie schlimm das alles ist.[24] Dies ist auch einer der Gründe, aus dem Menschen mit Selbstmitgefühl über eine bessere seelische Gesundheit verfügen. Selbstmitgefühl erinnert uns daran, dass jeder leidet (die Erfahrung der gemeinsamen Menschlichkeit). Das Ausmaß des Leidens wird dabei nicht übertrieben (Achtsamkeit), und wir nehmen nicht die Haltung »Mir geht es aber am schlechtesten« … ein.

»Selbstmitgefühl ist etwas für Schwächlinge. Ich muss hart und stark sein, um mein Leben zu bewältigen.«

Ein weiterer wichtiger Einwand lautet, dass Selbstmitgefühl uns schwach und verletzlich werden lässt. In Wirklichkeit ist es jedoch eine verlässliche Quelle innerer Stärke, die uns Mut macht und unsere Resilienz fördert, wenn wir in Schwierigkeiten geraten. Forschungsergebnisse zeigen, dass Menschen mit Selbstmitgefühl eher in der Lage sind, mit schwierigen Situationen zurande zu kommen, zum Beispiel mit einer Scheidung,[25] einem Trauma[26] oder chronischen Schmerzen[27].

»Ich sollte mehr an andere denken, nicht nur an mich. Selbstmitgefühl zu haben ist viel zu egoistisch.«

Manche sorgen sich, dass sie egoistisch wirken könnten, wenn sie Mitgefühl für sich selbst entwickelten. Doch ganz im Gegenteil versetzt uns Mitgefühl mit uns selbst sogar in die Lage, anderen in unseren Beziehungen noch mehr geben zu können. Die Forschung zeigt, dass Menschen mit Selbstmitgefühl in der Partnerschaft fürsorglicher und unterstützender[28] sowie in Beziehungskonflikten eher zu Kompromissen[29] bereit sind, mehr Mitgefühl für andere haben und nachsichtiger reagieren.[30]

»Durch Selbstmitgefühl werde ich träge. Wahrscheinlich werde ich dann, wann immer mir der Sinn danach steht, die Arbeit liegenlassen und den ganzen Tag im Bett bleiben und Schokolade naschen.«

Auch wenn viele Menschen die Sorge haben, dass Selbstmitgefühl bedeutet, sich gehenzulassen, führt es im eigentlichen Sinne zum genauen Gegenteil. Mitgefühl wird bei uns ein dauerhaft gesundes Verhalten und Wohlergehen fördern und nicht nur ein rein kurzfristiges Vergnügen bereiten (ähnlich wie eine mitfühlende Mutter darauf bedacht ist, ihr Kind nicht so viel Eis essen zu lassen, wie es möchte, sondern es liebevoll dazu auffordert, sich eher gesünderen Leckereien zuzuwenden). Forschungsergebnisse zeigen, dass Menschen mit Selbstmitgefühl zu gesünderem Verhalten neigen, weil sie Sport treiben,[31] sich gesund ernähren,[32] weniger Alkohol trinken[33] und regelmäßiger den Arzt aufsuchen als der Durchschnitt.[34]

»Wenn ich Mitgefühl mit mir selbst habe, lasse ich mir alles durchgehen. Ich muss streng zu mir sein, wenn ich etwas vermassle, um sicherzugehen, dass ich niemanden verletze.«

Eine weitere Sorge besteht darin, dass Selbstmitgefühl eine Art Ausrede oder Entschuldigung für schlechtes Benehmen ist. Vielmehr gibt uns Selbstmitgefühl jedoch die nötige Sicherheit, eigene Fehler zuzugeben, statt andere für diese zu beschuldigen. Die Forschung zeigt, dass Menschen mit Selbstmitgefühl eher bereit sind, Verantwortung für ihr Handeln zu übernehmen[35] und eher dazu neigen, sich zu entschuldigen, wenn sie jemanden verletzt haben.[36]

»Ich werde nie dahin kommen, wo ich im Leben hinwill, wenn ich auch nur einen Moment von meiner konsequenten Selbstkritik Abstand nehme. Sie treibt mich an und lässt mich erfolgreich sein. Selbstmitgefühl mag ja für einige das Richtige sein, aber meine Messlatte hängt hoch, und ich habe hohe Ziele, die ich in meinem Leben verwirklichen will.«

Ein äußerst weit verbreitetes Missverständnis ist, dass Selbstmitgefühl die eigene Motivation untergraben könnte. Die meisten Menschen halten Selbstkritik für einen erfolgreichen Motivator, aber in Wirklichkeit unterwandert sie das Selbstvertrauen und führt zu Versagensängsten. Haben wir Selbstmitgefühl, sind wir nach wie vor motiviert, unsere Ziele zu erreichen – nicht, weil wir so, wie wir sind, unzulänglich wären, sondern weil wir uns selbst wichtig sind und unser volles Potenzial verwirklichen wollen. Die Forschung zeigt, dass Menschen mit Selbstmitgefühl hohe persönliche Standards haben, sich aber nicht so sehr darüber ärgern, wenn sie sie verfehlen sollten.[37] Sie haben weniger Versagensängste[38] und sind eher bereit, nach einem Scheitern einen erneuten Versuch zu wagen und ihre Bemühungen aufrechtzuerhalten.[39]

Spieglein, Spieglein an der Wand

Sehr häufig hören wir Bemerkungen wie die folgende, wenn wir mit den Leuten über das Thema »Selbstmitgefühl« sprechen.

»Selbstmitgefühl, das ist doch, als ob man es toll findet, in den Spiegel zu schauen und zu sagen: ›Ich bin gut, ich bin klug, und, verdammt nochmal, ich bin bei allen beliebt!‹ Oder etwa nicht?«

Um Selbstmitgefühl wirklich zu verstehen, ist es wichtig, es von einem nahen Verwandten zu unterscheiden: dem Selbst*wert*gefühl. In der westlichen Kultur bedeutet ein hoher Selbstwert, dass wir uns von anderen abheben, etwas Besonderes sind und Überdurchschnittliches leisten. Problematisch ist natürlich, dass nicht *alle* zugleich überdurchschnittlich sein können. Vielleicht gibt es einige Bereiche, in denen wir hervorragend sind; es wird aber immer jemanden geben, der attraktiver, erfolgreicher, intelligenter ist als wir. Wir könnten uns also immer wie Versager fühlen, wenn wir uns mit denen vergleichen, die »besser« sind als wir.

Selbstmitgefühl ist nicht mit Selbstwertgefühl zu verwechseln.

Unser Verlangen, besser zu sein als der Durchschnitt, und das Bemühen, das flüchtige Gefühl eines hohen Selbstwerts aufrechtzuerhalten, kann allerdings zu geradezu gemeinem Verhalten führen. Warum etwa beginnen manche Jugendliche, einander zu hänseln? Wenn ich als das »coole Kid« gesehen werde im Vergleich zu dem feigen Streber, den ich gerade gehänselt habe, pumpt sich mein Selbstwertgefühl auf. Warum haben wir so viele Vorurteile? Wenn ich denke, dass meine ethnische Zugehörigkeit, mein Geschlecht, meine Nationalität oder meine politische Gruppierung besser ist als deine, plustert sich mein Selbstwertgefühl auf.

Selbstmitgefühl ist jedoch etwas völlig anderes als Selbstwertgefühl, obwohl beide ganz eng mit psychologischem Wohlbefinden verwoben sind:

- Selbstwertgefühl kann man als positive Einschätzung der eigenen Bedeutung verstehen. Selbstmitgefühl hingegen ist mit keinerlei Bewertung oder Urteil verbunden. Es bezeichnet die Art und Weise, wie wir mit Freundlichkeit und Akzeptanz zu der sich ständig verändernden Landschaft in uns selbst *in Beziehung treten* – vor allem dann, wenn wir bei etwas scheitern oder uns unzulänglich fühlen.

- Für das Selbstwertgefühl ist es notwendig, sich besser als andere zu fühlen. Selbstmitgefühl erfordert anzuerkennen, dass wir alle unvollkommen sind.

- Selbstwertgefühl tendiert dazu, uns zu unterstützen, wenn wir uns auf der Sonnenseite befinden und Erfolg haben; es lässt uns häufig jedoch genau dann im Stich, wenn wir es am nötigsten bräuchten – in Momenten des Versagens oder wenn wir uns etwa zum Narren gemacht haben. Selbstmitgefühl ist immer für uns da. Es bietet eine verlässliche Quelle der Unterstützung, selbst wenn alles um uns herum zusammenzubrechen scheint. Es schmerzt auch weiterhin, wenn unser Stolz verletzt wird, aber wir können freundlich mit uns umgehen, *weil* es schmerzt: »Mann, das war ja ziemlich blamabel. Es tut mir sehr leid. Aber okay, so was kommt halt immer wieder mal vor.«

- Verglichen mit Selbstwertgefühl, ist Selbstmitgefühl weniger abhängig von Bedingungen wie körperlicher Attraktivität oder Erfolg und Leistung,[40] und es führt im Laufe der Zeit zu einem natürlicheren, stabileren Selbstwert. Es ist mit weniger sozialen Vergleichen verbunden und weniger narzisstisch als Selbstwertgefühl.

ÜBUNG

Wie funktioniert Selbstwertgefühl für dich?

Wie fühlst du dich, wenn du die Rückmeldung bekommst, deine Leistung beziehungsweise dein Verhalten in einem Bereich, der dir wichtig ist (beispielsweise im Beruf, als Elternteil oder als Freund), sei *durchschnittlich*?

....

....

....

....

....

....

Wie fühlst du dich, wenn jemand *besser* ist in einem Bereich, der dir wirklich etwas bedeutet (wenn er oder sie beispielsweise höhere Verkaufszahlen hat, köstlicheren Kuchen für die Schulfeier backt, besser Fußball spielt, besser im Badeanzug aussieht)?

....

....

....

....

....

....

Wie beeinflusst es dich, wenn du in einem Bereich *scheiterst*, der dir wichtig ist (wenn beispielsweise die Evaluation deiner Lehrtätigkeit schlecht ausfällt, dein Kind dir sagt, dass du ein schrecklicher Vater bist, oder wenn du kein zweites Mal zum Ausgehen eingeladen wirst)?

....

....

....

....

....

....

....

....

REFLEXION

Wenn es dir geht wie den meisten, dann fühlt es sich auch für dich nicht gerade gut an, »nur« durchschnittlich zu sein, dir wird es nicht gefallen, wenn andere besser sind als du; und ganz ehrlich gesagt: Zu scheitern zehrt ganz schön an den Nerven. Das ist nur allzu menschlich. Dennoch gilt es zu bedenken, dass dies alles wesentliche Einschränkungen des Selbst*wert*gefühls sind: Es verursacht, dass wir uns permanent mit anderen vergleichen, und bringt es mit sich, dass unser Selbstwert ständig auf und ab hüpft wie ein Pingpongball, abhängig von unserer jüngsten Erfahrung des Erfolgs oder des Scheiterns. Wenn uns auffällt, dass unser Bedürfnis nach einem hohen Selbstwertgefühl uns Probleme bereitet, dann ist es an der Zeit, eine neue Art und Weise zu üben, in der wir mit uns selbst in Beziehung zu treten – eben mit Selbst*mit*gefühl.

3

Der Nutzen des Selbstmitgefühls

Am ersten Kursabend war Marion sehr skeptisch. »Wie soll mir Selbstmitgefühl helfen? Ich habe mir angewöhnt, sehr streng mit mir umzugehen – ich weiß schon, dass das teuflisch sein kann. Es hat mich aber dahin gebracht, wo ich heute stehe. Warum sollte ich mich ändern? Kann ich mich überhaupt ändern? Wie kann ich mich darauf verlassen, dass es funktioniert, wenn ich mich darauf einlasse?

Zum Glück musste sich Marion nicht nur auf unser Wort verlassen. Über tausend Studien[41] belegen den gesundheitlichen Nutzen des Selbstmitgefühls auf geistiger und körperlicher Ebene. Menschen mit mehr Selbstmitgefühl verfügen über ein höheres Wohlbefinden:

Weniger	Mehr
Depression	Glück
Angst	Lebenszufriedenheit
Stress	Selbstvertrauen
Scham	körperliche Gesundheit

Auch wenn wir alle natürlich über unterschiedliche Grade an Selbstmitgefühl verfügen, kann es durchaus erlernt werden. Forschungsergebnissen zufolge hat sich das Selbstmitgefühl bei Menschen, die einen MSC-Kurs besuchten, um durchschnittlich 43 Prozent gesteigert.[42] Die Teilnahme am Kurs half ihnen ebenso dabei, achtsamer gegenüber anderen zu werden und mehr Mitgefühl mit ihnen zu haben, eine stärkere soziale Verbundenheit zu spüren, eine höhere Grundzufriedenheit sowie mehr Glück zu erleben und sich weniger depressiv, ängstlich und gestresst zu fühlen. Die Teilnehmenden waren nach dem MSC-Kurs auch weniger geneigt, problematischen Emotionen auszuweichen.

Der Großteil dieser Vorteile stand in direktem Zusammenhang mit dem Erlernen von Selbstmitgefühl. Ferner ließ sich ein Jahr nach dem Kurs feststellen, dass der Zuwachs an Selbstmitgefühl und weitere Gewinne, die der MSC-Kurs mit sich gebracht hatte, nach wie vor zu verzeichnen waren. Der Grad an Selbstmitgefühl hing damit zusammen, wie häufig die Teilnehmenden die entsprechenden Übungen durchgeführt hatten (was die Anzahl der Tage betraf, die sie wöchentlich meditierten, oder die Häufigkeit informeller Übungen, die sie täglich absolvierten). Diese Forschungsergebnisse sprechen dafür, dass du die Beziehung zu dir selbst auf radikale Weise wandeln und dadurch dein Leben entscheidend verbessern kannst, wenn du die verschiedenen Übungen dieses Buchs anwendest.

Die Übungen aus dem MSC-Programm können die Beziehung zu dir selbst umgestalten und dein Leben dadurch zum Besseren wenden.

Marion hatte nach außen hin ein beneidenswertes Leben – zwei großartige Kinder, eine glückliche Ehe, erfüllende Arbeit –, dennoch fühlte sie sich fast jeden Abend wie ein nervliches Wrack: Sie machte sich Sorgen, ob sie jemandem auf den Schlips getreten haben könnte, oder sie setzte sich selbst schwer zu, dass sie als Mutter nicht gut genug sei, und war enttäuscht darüber, dass sie mit ihren hohen Erwartungen nicht mithalten konnte. Keinerlei Bestätigungen schienen daran etwas zu verändern. Marion war ein Mensch, bei dem sich jeder darauf verlassen konnte, dass sie im rechten Moment das Richtige sagen würde, allen gegenüber stets freundlich wäre und jedem ihre Unterstützung anböte. Irgendwie übertrug sich diese Einschätzung jedoch nicht auf die Art und Weise, wie Marion mit sich selbst umging. Sie wusste, dass eine Veränderung von innen her kommen musste. Aber wie?

Es erschien ihr, als könnte die Entwicklung von mehr Selbstmitgefühl ihr eine Antwort auf ihre Frage geben, also schrieb sie sich für einen MSC-Kurs ein. Vor Kursbeginn füllte Marion den Fragebogen zum Selbstmitgefühl (Self-Compassion Scale) aus (siehe Seite 50), wobei ihr auffiel, dass sie wahrscheinlich ihre eigene schlimmste Feindin war. Während des ersten MSC-Kurstreffens wurde ihr allerdings klar, dass sie damit keineswegs allein dastand. In Wirklichkeit ist die Neigung, sich selbst zu kritisieren, sich abzusondern und in Grübeleien zu verstricken, wenn die Dinge mal nicht so laufen wie gewünscht, eine ziemlich unwillkürliche Reaktion von uns allen.

Marions nächster Schritt in Richtung Selbstmitgefühl – den Schmerz durch Selbstkritik zu erkennen – fiel ihr sehr leicht. Ihr Bedürfnis nach Bestätigung durch andere begann ihre Familie und Freunde bereits zu ermüden, und Marion war sich ihrer Besessenheit, perfekt zu sein, schon mehr als bewusst. Diese Sehnsucht lag tief in ihrer Kindheit verwurzelt. Sie war bei einem finanziell erfolgreichen, aber emotional distanzierten Vater aufgewachsen. Und sie hatte eine ehemalige Schönheitskönigin zur Mutter, die eine Abneigung gegenüber einer solch »langweiligen« Aufgabe wie »Vollzeit-Mutter« hegte. Marion sehnte sich stets sehr nach mehr emotionaler Wärme und Nähe zu ihren Eltern, was jedoch unerreichbar schien. Es gelang ihr zwar, ein gewisses Maß an Aufmerksamkeit zu gewinnen, indem sie bei fast allem, was sie unternahm, erfolgreich war. Dies aber brachte Marion nie das, wonach sie sich am meisten sehnte.

Das erste Aha-Erlebnis hatte Marion, als sie darüber nachdachte, wie sehr und wie bedingungslos sie ihre kleinen Kinder liebt. Sie begann sich zu fragen: »Warum schließe ich mich so systematisch von dieser Liebe aus?« Wäre es ihr denn nicht möglich, sich selbst in dieses angenehme Gefühl zu hüllen, genau so, wie sie manchmal mit ihren Kindern am Ende eines Tages kuschelt und sie warm zudeckt? Kann sie mit sich selbst nicht auf dieselbe liebevolle Art sprechen, in der sie mit ihren Freunden spricht? »Letztendlich«, so dachte Marion, »brauche ich es doch genau wie alle anderen auch, geliebt zu werden!«

Als Marion sich zugestand, sich selbst zu lieben, tauchte etwas von den alten Sehnsüchten und der Einsamkeit ihrer Kindheit auf. Zu diesem Zeitpunkt hatte sie sich jedoch schon ganz dem Gedanken verschrieben, dass sie, genau wie jeder andere auch, Mitgefühl verdiente. Sie begann sogar ein wenig Trauer um all die vielen Jahre zu spüren, in denen sie damit befasst war, die Zuneigung anderer anzustreben, um das Loch in ihrem Herzen zu füllen.

Die Praxis des Selbstmitgefühls war schwierig für sie, doch sie blieb beharrlich dabei. Sie wusste, dass diese alten Gefühle zum Vorschein kommen mussten, und sie erwarb die Ressourcen, die sie benötigte, um ihnen zu begegnen – Achtsamkeit und Selbstmitgefühl. Von nun an konnte sie beginnen, sich selbst das zu geben, was sie von anderen ersehnte.

Ihre Freunde und ihre Familie nahmen allmählich eine Veränderung an Marion wahr. Zuerst einmal waren es kleine Dinge, beispielsweise sagte sie ein Treffen mit Freunden ab, wenn sie abends erschöpft und ihr nicht nach Ausgehen zumute war. Sie selbst stellte fest, dass sie leichter einschlief, vielleicht weil sie nicht länger dalag und den ganzen Tag vor ihrem inneren Auge vorüberziehen ließ, um über all ihre Fehltritte nachzusinnen. Hin und wieder wachte sie noch immer aus Albträumen auf, in denen sie beispielsweise träumte, dass sie einen Vortrag in der Arbeit halten sollte und vergessen hatte, worum es eigentlich ging. Dann legte sie einfach ihre Hand aufs Herz, sprach sich selbst liebevolle Worte zu und schlief alsbald wieder ein. Ihrem

Mann fiel auf – halb scherzhaft, halb ernst gemeint –, dass Marion »pflegeleichter« wurde. Zum Ende des achtwöchigen MSC-Kurses hin stimmten Marion und ihre Familie darin überein, dass sie zu einem glücklicheren Menschen geworden war. Wirklich erstaunlich war jedoch, dass Marion sich nicht mehr selbst rügte, wenn sie einen Fehler begangen hatte, dass sie das Bedürfnis nach Perfektion losließ und sich selbst genau so zu lieben und zu akzeptieren begann, wie sie ist.

ÜBUNG

Wie selbstmitfühlend bin ich?

Der Weg beginnt häufig mit einer objektiven Einschätzung davon, über wie viel Selbstmitgefühl wir bereits verfügen. Über den entsprechenden Fragebogen[43] wird auf einer Skala der Grad ermittelt, zu dem Menschen Selbstmitgefühl aufbringen oder sich eher streng verurteilen, ein Gefühl des gemeinsamen Menschseins empfinden oder sich aufgrund ihrer Unvollkommenheit allein und getrennt von anderen fühlen und achtsam ihr Leiden wahrnehmen oder sich mit jenem übermäßig identifizieren. In den meisten Studien wird diese Skala verwendet, auch um den Zusammenhang von Selbstmitgefühl und Wohlbefinden zu ermitteln.

Dieser Fragebogen ist eine angepasste Version der Kurzform des Fragebogens[44] zum Selbstmitgefühl. Den vollständigen Fragebogen zum Selbstmitgefühl kannst du auf Kristins Internetseite ausfüllen und dir dein Ergebnis ausrechnen lassen: *www.arbor-verlag.de/NeffGermer/MSC_Selftest*

Die folgenden Aussagen beschreiben, wie du mit dir selbst in schwierigen Momenten umgehst. Bevor du antwortest, lies jede Aussage sorgfältig durch. Gib links von jeder Aussage an, wie häufig du dich auf die beschriebene Art und Weise verhältst. Nutz die Zahlenskala von 1 (»Fast niemals«) bis 5 (»Fast immer«) für deine Angaben.

Verwende die folgende Skala für den ersten Abschnitt:

Fast niemals				*Fast immer*
1	2	3	4	5

_____ Ich versuche, verständnisvoll und geduldig mit den Anteilen meiner Persönlichkeit umzugehen, die ich nicht mag.

_____ Wenn etwas Schmerzhaftes passiert, bemühe ich mich darum, das Geschehene aus einer ausgewogenen Perspektive zu betrachten.

_____ Ich versuche meine Misserfolge als Teil des menschlichen Daseins zu betrachten.

_____ Wenn ich schwere Zeiten durchmache, gebe ich mir selbst die liebevolle Fürsorge und Sanftheit, die ich dann brauche.

_____ Wenn mich etwas aufregt, versuche ich, meine Gefühle im Gleichgewicht zu halten.

_____ Wenn ich mich in irgendeiner Weise unzulänglich fühle, versuche ich, mich daran zu erinnern, dass Gefühle der Unzulänglichkeit den meisten Menschen vertraut sind.

Für den nächsten Abschnitt verwende die folgende Skala (beachte, dass die Außenwerte in dieser Skala von der vorigen abweichen und die umgekehrte Bedeutung anzeigen):

Fast immer				***Fast niemals***
1	**2**	**3**	**4**	**5**

_____ Wenn mir etwas nicht gelingt, das mir wichtig ist, dann zehren mich Gefühle der Unzulänglichkeit auf.

_____ Wenn es mir schlechtgeht, neige ich dazu zu glauben, dass die meisten anderen Menschen wahrscheinlich glücklicher sind als ich.

_____ Wenn mir etwas misslingt, das mir wichtig ist, fühle ich mich in aller Regel allein in meinem Scheitern.

_____ Wenn es mir schlechtgeht, dann neige ich dazu, ganz besessen fixiert auf all die Dinge zu sein, die nicht gut laufen.

_____ Ich missbillige meine eigenen Fehler und Unzulänglichkeiten und verurteile sie.

_____ Ich bin ungeduldig gegenüber den Anteilen meiner Persönlichkeit, die ich nicht mag, und toleriere sie nicht.

Auswertung deines Tests:
Gesamtsumme (Summe aller zwölf Fragen): _______________
Durchschnittswert (Gesamtsumme dividiert durch 12): ____________

Durchschnittlich liegen die Gesamtergebniswerte auf der Skala in etwa um 3. Als grobe Orientierung kann man sagen, dass ein Wert zwischen 1 und 2,5 ein geringes Selbstmitgefühl bedeutet, ein Wert zwischen 2,5 und 3,5 entspricht einer mittleren Ausprägung, und ein Wert zwischen 3,5 und 5,0 bedeutet, dass du ein hohes Selbstmitgefühl besitzt.

REFLEXION

Wenn dein Endergebnis niedriger ausgefallen ist, als es dir gefällt, mach dir keine Sorgen. Das Schöne am Selbstmitgefühl ist, dass es sich um eine Fähigkeit handelt, die wir uns aneignen können. Vielleicht dauert es ein wenig, aber letzten Endes wirst du sie erlernen.

INFORMELLE PRAXIS

Ein Selbstmitgefühlstagebuch führen

Versuch eine Woche lang (oder auch länger, wenn du möchtest), täglich ein Tagebuch über Selbstmitgefühl zu führen. Tagebuch zu schreiben ist eine sehr effiziente Art und Weise, unseren Emotionen Ausdruck zu verleihen;[45] und es hat sich gezeigt, dass dies der seelischen und körperlichen Gesundheit zuträglich ist. Nimm dir abends einige ruhige Minuten und lass die Geschehnisse des Tages noch einmal an dir vorüberziehen. Schreib in dein Tagebuch alle Dinge, die du bedauerst oder bei denen du ein schlechtes Gewissen hattest, alles, wofür du dich selbst verurteilt hast, oder jede andere schwierige Erfahrung, die schmerzhaft war. (Beispielsweise bist du vielleicht wütend auf den Kellner in einem Restaurant geworden, weil er eine Ewigkeit gebraucht hat, um die Rechnung zu bringen. Dann hast du eine unfreundliche Bemerkung gemacht und bist rausgeeilt, ohne Trinkgeld zu geben. Im Nachhinein hast du dich geschämt, und es war dir peinlich.) Versuche nun, jedes einzelne schwierige Vorkommnis, das du an diesem Tag hattest, mit Achtsamkeit, einem Gefühl des gemeinsamen Menschseins und mit Freundlichkeit zu betrachten und dadurch mit mehr Selbstmitgefühl mit dem Erlebten in Beziehung zu treten. Hier siehst du, wie:

Achtsamkeit

Hierbei geht es im Wesentlichen darum, die schmerzhaften Gefühle, die aufgrund deiner Selbsturteile oder der schwierigen Umstände an sich aufgetreten sind, in einem ausgeglichenen Gewahrsein zu halten. Schreib auf, wie du dich gefühlt hast: traurig, beschämt, ängstlich, gestresst und so weiter. Versuch beim Schreiben, deiner Erfahrung gegenüber urteilsfrei und akzeptierend zu sein, ohne sie zu schmälern oder zu dramatisieren. (Zum Beispiel: »Ich war gefrustet darüber, dass der Kellner so langsam war. Ich wurde wütend, habe überreagiert und kam mir später lächerlich vor.«)

Gemeinsames Menschsein

Schreib auf, inwiefern deine Erfahrung ein Teil der allgemeinen menschlichen Erfahrung ist. Dazu gehört, dass wir alle unvollkommen sind und zuweilen schmerzhafte Erfahrungen machen (etwa »Jeder überreagiert mal – das ist einfach menschlich« oder »Es ist naheliegend, dass Menschen sich in einem solchen Moment so fühlen«). Vielleicht hilft es auch, über die Ursachen und besonderen Umstände nachzudenken, die deiner schmerzhaften Situation zugrunde liegen. (»Mein Frust hatte sich verschärft, weil ich einen Arzttermin am anderen Ende der Stadt hatte und eine halbe Stunde zu spät dran war. Es war sehr viel Verkehr auf den Straßen an diesem Tag. Wären die Umstände anders gewesen, wäre meine Reaktion wahrscheinlich auch anders ausgefallen.«)

Selbstfreundlichkeit

Schreibe ein paar freundliche und verständnisvolle Worte an dich selbst, etwa so, wie du einer guten Freundin schreiben würdest. Teile dir selbst in einem sanften und beruhigenden Ton mit, dass dir dein eigenes Glück und dein Wohlbefinden wichtig sind. (»Alles ist in Ordnung. Das hast du zwar vermasselt, aber so schlimm ist es nun auch wieder nicht. Ich verstehe, wie frustriert du warst, und da ist dir einfach der Kragen geplatzt. Vielleicht kannst du in dieser Woche, wenn du nochmal mit Bedienungspersonal zu tun hast, besonders geduldig und freundlich sein.«)

REFLEXION

Sobald du mindestens eine Woche lang dein Selbstmitgefühlstagebuch geführt hast, frage dich, ob sich etwas an der Art und Weise verändert hat, wie du mit dir selbst sprichst. Wie hat es sich angefühlt, sich selbst auf einfühlsamere Weise zu schreiben? Glaubst du, dass es dir im Umgang mit den Schwierigkeiten, die dir begegnet sind, geholfen hat?

Manche werden feststellen, dass ein Selbstmitgefühlstagebuch zu führen eine wunderbare Hilfe für die eigene Praxis ist, andere werden es vielleicht eher als lästig empfinden. Sicher lohnt es sich, das Schreiben eine Woche lang auszuprobieren, wenn das Tagebuchführen aber nichts für dich ist, dann kannst du es einfach überspringen. Wichtig ist, dass wir alle drei Schritte des Selbstmitgefühls üben – uns achtsam unserem Schmerz zuwenden, uns daran erinnern, dass Unvollkommenheit Teil des gemeinsamen Menschseins ist, sowie liebevoll und unterstützend mit uns selbst umgehen, weil wir es gerade schwer haben.

4

Physiologische Grundlagen der Selbstkritik und des Selbstmitgefühls

Nach Paul Gilbert,[46] der die auf Mitgefühl basierende Therapie (Compassion Focused Therapy, CFT) begründet hat, lösen wir durch Selbstkritik unser körpereigenes Gefahr- und Bedrohungssystem aus, das manchmal als »Reptiliengehirn« bezeichnet wird. Es gibt viele verschiedene Möglichkeiten, wie wir auf eine wahrgenommene Gefahr reagieren können. Das körpereigene Bedrohungssystem jedoch springt am schnellsten darauf an und wird am leichtesten aktiviert. Das bedeutet, dass Selbstkritik häufig unsere erste Reaktion ist, wenn etwas schiefgeht.

> ***Wenn wir uns unzulänglich fühlen oder unser Selbstbild ins Wanken gerät, greifen wir das Problem an – in diesem Fall uns selbst!***

Das Bedrohungssystem hat sich dahin gehend entwickelt, dass der Mandelkern (die Amygdala) im Gehirn gereizt wird, sobald wir eine Bedrohung wahrnehmen, sodass Kortisol und Adrenalin ausgeschüttet werden, wodurch wir uns auf Kampf, Flucht oder Erstarrung einstellen.[47] Dieses System eignet sich zwar gut, um uns vor körperlichen Angriffen zu schützen, aber heutzutage ist es

Uns selbst mit Mitgefühl zu halten, wenn wir uns unsicher fühlen, ist, wie Trost von umsorgenden Eltern zu bekommen.

unser Selbstbild, das den meisten Bedrohungen ausgesetzt ist.

Fühlen wir uns bedroht, löst dies Stress in unserem Körper und Geist aus. Chronischer Stress kann die Ursache für Beschwerden wie Angst und Depression sein. Aus diesem Grund ist Selbstkritik auf Dauer so schlecht für unsere körperliche und seelische Gesundheit. Sie macht uns selbst zum Aggressor und zum Opfer.

Glücklicherweise sind wir nicht nur Reptilien, sondern auch Säugetiere. Der evolutionäre Fortschritt, der sich bei Säugetieren vollzogen hat, bringt es mit sich, dass ihre Jungen noch sehr unreif zur Welt kommen und ihnen so eine längere Entwicklungsperiode zur Verfügung steht, damit sie sich an ihre Umwelt anpassen. Um den Nachwuchs in dieser verletzlichen Entwicklungsphase zu beschützen, hat sich bei Säugetieren ein Fürsorgesystem ausgeprägt, das dafür sorgt, dass Jung- und Elterntiere stets nah beieinander bleiben.[48]

Wird das Fürsorgesystem ausgelöst, werden Oxytocin (das Liebeshormon) und Endorphine (natürliche körpereigene Wohlfühl-Opiate) ausgeschüttet, die dabei helfen, Stress zu reduzieren, und ein Gefühl der Sicherheit vermitteln. Zwei sehr verlässliche Möglichkeiten, um dieses Fürsorgesystem zu aktivieren, sind beruhigende Berührung und sanfte stimmliche Äußerungen (wie beispielsweise eine Katze, die ihre Jungen leckt und dabei schnurrt).[49]

Mitgefühl, ebenso wie auch *Selbst*mitgefühl, steht mit dem Fürsorgesystem der Säugetiere in Verbindung. Aus diesem Grund fühlen wir uns sicher und umsorgt wie ein Kind, das liebevoll umarmt wird, wenn wir uns selbst in Momenten der Unzulänglichkeit mit Mitgefühl begegnen.

Selbstmitgefühl hilft, die Reaktion auf eine Bedrohung zu regulieren. Wird die Stressreaktion (Kampf/Flucht/Erstarrung) durch eine Bedrohung unseres Selbstbilds ausgelöst, ist es sehr wahrscheinlich, dass daraufhin eine Reaktionskette in unserem Inneren abläuft, eine Art »unheilige

Dreifaltigkeit«. Wir kämpfen gegen uns selbst an (Selbstkritik), wir flüchten vor anderen (Selbstisolierung), oder wir erstarren (Grübeln). Diese drei Reaktionen stellen das genaue Gegenteil der drei Komponenten des Selbstmitgefühls dar – Selbstfreundlichkeit, gemeinsames Menschsein und Achtsamkeit. Die folgende Tabelle soll die Beziehung zwischen der Stressreaktion und dem Selbstmitgefühl veranschaulichen.

Stressreaktion	**Nach innen gerichtete Stressreaktion**	**Selbstmitgefühl**
Kampf	Selbstkritik	Selbstfreundlichkeit
Flucht	Selbstisolierung	Gemeinsames Menschsein
Erstarrung	Grübeln	Achtsamkeit

Üben wir Selbstmitgefühl, schalten wir das Bedrohungssystem ab und aktivieren das Fürsorgesystem. In einer Studie[50] wurden Probanden von Forschern gebeten, sich vorzustellen, dass sie Mitgefühl empfangen und dies in ihrem Körper spüren. Jeweils nach einer Minute bekamen sie eine Anleitung wie etwa: »Erlaub dir zu spüren, dass du großes, weites Mitgefühl empfängst; lass dich selbst die liebevolle Güte und das Wohlwollen spüren, die für dich da sind.« Es zeigte sich, dass die Teilnehmenden, die diese Anleitungen erhielten und sich die geistige Vorstellung machten, einen niedrigeren Kortisolspiegel hatten als die Probanden der Kontrollgruppe. Die Teilnehmenden wiesen ebenso eine erhöhte Herzschlagvariabilität auf. Je sicherer die Menschen sich fühlen, desto offener und flexibler können sie auf ihre Umwelt reagieren, was sich darin widerspiegelt, wie sehr ihr Herzschlag als Reaktion auf einen Reiz variiert. Man könnte also sagen, dass sich die Herzen der Teilnehmenden öffneten und weniger abwehrend reagierten, als sie sich selbst Mitgefühl entgegenbrachten.

Thomas war ein gutmütiger, gewissenhafter Mann, der ehrenamtlich in der Kirche seiner Gemeinde mithalf und auf den man immer zählen konnte, wenn Hilfe nötig war. Andererseits war er allerdings sehr unerbittlich in seiner Selbstkritik. Er beanstandete fast alles an sich selbst – er sei nicht erfolgreich genug, nicht hinreichend gescheit, und er würde nicht genug zum Gemeinwohl beitragen. Seine Selbstkritik nahm überhand! Wann immer er etwas an sich wahrnahm, was er nicht mochte, bedachte er sich selbst mit allerlei Beleidigungen: »Trottel! Blöder Idiot! Loser!« Die anhaltende Selbstkritik begann ihn mehr und mehr zu zermürben, und er wurde depressiv.

Nachdem er gelernt hatte, dass Selbstkritik im Zusammenhang steht mit dem Erleben, sich bedroht zu fühlen, begann Thomas sich zu fragen, was ihn denn so ängstigte, dass er so selbstkritisch werden konnte. Ihm wurde sofort klar, dass er Angst vor Zurückweisung hat. Als Kind wurde er wegen seiner Lernschwierigkeiten viel gehänselt und hatte immer das Gefühl, nicht dazuzugehören. Ein Teil in ihm glaubte, dass es ihn irgendwie wie von Zauberhand, motivieren könne, besser zu werden, wenn er sich jetzt selbst angriff und für seine Schwierigkeiten niedermachte. Er glaubte, dann würden andere ihn akzeptieren und es könnte ihn nebenbei auch vor dem Schmerz schützen, wenn sie ihn dennoch verurteilten – denn er wäre ihnen ja einfach zuvorgekommen. Selbstverständlich funktionierte das so nicht – er wurde lediglich depressiv.

Thomas lernte ebenso, dass er sich sicher fühlen konnte, wenn er das Fürsorgesystem aktivierte – durch einfache Maßnahmen, beispielsweise indem er zu sich selbst in einem freundlichen, verständnisvollen Tonfall sprach. Also probierte er es aus. Wenn die Beleidigungen in seinem Inneren wieder losgingen, sagte er zu sich: »Ich bekomme mit, dass du Angst hast und versuchst, dich zu beschützen.« Irgendwann begann er, weitere Sätze hinzuzufügen, beispielsweise: »Es ist okay. Du bist nicht perfekt, aber du gibst dein Bestes.« Auch wenn die Gewohnheit der Selbstkritik nach wie vor stark war, half es ihm anzu-

erkennen, woher sie kam, um nicht mehr so sehr hineingezogen zu werden. Dies gab ihm Hoffnung, dass er langsam lernen könnte, sich selbst mit der Freundlichkeit und Akzeptanz zu begegnen, die ihm als Kind nicht entgegengebracht wurden.

INFORMELLE PRAXIS

Beruhigende Berührung

Auch wenn es auf den ersten Blick ein wenig »gefühlsduselig« scheinen mag – und das ist es im Grunde genommen ja auch –, wird es hilfreich sein, uns die Kraft körperlicher Berührung zunutze zu machen, um nach innen gerichtetes Mitgefühl auszulösen. Wenn wir sanft, liebevoll und fürsorgend eine oder beide Hände auf unseren Körper legen, kann uns dies darin unterstützen, ein Gefühl der Sicherheit und der Geborgenheit zu spüren. Wichtig dabei ist zu wissen, dass für unterschiedliche Menschen unterschiedliche körperliche Gesten unterschiedliche emotionale Reaktionen auslösen. Unsere Einladung besteht darin, dass du eine körperliche Berührung findest, die sich für dich wirklich unterstützend anfühlt, damit du sie nutzen kannst, um gut für dich zu sorgen, wenn du unter Stress stehst.

Begib dich an einen zurückgezogenen Ort, an dem du keinerlei Sorge haben musst, dass dich jemand beobachtet. Im Folgenden findest du eine Aufzählung verschiedener Berührungen, die andere Menschen nutzen, um sich selbst Geborgenheit und Fürsorge zu schenken. Probiere die verschiedenen Möglichkeiten aus, und experimentiere auch mit eigenen Variationen. Vielleicht möchtest du dabei die Augen schließen, um wirklich spüren zu können, was sich für dich stimmig anfühlt.

Welche Berührung tut mir gut, um mich sicher und geborgen zu fühlen?

- Eine Hand aufs Herz legen.
- Beide Hände aufs Herz legen.
- Sanftes Streichen über deinen Brustbereich.
- Eine Hand als Faust über das Herz legen und die andere Hand darüberlegen.
- Eine Hand auf das Herz legen und die andere auf den Bauch.
- Beide Hände auf den Bauch legen.
- Eine Hand an deine Wange geben.
- Dein Gesicht mit beiden Händen liebevoll halten.
- Sanft über deine Arme streichen.
- Deine Arme überkreuzen und dir selbst eine sanfte Umarmung schenken.
- Mit einer Hand sanft die andere halten.
- Beide Hände ineinander in den Schoß legen.

Probiere das so lange aus, bis du eine Berührung gefunden hast, die wirklich wohltuend für dich ist – wir sind eben alle unterschiedlich.

REFLEXION

Wie war die Übung für dich? Ist es dir gelungen, eine Geste zu finden, die sich wirklich beruhigend und unterstützend angefühlt hat?

Wenn du eine körperliche Berührung gefunden hast, die für dich gut funktioniert, versuche, sie anzuwenden, wenn du dich im Alltag gestresst fühlst oder etwas emotional schmerzhaft ist. Unterstützt du deinen Körper darin, sich sicher zu fühlen, wird es für deinen Geist und dein Herz einfacher, ihm dorthin zu folgen.

Manchmal fühlt es sich vielleicht komisch an, sich selbst eine wohltuende Berührung zu schenken, und wir können uns irgendwie unbehaglich dabei fühlen. In der Tat kommt es häufig zu sogenanntem »Backdraft« – einem Konzept, das wir uns in Kapitel 8 genauer anschauen werden. »Backdraft« bezieht sich auf alte Schmerzen, die aufkommen, wenn wir uns selbst mit Wohlwollen und Freundlichkeit begegnen – Erinnerungen an Momente, in denen wir *nicht* liebevoll behandelt wurden. Aus diesem Grund kann es sein, dass sich eine beruhigende Berührung gar nicht beruhigend anfühlt. Wenn es dir so ergeht, kannst du versuchen, ein äußeres Objekt zu berühren, das sich warm und weich anfühlt; du kannst beispielsweise einen Hund oder eine Katze streicheln oder ein Kissen halten. Oder vielleicht fühlt sich eine kräftigere Geste besser an, wie beispielsweise das Klopfen auf deinen Brustkorb mit den Fingern oder der Faust. Es geht darum, dass du dir selbst gegenüber Fürsorge und Freundlichkeit zum Ausdruck bringst, und zwar auf eine Art und Weise, die deine Bedürfnisse erfüllt.

INFORMELLE PRAXIS
Selbstmitgefühlspause

Diese Übung hilft uns dabei, wenn Schwierigkeiten in unserem Leben auftreten, uns daran zu erinnern, die drei grundlegenden Bestandteile des Selbstmitgefühls anzuwenden – Achtsamkeit, gemeinsames Menschsein und Freundlichkeit. Sie macht sich auch die Kraft der beruhigenden Berührung zunutze, damit wir uns sicher und umsorgt fühlen. Dabei ist es wichtig, eine Sprache zu finden, die für dich persönlich wirksam ist – du willst ja innerlich keinen Streit darüber führen, ob die Worte für dich Sinn ergeben oder nicht. Manche Menschen ziehen beispielsweise die Formulierung *»mit Schwierigkeiten ringen«* dem Wort *»leiden«* vor oder bevorzugen die Begriffe *»unterstützen«* oder *»beschützen«* gegenüber den Worten *»freundlich sein«*. Probiere einige unterschiedliche Formulierungen aus, und übe dann mit der Variante, die für dich stimmig ist.
Nachdem du die folgende Anleitung gelesen hast, versuche ihr vielleicht einmal mit geschlossenen Augen zu folgen, damit du tiefer nach innen spüren kannst. Die gesprochene Anleitung dazu ist auf: *www.arbor-verlag.de/NeffGermer/MSC_ueben* mit dem Code **3k35vp** erhältlich.

- Denke an eine Situation in deinem Leben, die schwierig ist und dir Stress bereitet, zum Beispiel ein gesundheitliches Problem, Spannungen in der Beziehung, Unstimmigkeiten am Arbeitsplatz oder eine andere Herausforderung. Bitte wähle ein leichtes bis mittelschweres Problem aus und kein großes, da wir die Ressource unseres Selbstmitgefühls schrittweise anwachsen lassen wollen.
- Vergegenwärtige dir die Situation so deutlich wie möglich. Was sind die Umstände? Wer sagt was zu wem? Was passiert? Was könnte passieren? Kannst du das damit verbundene Unbehagen in deinem Körper spüren, wenn du an diese Schwierigkeit denkst? Falls nicht, wähle ein etwas schwerwiegenderes Problem aus.
- Sag nun zu dir selbst: »Das ist ein Augenblick des Leidens.«
    - Das ist Achtsamkeit. Vielleicht sind andere Sätze oder Formulierungen für dich passender. Einige Möglichkeiten wären:
        - »Das tut weh.«
        - »Autsch!«
        - »Das ist Stress.«
- Versuche, dir selbst nun Folgendes zu sagen: »Leid gehört zum Leben.«
    - Das ist ein Ausdruck unseres gemeinsamen Menschseins, unserer menschlichen Verbundenheit. Andere Möglichkeiten sind:
        - »Ich bin nicht allein.«
        - »Anderen geht es ähnlich wie mir. Wir alle erleben solche Dinge.«
        - »So fühlt es sich an, wenn Menschen schwierige Zeiten durchmachen.«
- Schenke dir nun die beruhigende Berührung, die du in der vorangegangenen Übung für dich entdeckt hast.
- Versuche, dir jetzt zu sagen: »Möge ich freundlich zu mir sein.« Oder »Möge ich mir geben, was ich brauche.«

Das ist Selbstfreundlichkeit. Vielleicht gibt es andere freundliche und unterstützende Worte, die du jetzt in dieser schwierigen Situation gern hören möchtest, zum Beispiel:

- »Möge ich mich so annehmen, wie ich bin.«
- »Möge ich beginnen, mich so anzunehmen, wie ich bin.«
- »Möge ich mir selbst vergeben.«
- »Möge ich stark sein.«
- »Möge ich geduldig sein.«

- Wenn du Schwierigkeiten hast, geeignete Worte zu finden, vergegenwärtige dir eine Freundin, einen Freund oder einen geliebten Menschen, der in einer ähnlichen Situation ist wie du. Was würdest du zu dieser Person sagen? Welche Nachricht würdest du ihm oder ihr aus deinem Herzen zukommen lassen? Vielleicht kannst du danach dieselben Worte an dich selbst richten.

REFLEXION

Nimm dir einen Moment, um nachzuspüren, welche Erfahrungen du bei dieser Übung gemacht hast. Ist dir irgendetwas aufgefallen, als du mit dem ersten Satz – »Das ist ein Augenblick des Leidens« – Achtsamkeit wachgerufen hast? Hat sich etwas verändert?

Wie ging es dir mit dem zweiten Satz, der an das gemeinsame Menschsein erinnert? Oder dem dritten, der zur Selbstfreundlichkeit einlädt? War es dir möglich, solch wohlwollende Worte zu finden, wie du sie an eine Freundin oder einen Freund richten würdest? Und wenn ja, wie war es, dir dann selbst diese Worte zu sagen? Sie an dich selbst zu richten? War es leicht? Oder fiel es dir eher schwer?

Manchmal braucht es etwas Zeit, um eine Sprache zu finden, die für dich ganz persönlich stimmig ist und sich echt anfühlt. Nimm dir alle Zeit der Welt dafür – irgendwann findest du die passenden Worte.

Diese Praxis kann langsam, wie eine Art »Mini-Meditation« praktiziert werden, oder aber du kannst die Worte wie ein dreiteiliges Mantra in jenen Momenten anwenden, in denen dir im alltäglichen Leben Herausforderungen begegnen.

INFORMELLE PRAXIS

Mitfühlende Bewegung

Diese informelle Übung, auch »Bewegung mit Mitgefühl« genannt, kannst du in Momenten anwenden, in denen du gern eine kleine Pause einlegen möchtest, um dich zu dehnen und zu strecken. Du kannst dabei die Augen geöffnet lassen oder sie schließen. Der Hauptgedanke liegt darin, dich von innen heraus mitfühlend zu bewegen – und dies nicht notwendigerweise auf irgendeine vorgeschriebene Art.

Verankern

Steh aufrecht, und spüre deine Fußsohlen am Boden. Wiege dich sanft ein wenig vor und zurück sowie nach rechts und links. Mach kleine kreisende Bewegungen mit den Knien, und spür, wie sich die Empfindungen in deinen Fußsohlen dabei verändern. Verankere deine Aufmerksamkeit in deinen Füßen.

Öffnen

Öffne nun das Feld deiner Aufmerksamkeit, scanne deinen gesamten Körper (indem du deine Aufmerksamkeit nacheinander auf alle Körperteile und -bereiche lenkst), und spüre anderen Empfindungen nach. Nimm Regionen wahr, die sich angenehm anfühlen, wie auch solche, die vielleicht angespannt sind.

Mitfühlend auf den Körper eingehen

Verweile mit deiner Aufmerksamkeit nun einen Moment bei den Stellen, an denen du *Unbehagen* verspürst.

- Bewege deinen Körper langsam so, wie es dir jetzt gerade wirklich guttut – schenk dir selbst Mitgefühl. Zum Beispiel kannst du sanft die Schultern bewegen, deinen Kopf kreisen lassen, die Taille beugen, eine Vorwärtsbeuge machen – was auch immer sich für dich in diesem Moment richtig anfühlt.
- Gib deinem Körper die Bewegung, die er braucht. Lass dich von deinem Körper leiten.
- Manchmal sind wir von unserem Körper enttäuscht, oder wir sind unzufrieden damit, wie er aussieht oder sich bewegt. Wenn das so ist, dann verweile einfach einen Moment mit dir, und verbinde dich mit deinem zarten Herzen. Dein Körper tut sein Bestes. Was brauchst du jetzt gerade?

Zum Stillstand kommen

Kehre nun langsam in den Stand zurück, und lass den Körper zur Ruhe kommen. Nimm den gesamten Körper wahr, und spür nach, ob sich bestimmte Empfindungen vielleicht etwas verändert haben.

- Lass dich selbst genauso sein, wie du dich jetzt in diesem Moment fühlst.

REFLEXION

Nimm dir einen Moment Zeit, um nachzuspüren, was du während dieser Übung erlebt hast. Hat es sich anders angefühlt, empfundenem Unbehagen bewusst, aus einer Absicht der Fürsorge heraus, mit Dehnimpulsen und Bewegung zu begegnen? Ist es dir gelungen, eine Bewegung zu finden, die deinem Körper das gab, was er brauchte?

Diese Übung kann mehrmals am Tag angewendet werden. Eigentlich ist es nicht so wichtig, ob sich dein Körper nach dem Dehnen und Bewegen besser fühlt als zuvor oder nicht. Wesentlicher ist die Absicht wahrzunehmen, wo in deinem Körper Anspannung sitzt, und darauf mit liebevoller Fürsorge zu reagieren. Häufig ignorieren wir die feinen Stresssignale unseres Körpers. Wenn wir es uns zur Gewohnheit machen, regelmäßig in unseren Körper hineinzuspüren – mit der Absicht, uns das zu geben, was wir brauchen –, kann dies viel dazu beitragen, eine gesündere und unterstützendere Beziehung zu uns selbst zu entwickeln.

5

Das Yin und Yang des Selbstmitgefühls

Auf den ersten Blick wirkt Mitgefühl vielleicht wie eine weiche, zarte Eigenschaft, die ausschließlich damit in Verbindung gebracht wird, jemanden zu umsorgen und zu trösten. Da Mitgefühl für andere zu empfinden auch mit Fürsorge im Zusammenhang steht und hier insbesondere mit der Fürsorge für Kinder, kann es darüber hinaus sein, dass wir es ganz instinktiv eher den traditionellen Normen einer weiblichen Geschlechterrolle zuschreiben.[51] Bedeutet das also, dass Selbstmitgefühl nicht wirklich etwas für uns alle ist? Dann frage dich einmal: Ist es weniger mitfühlend, in ein brennendes Gebäude zu stürmen, um eine dort eingesperrte Person zu retten, oder viele Stunden am Tag zu arbeiten, um die Familie zu versorgen – Verhaltensweisen also, die eher einer männlichen, handlungsorientierten Geschlechterrolle zugeordnet und kaum als weich oder zart beschrieben werden? Es wird ganz deutlich, dass wir unser kulturelles Verständnis von Mitgefühl und Selbstmitgefühl erweitern müssen, damit es seinen vielfältigen Erscheinungsformen gerecht wird.

Erforschen wir die Eigenschaften des Selbstmitgefühls, finden wir feminine wie auch maskuline Aspekte – genau wie alle Menschen beide

Eigenschaften verkörpern, weibliche sowie männliche. In der traditionellen chinesischen Philosophie wird diese Dualität von den Prinzipien *Yin* und *Yang* repräsentiert. Das Konzept von Yin und Yang basiert auf der Annahme, dass alle scheinbar gegensätzlichen Eigenschaften, wie beispielsweise männlich und weiblich, hell und dunkel, aktiv und passiv, sich ergänzen und in wechselseitiger Beziehung zueinander stehen, wobei keines dem anderen über- oder untergeordnet ist. Dies bedeutet, dass Menschen, die sich als männlich oder weiblich identifizieren, auch die gegensätzlichen Qualitäten benötigen, um im Gleichgewicht zu sein. Bezeichnenderweise trägt jede Seite des Yin-Yang-Symbols einen Punkt mit der Farbe der anderen Seite in sich.

- Das *Yin* des Selbstmitgefühls umfasst die Eigenschaften des mitfühlenden »Mit-uns-selbst-Seins« – uns selbst *liebevoll umsorgend, tröstend, bestätigend.*
- Das *Yang* des Selbstmitgefühls umfasst das »Handeln in der Welt« – uns selbst *beschützend, versorgend* und *motivierend.*

Monique war sich nicht ganz sicher, was sie von so etwas wie Selbstmitgefühl halten sollte. Sie war in einer rauen Wohngegend aufgewachsen und erzählte jedem stets ganz stolz, dass sie nur hatte überleben können, weil sie sich schon im jungen Alter mit jeder Menge Mumm und Gewieftheit durchgeschlagen hatte. Wann immer sie vor einem Problem stand, ist sie ohne Zögern direkt darauf losgegangen.

Kürzlich wurde bei ihr Multiple Sklerose (MS) diagnostiziert. Hier war ihr üblicher Umgang mit Problemen nicht so hilfreich. Moniques Familie, ihre Freunde und auch ihre Ärzte mussten einige Standpauken und Rüffel über sich ergehen lassen, wann immer Monique sich verletzlich fühlte oder ihre Diagnose und die verschriebene Ruhe und Entspannung sie ängstigten. Monique stürzte sich stets gern hektisch in Aktivitäten, um sich davor zu schützen, ihren Gefühlen ausgesetzt zu sein. Der MS gegenüber jedoch funktionierte diese Abwehrtaktik nicht. Der Gedanke, Selbstmitgefühl zu üben und mit sich selbst sanft und liebevoll umzugehen, waren ein Gräuel für Monique, die sich selbst für stoisch und tough hielt.

Xavier hatte das gegenteilige Problem. Obgleich auch seine Kindheit nicht leicht war, sein Stiefvater immer seine Mutter anschrie, so hatte er jedoch gelernt, Zuflucht in seinen Büchern zu finden und sich so unauffällig wie irgend möglich zu verhalten, bis der häusliche Sturm vorbeigezogen war. Er hatte schon in jungen Jahren erfahren, dass ein »Konfrontationskurs« die Dinge nur noch schlimmer macht.

Jetzt war Xavier Anfang zwanzig, das College lag hinter ihm, und er musste beginnen, sein eigenes Leben zu führen, und genug Geld verdienen, um aus der Wohnung seiner Mutter ausziehen zu können. Allerdings war er sich nicht sicher, ob ihm dies gelingen würde. Er nahm einen Job als Krankenpfleger an, nur um zu Hause ausziehen zu können. Damit fühlte er sich jedoch zutiefst unbefriedigt. Xavier brauchte jemanden, der an ihn glaubte und ihn ebenso ermutigen würde, das zu erreichen, was in seinen Möglichkeiten lag.

MSC bietet eine große Vielfalt an Übungen an. Jeder kann erforschen, welche Übungen am besten zu ihm passen. Einige der Übungen lassen sich eher der Yin-, andere eher der Yang-Kategorie zuordnen. Die meisten berücksichtigen beide Aspekte. Die Tabelle zeigt Beispiele von Übungen, die eher Eigenschaften des Yin oder des Yang des Selbstmitgefühls entsprechen. Natürlich wirken diese Eigenschaften zusammen und sind wechselseitig voneinander abhängig. Wenn wir unsere Bedürfnisse anerkennen, sind wir häufig motiviert, sie uns in unserem Leben zu erfüllen.

Das Yin und Yang des Selbstmitgefühls kultivieren

	Eigenschaften	*Übungen*
Yin	Beruhigen	Selbstmitgefühlspause (Kap. 4) Selbstmitgefühl im Alltag (Kap. 8) Liebevolle Güte für uns selbst (Kap. 10)
	Umsorgen	Beruhigende Berührung (Kapitel 4) Liebevolles Atmen (Kapitel 6) Der Umgang mit schwierigen Gefühlen (Weicher werden …) (Kapitel 16)
	Bestätigen	Ein mitfühlendes Durcheinander sein (Kap. 13) Der Umgang mit schwierigen Gefühlen (Gefühle benennen) (Kap. 16) Selbstwertschätzung (Kap. 23)
Yang	Beschützen	Die Fußsohlen spüren (Kap. 8) Mitgefühl mit Gleichmut (Kap. 19) Beherztes Mitgefühl (Kap. 20)
	Versorgen	Unsere Grundwerte entdecken (Kap. 14) Unsere emotionalen Bedürfnisse erfüllen (Kap. 18) Unerfüllte Bedürfnisse erfüllen (Kap. 20)
	Motivieren	Die eigene mitfühlende Stimme entdecken (Kap. 11) Ein mitfühlender Brief an mich selbst (Kap. 11) Mit einem Gelöbnis leben (Kap. 14)

Der rote Faden, der all diese Übungen durchzieht, ist eine freundliche und fürsorgliche innere Haltung. Manchmal besteht mitfühlende Selbstfürsorge darin, sich selbst Trost zu spenden und sich sanft den schwierigen Emotionen zuzuwenden (sich zu beruhigen). In anderen Momenten besteht sie eher aus einem entschlossenen »Nein!« und darin, sich von einer Gefahr abzuwenden (sich zu beschützen). Zuweilen geht es darum, unserem Körper zu signalisieren, dass alles in Ordnung ist, ihm Wärme und Sanftheit zu schenken (ihn zu umsorgen), und ein anderes Mal besteht sie darin herauszufinden, was wir brauchen, und uns dies zu geben (uns zu versorgen). Manchmal erfordert Selbstmitgefühl, dass wir dem, was sich uns zeigt, mit Offenheit und Akzeptanz begegnen (es bestätigen beziehungsweise anerkennen), und manchmal bedeutet Selbstmitgefühl, dass wir aufstehen und ins Handeln kommen müssen (uns motivieren).

Monique war sehr geschickt darin, wenn es um die Yang-Eigenschaften Stärke, Handeln und Entschlossenheit ging, um Herausforderungen an ihr Gefühl von Sicherheit und Wohlbefinden zu begegnen. Ihre Yin-Seite, der empfängliche Teil, war eher unterentwickelt, was vielleicht darin begründet lag, dass es sich für sie als Kind nicht sicher anfühlte, dem, »was ist«, mit Empfänglichkeit zu begegnen und es für »gültig« zu erklären. Moniques MS-Diagnose bedeutete, dass sie sich neue Fähigkeiten aneignen musste, um durchzukommen.

Moniques Freundin erzählte ihr von der »Selbstmitgefühlspause« (Kapitel 4), die eine Kombination verschiedener Elemente des Selbstmitgefühls in sich vereint. Sie vermittelt aber vor allem jene Eigenschaften, die ihr halfen, ihre Situation anzuerkennen und zu validieren (»Eine MS-Diagnose zu bekommen macht ganz schön Angst«), zu erkennen, dass sie nicht allein ist (»So gut wie jeder Mensch fühlt sich einsam und verletzlich, wenn er eine schwere Krankheit hat«), und sich dann selbst tröstende Worte zu sagen: »Alles wird gut. Wir gehen das Tag für Tag an.«

Die Selbstmitgefühlspause öffnete Monique die Tore für mehr Selbstmitgefühl. Allerdings fiel ihr das nicht leicht, da sie sehr viel Schmerz aus früheren Beziehungen in sich trug. Damals war sie jung und verletzlich. Monique hatte jedoch Mut, und den Silberstreif am Horizont, den ihr die MS eröffnete, sah sie darin, dass sie ihre Umstände akzeptieren musste. Den mit dieser Akzeptanz einhergehenden inneren Frieden, den sie nun zu spüren begann, hätte sie nie für möglich gehalten.

Xavier wiederum hatte nicht sehr viel Antrieb, aber ein sanftes Herz. Sein wütender Stiefvater hatte ihm jegliche Initiative ausgetrieben, da er immer das letzte Wort haben musste, und Xavier wurde ein Meister darin, Konflikte zu vermeiden und ein Schattendasein zu führen. Jetzt brauchte er Stärke und Mut, um in die Welt hinauszugehen.

Ganz »zufällig« sprang ihm im Krankenhaus ein Flyer ins Auge, der einen kurzen Selbstmitgefühlskurs für Fachkräfte im Gesundheitswesen bewarb. In diesem Kurs entdeckte Xavier, dass dieselbe innere Stimme, die ihm nahelegte, Sicherheit dadurch zu gewinnen, dass er zu Hause unsichtbar blieb, ihn nun bat, aus sich herauszugehen. Die beste Selbstmitgefühlsübung bestand für ihn darin, einen mitfühlenden Brief an sich selbst zu schreiben (Kapitel 11), sich selbst liebevoll zu motivieren, ganz so, wie er einem guten Freund schreiben würde, der in einer ähnlichen Situation steckte. Er schrieb sich jede Woche einen Brief, der jeweils die Schwierigkeiten und Herausforderungen thematisierte, die ihm aktuell begegneten. Schritt für Schritt wurde eine neue Stimme in Xavier wach – sein eigener innerer Coach, der ihm vom Spielfeldrand aus zujubelte. Nach einer Weile war Xavier in der Lage, das für sich zu beanspruchen, was er für ein sinnerfülltes Leben benötigte – seine eigenen grundlegenden Werte –, und dann unternahm er praktische Schritte, um diese in seinem Alltag zu verwirklichen.

ÜBUNG

Welche Eigenschaften des Selbstmitgefühls brauche ich gerade?

Selbstmitgefühl umfasst wahrscheinlich mehr unterschiedliche Eigenschaften, als du bisher gedacht hast. Einige Yin- und Yang-Aspekte des Selbstmitgefühls sind im Folgenden aufgeführt. Schau sie dir einmal an, und überleg dir, welche davon du jetzt gerade am ehesten benötigst. Dies wird dir beim weiteren Durcharbeiten dieses Buches helfen zu verstehen, auf welche Weise Selbstmitgefühl für dich nützlich sein kann.

YIN

- *Umsorgen.* Umsorgen ist etwas, was wir für eine(n) liebe(n) Freund(in) tun würden, dem/der es nicht gutgeht. Es bezieht sich darauf, einem leidenden Menschen speziell dadurch zu helfen, dass wir uns liebevoll seinen *emotionalen* Bedürfnissen zuwenden und unsere Unterstützung anbieten, damit er sich besser fühlen kann. Ist das etwas, was jetzt auch dir guttäte? Denkst du, es könnte dir helfen, mehr darüber zu lernen, wie du dich selbst halten und für dich sorgen kannst, wenn du aufgewühlt bist?

....

....

....

....

....

....

....

- *Beruhigen.* Auch durch Beruhigung können wir Menschen helfen, sich besser zu fühlen. Hierbei geht es insbesondere darum, ihnen zu helfen, mehr *körperliche* Ruhe zu spüren. Ist das etwas, wovon du dir mehr wünschen würdest? Würdest du dich gerne körperlich wohler und entspannter fühlen?

....

....

....

....

....

....

- *Anerkennen/Bestätigen.* Wir können jemandem auch dadurch helfen, dass wir verstehen, was er oder sie durchmacht, und dies durch liebevolle und behutsame Worte zum Ausdruck bringen. Fühlst du dich allein und missverstanden, und sehnst du dich nach einer Art von Anerkennung/Bestätigung? Meinst du, es könnte hilfreich für dich sein zu lernen, wie du deine eigenen Gefühle anerkennen kannst?

....

....

....

....

....

....

YANG

- *Beschützen.* Der erste Schritt in Richtung Selbstmitgefühl besteht darin, sich selbst sicher und beschützt zu fühlen. Sich zu schützen bedeutet, Nein zu sagen: zu anderen, die uns verletzen, ebenso zu uns selbst und den Verletzungen, die wir uns häufig auf unbewusste Weise zufügen. Wirst du in irgendeiner Weise verletzt und möchtest einen Weg finden, die innere Stärke aufzubringen, dies zu beenden?

....

....

....

....

....

- *Versorgen.* Uns zu versorgen bedeutet, uns selbst das zu geben, was wir wirklich brauchen. Zuerst einmal müssen wir *wissen*, was wir tatsächlich benötigen, dann entwickeln wir die Überzeugung, es *verdient* zu haben, dass sich unsere Bedürfnisse erfüllen, und im Anschluss daran müssen wir aktiv werden und versuchen, uns unsere Bedürfnisse zu erfüllen. Niemand kann das so gut für uns tun wie wir selbst. Möchtest du gern lernen, wie du dich effektiver um deine Bedürfnisse kümmern kannst?

....

....

....

....

- *Motivieren.* Die meisten von uns haben Träume und Ziele, die wir in diesem Leben verwirklichen möchten. Darunter sind auch kleinere, kurzfristigere Ziele. Selbstmitgefühl motiviert uns wie eine gute Trainerin mittels Freundlichkeit, Unterstützung und Verständnis und nicht durch strenge Selbstkritik. Denkst du, es wäre hilfreich für dich zu lernen, dich selbst durch Liebe zu motivieren anstatt durch Angst?

....

....

....

....

....

....

REFLEXION

Wir hoffen sehr, dass dir die Frage »Was brauche ich jetzt gerade?« eine ständige Begleiterin ist, während du dieses Buch durcharbeitest. Einfach allein, indem du dir diese Frage stellst, erlaubst du dir einen Moment des Selbstmitgefühls, selbst wenn du gerade keine Antwort findest oder nicht die Möglichkeit hast, dir deine Bedürfnisse zu erfüllen.

6

Achtsamkeit

Achtsamkeit bildet die Grundlage für Selbstmitgefühl. Wir müssen aus den Geschichten, die sich um unser Leiden herumweben, aussteigen und uns unserem Schmerz achtsam zuwenden, bevor wir uns selbst mit Freundlichkeit begegnen können. Wir können Achtsamkeit als »akzeptierendes Gewahrsein unseres Erlebens im gegenwärtigen Moment«[52] beschreiben. Allerdings kann keine Definition das Wesen der Achtsamkeit vollständig fassen, da Achtsamkeit auch ein vorbegriffliches Gewahrsein zum Inhalt hat. Anders ausgedrückt, wenn wir achtsam sind, haben wir ein direktes Erleben der Welt und schauen nicht nur durch den Filter unserer Gedanken auf sie.

Gedanken stehen stellvertretend, symbolhaft für die Wirklichkeit, entsprechen aber nicht der Wirklichkeit selbst. Du kannst das Wort »Apfel« nicht riechen, schmecken oder essen. Wenn wir jenseits der Ebene der Gedanken mit unserem direkten Erleben in Kontakt kommen, sind wir in der Lage, die sich ständig wandelnde Natur der Wirklichkeit zu berühren. Wir können uns von unserer Idee lösen, wie die Wirklichkeit sein »sollte«, und uns dem

> ***Wir können unserem eigenen Leiden nicht mit Mitgefühl begegnen, bis wir uns ihm achtsam zuwenden.***

öffnen, was ist. Wenn wir leiden, ist es uns also möglich, die Geschichte dessen, was passiert, loszulassen und mit Mut und Präsenz schlichtweg mit dem Erleben und uns selbst zu »sein«.

Terrell hob seine Hand und begann darüber zu sprechen, was er erlebte, als er zu Hause Achtsamkeit übte: »Mein Kater musste vor Kurzem eingeschläfert werden. Es hat mir das Herz gebrochen. Mein Partner Lamar und ich haben diesen Kater vor zwölf Jahren bekommen – er war beinah wie ein Kind für uns, wir liebten ihn jedenfalls von ganzem Herzen. Nachdem ich vom Tierarzt kam, fühlte ich mich von meinen Gefühlen total überwältigt. Dann erinnerte ich mich an die Anleitung, das Leiden anzuerkennen und zu versuchen, sich der Empfindungen in meinem Körper gewahr zu werden. Ich sagte mir: ›Das ist jetzt gerade sehr, sehr schwer.‹ Ich spürte einen tiefen Schmerz in meinem Körper, ganz so, als wäre ich gerade getreten worden. Die Trauer war fast überwältigend. Ich bemühte mich, einfach mit der Aufmerksamkeit bei den Körperempfindungen zu bleiben. Eigentlich fühle ich es sogar immer noch, aber ich versinke nicht mehr so in dem Schmerz. Er lässt sich ertragen.«

In vielerlei Hinsicht ist Achtsamkeit eine simple Fähigkeit, weil sie lediglich erfordert, dass wir etwas mit unseren fünf Sinnen wahrnehmen, während es geschieht. Nimm dir zum Beispiel jetzt einen kurzen Moment Zeit, und versuche wahrzunehmen, welche Sinneseindrücke gerade durch jede einzelne Sinnespforte erfahrbar werden – eine Empfindung nach der anderen:

- **HÖREN:** Schließe die Augen, und lausche den Geräuschen in deiner Umgebung. Lass die Geräusche zu dir kommen. Nimm wahr, was du hörst, ein Geräusch nach dem nächsten. Nimm innerlich Notiz davon. Es ist nicht nötig zu benennen, was du hörst.

- **SEHEN:** Öffne die Augen, und lass deinen Blick weich und den Winkel, aus dem du schaust, ganz weit werden. Und dann nimm wieder wahr, was du siehst. Einen visuellen Sinneseindruck nach dem anderen.
- **TASTEN:** Schließe erneut die Augen, und nimm die Berührungspunkte deines Körpers mit dem Stuhl wahr, oder spüre, wie deine Füße den Boden berühren.
- **RIECHEN:** Führe deine Hand zur Nase, und nimm jegliche Gerüche deiner Haut wahr.
- **SCHMECKEN:** Spüre, ob es einen Geschmack in deinem Mund gibt, den du wahrnehmen kannst. Vielleicht einen Nachgeschmack dessen, was du zuletzt gegessen oder getrunken hast?

Obwohl es einfach ist, für einen oder auch zwei Momente achtsam zu sein, ist es schwierig, diesen Geisteszustand *aufrechtzuerhalten*, da er anderen natürlichen Neigungen unseres Gehirns zuwiderläuft. Neurowissenschaftler haben ein miteinander verschaltetes Netzwerk von Gehirnregionen entdeckt, das aktiv ist, wenn der Geist im Ruhezustand verweilt, und inaktiv, wenn er eine Aufgabe erledigt – das *Default Mode Network*[53] oder Ruhenetzwerk des Gehirns. Es umfasst Hirnstrukturen, die zentral, von vorn nach hinten, durch die Mittellinie unseres Denkorgans verlaufen. Diese Areale sind hoch aktiv, wenn nichts Besonderes unsere Aufmerksamkeit beansprucht und unser Geist umherstreift.

Das Ruhenetzwerk bewirkt drei grundlegende Dinge: Es schafft ein Gefühl von uns selbst. Es projiziert dieses Selbst in die Vergangenheit oder die Zukunft. Und es sucht nach Problemen. Hast du beispielsweise schon einmal erlebt, dass du dich zum Essen hinsetzt, und bevor du dich versiehst, ist schon der ganze Teller leer gegessen? Wo warst du mit deinen Gedanken? Während dein Körper Nahrung

> ***Grundsätzlich ist unser Nervensystem aufs Überleben ausgelegt, nicht aufs Glücklichsein.***

zu sich nahm, warst du geistig ganz woanders – verloren im Ruhenetzwerk des Gehirns. Der Geist nutzt diese »überschüssige« Zeit, um sich mit möglichen Problemen auseinanderzusetzen, die es gegebenenfalls zu lösen gilt. Aus evolutionärer Perspektive heraus betrachtet ist dies sehr nützlich, um etwaige Bedrohungen vorherzusehen und unser Überleben zu sichern – in diesem Modus zu leben ist allerdings eher unangenehm.

Ist das Ruhenetzwerk des Gehirns aktiv, ringen wir häufig innerlich mit etwas, verfügen jedoch nicht über die geistige Gegenwärtigkeit, um uns dessen *bewusst* zu sein. Sobald wir achtsam sind, werden wir uns unserer inneren Geschichten bewusst und verlieren uns nicht länger in ihnen. Ein häufiger Vergleich dazu ist die Vorstellung, im Kino zu sitzen und sich, ganz gebannt und vom Drama des Films mitgerissen, in die Armlehnen des Sitzes zu krallen, wenn die Heldin kurz davor ist, von einer Klippe gestoßen zu werden. Plötzlich niest die Person neben dir, und dir fällt ein: »Ach ja, richtig, ich sehe mir nur einen Film an!«

Achtsamkeit stellt uns geistigen Raum zur Verfügung, und mithilfe dieses geistigen Raums gewinnen wir die Freiheit zu wählen, wie wir mit einer Situation *umgehen* möchten. Achtsamkeit spielt eine ganz besonders wichtige Rolle bei der Übung des Selbstmitgefühls, denn wenn wir leiden, öffnet uns Achtsamkeit die Tür für Mitgefühl. Wir können uns dann beispielsweise fragen: »Was brauche ich jetzt gerade?«, und uns selbst liebevoll umsorgen und unterstützen, genau so, wie wir es für einen guten Freund täten.

Forschungsergebnissen zufolge besteht der Nutzen einer regelmäßigen Achtsamkeitspraxis auch darin, dass Achtsamkeit die Tendenz hat, während der Meditation wie auch während normaler Aktivitäten das Ruhenetzwerk des Gehirns zu deaktivieren.[54] Je mehr wir uns also in Achtsamkeit üben, desto mehr Gelegenheit wird sich uns bieten, bessere Entscheidungen für uns zu treffen – einschließlich der Entscheidung, Selbstmitgefühl zu üben.

MEDITATION

Liebevolles Atmen

Die folgende Meditation übt den Geist darin, konzentrierter und ruhiger zu werden. Sie stellt eine häufige Form der Achtsamkeitsmeditation dar – die Atemmeditation. Wir machen hier einige Vorschläge, um diesen Prozess von einer liebevollen Haltung getragen sein zu lassen. Die gesprochene Anleitung dazu findest du auf *www.arbor-verlag.de/NeffGermer/MSC_ueben* mit dem Code **3k35vp**.

In den meisten Meditationsanleitungen in diesem Buch wird vorgeschlagen, die Augen zu schließen. Selbstverständlich ist es aber sehr schwer, mit geschlossenen Augen zu lesen. Wenn du die Tonaufnahme nicht verwendest, kann es hilfreich sein, die unten beschriebene Meditationsanleitung ein paarmal durchzulesen, bevor du mit der Meditation beginnst. Anderenfalls kannst du auch zwischendurch deine Augen zum Lesen öffnen, dann wieder schließen, um ein paar Minuten zu praktizieren, und sie dann abermals öffnen, um weiterzulesen. Für welche Variante du dich auch entscheidest, schau, dass du deine Meditationspraxis in Leichtigkeit und Unbeschwertheit bettest und dich daran erinnerst, dass sie nicht perfekt sein muss (vor allem, wenn das Ziel Selbstmitgefühl ist).

- Nimm eine Haltung ein, die deinen Körper unterstützt, in der du dich wohlfühlst und in der du während der gesamten Übung verbleiben kannst. Schließe sanft die Augen, oder lass sie ganz leicht geöffnet, wenn dies für dich angenehmer ist. Atme einige Male langsam sanft und tief ein und aus, und lass alle unnötigen körperlichen Anspannungen los.
- Wenn du magst, lege eine Hand für einen Moment auf dein Herz oder an eine andere Stelle, wo die Berührung beruhigend wirkt, um dich daran zu erinnern, dass du dich deiner Atmung und dir selbst jetzt nicht nur zuwendest, sondern sie mit *liebevoller* Aufmerksamkeit beobachtest. Du kannst die Hand an dieser Stelle lassen oder sie jederzeit zurücklegen.

- Erfahre zunächst die Atmung in deinem Körper. Spüre, wie der Körper ein- und ausatmet.
- Vielleicht ist wahrnehmbar, wie der Körper mit der Einatmung genährt wird und wie er mit der Ausatmung entspannt.
- Schau, ob es dir möglich ist, den Körper *dich atmen* zu lassen. Es gibt nichts zu tun.
- Nimm nun den *Rhythmus* deiner Atmung wahr: wie die Luft ein- und ausströmt. Nimm dir Zeit, den natürlichen Rhythmus deiner Atmung zu *spüren*.
- Spüre, wie der *ganze Körper* sich sanft im Rhythmus des Atems bewegt, der wie die Wellen des Meeres kommt und geht.
- Es ist ganz normal, dass die Gedanken häufig wandern wie ein neugieriges Kind oder ein kleiner Welpe. Wenn dies geschieht, kehre einfach sanft wieder zum Rhythmus des Atems zurück.
- Lass zu, dass der Atem deinen ganzen Körper *innerlich sanft wiegt und liebevoll umsorgt*.
- Vielleicht kannst du dich ganz deinem Atem *hingeben* – den Atem alles sein lassen, was gerade da ist. Einfach nur atmen. Zum Atem werden, der Atem *sein*.
- Nun löse die Aufmerksamkeit vom Atem, und lass alles, was im Gewahrsein auftaucht, genau so sein, wie es ist. Erlaub dir, zu spüren, was du spürst, und genau so zu sein, wie du jetzt bist.
- Wenn du so weit bist, öffne langsam und sanft deine Augen.

REFLEXION

Nimm dir einen Moment Zeit, um nachzuspüren, was du gerade erlebt hast: »Was ist mir aufgefallen, was habe ich gefühlt, wie fühle ich mich jetzt?«

Wenn dir die Atemmeditation bereits bekannt ist, wie war es für dich, Liebe und Wertschätzung in den Prozess einfließen zu lassen? Zuzulassen, dass dein eigener Atem dir Trost und Linderung spendet?

Ist dir aufgefallen, dass sich deine Aufmerksamkeit erhöht, wenn du deinen Atem *genießt*? Gab es einen Unterschied zwischen dem Erleben, der Atem zu *sein*, und zu versuchen, dich auf den Atem zu konzentrieren?

Vielleicht ist dir aufgefallen, dass dein Geist während der Meditation häufig abwanderte. Das ist bei allen Menschen so – das ist die Aktivität des bereits genannten Default Mode Network im Gehirn, auch »Ruhenetzwerk« genannt. Bitte verurteile dich nicht dafür, dass du ein menschliches Gehirn hast, das halt viel in Gedanken umherschweift. Für den Fall, *dass* du dich dafür verurteilst, biete dir selbst vielleicht etwas Selbstmitgefühl auch für diese menschliche Neigung an.

Zuweilen konzentrieren sich Meditierende auf die Empfindungen des Atems in einer bestimmten Körperregion, beispielsweise an der Stelle, wo der Atem in die Nase ein- und wieder austritt. Für manche führt dies zu einer geistigen Anspannung. Wenn dir das auch so geht, versuche, die Aufmerksamkeit eher auf die Bewegung des Körpers während des Atmens zu lenken. Richte den Fokus also mehr auf die sanfte Schaukelbewegung, die der Atem im Körper auslöst, als auf den Atem selbst.

Dies ist eine der Hauptmeditationen des MSC-Kurses. Du kannst sie einmal einige Tage hintereinander für circa 20 Minuten täglich ausprobieren, bis du dich mit ihr vertraut gemacht hast. Wenn diese Meditation dir hilft, dich zu beruhigen, und dir Linderung bringt, kann sie Teil einer regelmäßigen Meditationspraxis werden. Behalte dabei in Erinnerung, dass wir empfehlen, eine Kombination aus formeller (Meditation) und informeller Praxis (im täglichen Leben) für dich zu entwickeln und dem Ganzen 30 Minuten pro Tag zu widmen.

INFORMELLE PRAXIS

Der Hier-und-jetzt-Stein

Such dir einen kleinen Stein, den du für dich persönlich besonders ansprechend findest. Dann probier die folgende Übung aus:

- Beginn damit, deinen Stein ganz aufmerksam zu untersuchen. Nimm die Farben wahr, die Kanten und Winkel und wie das Licht spielerisch auf der Oberfläche deines Steins tanzt. Erlaube dir, den Anblick deines Steins zu genießen.
- Jetzt erforsche den Stein mithilfe deines Tastsinns. Ist die Oberfläche rau oder weich? Welche Temperatur hat er?
- Versenke dich mit deiner vollen Aufmerksamkeit ganz und gar in deinen Stein. Gib dich völlig dem Erleben dieses wunderschönen Steins hin.
- Erlaube dir, deinen Stein mit all deinen Sinnen wahrzunehmen und seine Einzigartigkeit wertzuschätzen.
- Nimm wahr, dass es wenig Raum gibt für Besorgnis oder Bedauern, Gedanken an die Vergangenheit oder an die Zukunft, wenn du dich mit Wertschätzung auf deinen Stein konzentrierst. Du bist ganz und gar im jetzigen Moment »zu Hause«.

REFLEXION

Was hast du bemerkt, als du deine Aufmerksamkeit auf den Hier-und-jetzt-Stein gerichtet hast?

Als du dich mit deinem Stein befasst hast, nahm die Aktivität deines Ruhenetzwerks – das Wandern deines Geistes – ein wenig ab? Wenn das so war, kannst du deinen Stein als eine Art »Zauberstein« betrachten, weil er die Kraft hat, dein Ruhenetzwerk auszuschalten.

Vielleicht möchtest du den Hier-und-jetzt-Stein in deiner Tasche aufbewahren und ihn, wenn bestimmte Emotionen dich zu überwältigen drohen, mit den Fingern reiben. Du kannst die Empfindungen spüren, während du ihn berührst. Du kannst sie genießen und wieder zurück nach Hause in den gegenwärtigen Moment kommen.

INFORMELLE PRAXIS

Achtsamkeit im Alltag

Achtsamkeit kann in jedem Augenblick des Tages geübt werden – während du deine Zähne putzt, vom Parkplatz ins Büro gehst, dein Frühstück isst oder jedes Mal, wenn dein Handy klingelt.

- *Wähl eine tägliche Aktivität aus.* Du kannst dich zum Beispiel für das morgendliche Kaffeetrinken, das Zähneputzen oder Duschen entscheiden. Vielleicht suchst du dir etwas aus, was du immer früh am Tag machst, bevor du von den täglichen Aufgaben des Lebens in Anspruch genommen wirst.
- *Wähl eine Sinneswahrnehmung aus*, die du näher untersuchst, während du deiner ausgewählten Aktivität nachgehst, zum Beispiel das Geschmackserleben, während du deinen Kaffee trinkst, oder die Empfindungen, wenn das Wasser beim Duschen mit deinem Körper in Kontakt kommt.
- *Gib dich ganz dieser Erfahrung hin,* und genieß sie vollständig. Wenn die Gedanken abschweifen, bring die Aufmerksamkeit immer wieder zu den Empfindungen zurück.
- *Richte ein freundliches, liebevolles Gewahrsein* auf deine Aktivität, bis sie abgeschlossen ist.

Versuche nun eine Woche lang jeden Tag, diese Aktivität achtsam zu erleben.

REFLEXION

Fallen dir irgendwelche Dinge auf, die sich dadurch verändern, dass du Achtsamkeit in deinen Alltag einfließen lässt?

Wenn es dir schwerfällt, regelmäßig zu meditieren, können auch ein paar Minuten informeller Praxis jeden Tag zur Entwicklung der Gewohnheit beitragen, im gegenwärtigen Moment präsent zu sein. Sie stellt keine unbedeutendere Praxis dar, denn letztendlich besteht unser Ziel ja darin, in so vielen Augenblicken unseres Lebens wie nur irgend möglich gegenwärtig zu sein.

7

Widerstände loslassen

Achtsamkeit bedeutet nicht nur, die Aufmerksamkeit auf das zu richten, was im gegenwärtigen Moment geschieht. Die ihr innewohnende Aufmerksamkeit ist getragen von einer gewissen *Qualität* – dem *Akzeptieren* dessen, was wir erleben, ohne uns in Urteilen darüber zu verlieren, ob etwas gut oder schlecht ist. Diese innere Haltung wird häufig als »Loslassen des Widerstands« beschrieben. Widerstand erzeugt unser inneres Ringen, wenn wir glauben, dass unsere gegenwärtige innere Erfahrung anders sein sollte, als sie ist.

Der innere Widerstand gegenüber dem Berufsverkehr könnte beispielsweise wie folgt klingen: *Verdammt nochmal, die Stadtautobahn ist komplett dicht. Ich komme schon wieder zu spät zum Abendessen nach Hause! Unglaublich, dieser Idiot will sich gerade noch vor mir reindrängeln. Ich hab's so satt. Es ist zum Aus-der-Haut-Fahren!*

Akzeptanz bedeutet, dass wir ein Geschehen anerkennen, auch wenn wir es vielleicht nicht *mögen*, und die Tatsache loslassen können, dass etwas nicht genau in unserem Sinne verläuft. Akzeptanz mag sich dann eher so anhören: *Und wieder steck ich im Verkehr fest. Na ja, ist eben schon fast Berufsverkehrszeit, das war wohl zu erwarten. Ich komme ganz sicher auch nicht schneller nach Hause, wenn ich mich jetzt darüber aufrege.*

Woran *erkennen* wir, dass wir uns im Widerstand befinden? Einige Anzeichen können sein, dass wir abgelenkt sind, körperlich angespannt, uns in sorgenvollen Gedanken und Grübeleien verlieren, zu viel arbeiten oder zu viel essen, wütend oder gereizt sind oder ganz taub und gefühllos werden. Auf solcherlei Art und Weise versuchen wir, ungewollten Erfahrungen auszuweichen oder uns gegen sie zu wehren. Widerstand ist jedoch nicht durchweg etwas Negatives. Ohne ihn könnte uns die Intensität des Lebens manchmal überrollen. Er kann uns kurzfristig bei der Bewältigung unseres Alltags helfen, aber auch langfristig negative Folgen haben, denn:

Das, wogegen wir uns sträuben, hält an.

Unglücklicherweise lösen sich die unangenehmen Erfahrungen, gegen die wir uns sträuben, nicht einfach irgendwie in Luft auf, sondern werden gewöhnlich eher stärker und schlimmer. Ist es dir schon mal schwergefallen, abends einzuschlafen, obwohl du am nächsten Morgen gut erholt sein wolltest, weil ein wichtiger Termin an diesem Tag anstand? Was geschieht dann? Hilft es dir dabei, sofort sanft in einen friedvollen Schlaf zu gleiten, wenn du gegen deine Einschlafprobleme ankämpfst? In aller Regel wahrscheinlich nicht. Kämpfen wir gegen unsere schwierigen Gefühle an, gießen wir nur Öl ins Feuer. *Widerstand zwecklos*, wie es in einer landläufigen Floskel heißt …

Rafaella litt fortwährend unter Ängsten und konnte sich selbst deswegen nicht ausstehen. Wann immer sie es mit der Angst zu tun bekam, setzte sie sich unter Druck, machte sich Vorwürfe wie: »Jetzt sei doch nicht so ein Kleinkind. Werd endlich erwachsen!« Wie sehr sie auch dagegen ankämpfte, ihre Angst nahm nach einer gewissen Zeit derart überwältigende Dimensionen an, dass sie nun unter ausgewachsenen Panikattacken litt.

Der Meditationslehrer Shinzen Young[55] erklärt dieses Phänomen anhand folgender Formel:

Leid = Schmerz × Widerstand

Man kann auch sagen, dass Schmerzen – Verlusterfahrungen, Kummer, ein gebrochenes Herz, schwierige Umstände – im Leben unvermeidlich sind. Wenn wir diesem Schmerz jedoch Widerstand entgegensetzen, uns gegen ihn sträuben, dann lässt dies den Schmerz in aller Regel nur noch stärker werden.[56] Es ist dieser zusätzlich hinzugefügte Schmerz, der das Leiden ausmacht. Wir leiden nicht nur, weil wir im Moment etwas Schmerzhaftes erleben, sondern weil wir unseren Kopf gegen die Wand der Wirklichkeit schlagen – es frustriert uns, wenn wir annehmen, die Dinge sollten anders sein, als sie sind.

Eine weitere häufige Form des Widerstands ist das *Leugnen*. Wir hoffen, dass sich ein Problem von allein auflöst, wenn wir nicht länger darüber nachdenken. Forschungen haben jedoch ergeben, dass ungewollte Gedanken und Gefühle, die wir zu unterdrücken versuchen, in der Regel nur umso schlimmer werden.[57] Obendrein können wir schmerzhafte Gedanken und Gefühle, die wir vermeiden oder unterdrücken, nicht klar als solche erkennen und ihnen infolgedessen auch nicht mitfühlend begegnen:

Was wir fühlen können, können wir heilen.

Achtsamkeit und Selbstmitgefühl sind Ressourcen, die uns die nötige Sicherheit geben, um schwierigen Erfahrungen mit weniger Widerstand zu begegnen. Stell dir einmal vor, du fühlst dich überwältigt und eine Freundin kommt ins Zimmer, setzt sich neben dich, umarmt dich und hilft dir anschließend, einen Ausweg aus der misslichen Situation zu finden. Glücklicherweise kannst du dir selbst diese achtsame und mitfühlende Freundin sein. Der erste Schritt besteht darin, sich zunächst einmal ohne Widerstand gegenüber dem zu öffnen, was ist.

Da Achtsamkeit ein grundlegender Bestandteil des Selbstmitgefühls ist, stellt sich auch in diesem Zusammenhang die Frage: »In welcher Beziehung stehen Achtsamkeit und Selbstmitgefühl zueinander?« Sind sie ein und dasselbe, oder unterscheiden sie sich voneinander? Auch wenn sie ganz eng miteinander verwoben sind, gibt es unserer Meinung nach doch ein paar Unterschiede zwischen den beiden:

- Der Fokus der Achtsamkeit liegt primär auf der Akzeptanz einer *Erfahrung*. Selbstmitgefühl richtet die Aufmerksamkeit mehr auf die Fürsorge für den *Erlebenden*.
- Achtsamkeit fragt: »Was *erlebe* ich jetzt gerade?« Selbstmitgefühl fragt: »Was *brauche* ich jetzt gerade?«
- Achtsamkeit sagt: »*Fühl* dein Leiden aus einem weiten Gewahrsein heraus.« Selbstmitgefühl sagt: »*Geh liebevoll mit dir um*, wenn du leidest.«

Ungeachtet der Unterschiede erlauben uns jedoch Achtsamkeit und Selbstmitgefühl, mit *weniger Widerstand* uns selbst und unserem Leben gegenüber zu leben. Das zentrale Paradoxon achtsamen Selbstmitgefühls kann wie folgt zusammengefasst werden:

Wenn wir es schwer haben, begegnen wir uns selbst mit Mitgefühl, nicht damit es uns besser geht, sondern weil wir uns schlecht fühlen.

Anders gesagt, können wir uns nicht einfach mit Selbstmitgefühl überschütten, damit der Schmerz vergeht. Versuchen wir es dennoch, so bedienen wir uns einer verborgenen Form des Widerstands, die letztlich zu einer Verschlimmerung unserer Lage führen wird. Wenn es uns jedoch gelingt, vollkommen zu akzeptieren, dass unsere gegenwärtige Erfahrung schmerzhaft *ist*, und wenn wir aus ebendiesem Grund, also *weil* sie schmerzhaft ist, liebevoll mit uns umgehen wollen, dann wird es uns leichter fallen, mit dem Schmerz zu leben. Wir brauchen die Achtsamkeit, um sicherzustellen, dass wir Selbstmitgefühl nicht für die Abwehr unserer Erfahrung einspannen. Und wir brauchen Selbstmitgefühl, um genug Sicherheit zu spüren, uns achtsam unseren schwierigen Erfahrungen öffnen zu können. Zusammen vollführen sie einen wunderschönen Tanz.

Nachdem Rafaella ein paar Monate lang geübt hatte, mitfühlend mit sich selbst zu sprechen, lernte sie, sich selbst und ihre Angstzustände achtsam und mitfühlend zu halten, statt gegen ihre Erfahrung anzukämpfen. Wann immer Rafaella nun Angst bekam oder sogar kleine Panikanfälle, klang ihr innerer Dialog, gesprochen von einem mitfühlenden Teil in ihr, in etwa so: »Ich weiß, dass du gerade sehr große Angst hast. Ich wünschte mir auch, dass die Dinge nicht so schwierig wären, leider sind sie es aber. Ich bin mir bewusst, dass deine Kehle sich ganz eng und wie zugeschnürt anfühlt und dein Kopf sich dreht. Ich sorge mich um dich und bin für dich da. Du bist nicht allein. Wir schaffen das gemeinsam.« Mit der neuen, einfühlsameren inneren Stimme nahmen auch Rafaellas Panikattacken ab, und ihr fiel auf, dass sie viel besser in der Lage war, mit ihren Ängsten umzugehen, als sie gedacht hatte.

ÜBUNG

Der Eiswürfel

Diese Übung gibt uns die Möglichkeit, Widerstand in Echtzeit mitzuerleben und zu erfahren, was geschieht, wenn wir unserem Widerstandserleben mit Achtsamkeit und Mitgefühl begegnen. Lies dir erst einmal die Anleitung zur Übung durch, und entscheide dann, ob jetzt ein guter Moment für dich ist, sie durchzuführen.

- Die Übung sollte im Freien oder auf einem wasserabweisenden Untergrund durchgeführt werden. *(Menschen mit dem Raynaud-Syndrom wird empfohlen, diese Übung nicht zu machen.)*
- Nimm ein oder zwei Eiswürfel aus dem Tiefkühlfach, und halt sie so lange wie möglich in deiner geschlossenen Hand. Immer weiter halten.
- Nach ein paar Minuten nimm wahr, welche Gedanken auftauchen (zum Beispiel »Das ist doch sicher nicht gut für mich«, »Ich kann das nicht aushalten«, »Wer sich diese Übung ausgedacht hat, ist doch grausam!«). Das ist *Widerstand.*
- Achte jetzt genau auf das, was du von Moment zu Moment erlebst. Spür beispielsweise die *Empfindung* von Kälte, und nimm sie schlichtweg als kalt wahr. Wenn du Schmerz empfindest, der durch deinen Arm pulsiert, spür dies einfach als Pulsieren. Nimm deine *Emotionen* wie beispielsweise Angst schlicht als Angst wahr. Nimm alle Handlungsimpulse wahr, die in dir auftauchen, beispielsweise den Eiswürfel fallen lassen zu wollen und deine Hand zu öffnen, um das Gefühl der Kälte zu lindern. Sei dir deiner Impulse bewusst, und nimm sie einfach als Impulse wahr. Das ist *Achtsamkeit.*
- Dann gib jetzt noch ein bisschen liebevolle *Freundlichkeit* hinzu. Beruhige dich selbst mit dem Gedanken, dass diese Übung schmerzt, aber keineswegs schädlich ist. Du kannst einmal ganz lang erleichtert ausatmen … *Puuhh* … Fühlt sich deine Hand unangenehm an, kannst du beispielsweise auch zusätzlich Zärtlichkeit mit deiner Stimme zum Ausdruck bringen … *Ooohhh* … Verbinde dich mit Wertschätzung für deine Hand, dafür, dass sie dich auf die Empfindungen von Schmerz aufmerksam macht. Schenk dir selbst auch ein anerkennendes Nicken des Respekts oder der Bewunderung dafür, dass du diese Übung durchgestanden hast, um etwas Neues zu lernen. Sie hat dich Mut gekostet.
- Du kannst den Eiswürfel jetzt loslassen!

REFLEXION

Was ist dir während dieser Übung aufgefallen? Was ist für dich aufgetaucht? Haben Achtsamkeit oder Selbstmitgefühl deine Erfahrung in irgendeiner Weise verändert?

Vielen Menschen schenkt diese Übung ein eindrückliches Erleben dessen, wie Widerstand den Schmerz verstärken kann. Sie zeigt uns auch, dass unser Leiden nachzulassen vermag, wenn wir unseren Schmerz achtsam annehmen und uns selbst liebevoll behandeln, weil es wehtut. Wenn es dir nicht möglich war, deine Widerstände gegenüber der Kälte des Eiswürfels loszulassen, mach dir keine Vorwürfe. Dein Widerstand entspringt deinem ganz natürlichen Verlangen, unversehrt und in Sicherheit zu sein. Dir wohnt aber ebenso das Vermögen inne, dir selbst Fürsorge, Unterstützung und Geborgenheit zu spenden und dadurch Sicherheit zu erleben. Du brauchst vielleicht nur etwas Geduld, um daran zu arbeiten, deine automatischen Reaktionen abzumildern.

ÜBUNG

Wie erschaffe ich mir unnötiges Leid?

- Denke an eine aktuelle Situation in deinem Alltag, in der du das Gefühl hast, dass du dich gegen die Wirklichkeit eines schmerzhaften Erlebens sträubst. Denk daran, dass dies zu unnötigem Leiden beiträgt und die Situation genau genommen vielleicht eher schlimmer macht, als sie sein müsste (beispielsweise das Aufschieben eines großen Projekts, die Abneigung gegenüber einer Aufgabe in deinem aktuellen Job, das dauernde Bellen eines Hundes in deiner Nachbarschaft).

....

....

....

- *Woher weißt du, dass du im Widerstand bist?* Spürst du Unbehagen irgendwo im Körper oder im Geist? Kannst du es beschreiben?

- *Welche Konsequenzen hat der Widerstand?* Wie könnte dein Leben zum Beispiel unbeschwerter sein, wenn du den Widerstand loslassen oder zumindest verringern könntest?

- *Kannst du erkennen, dass der Widerstand dir in gewisser Weise auch dienlich sein könnte?* Vielleicht hilft er dir dabei, bestimmte Gefühle nicht zu fühlen, weil sie überwältigend sein könnten. Wenn schwierige Gefühle auftauchen, geh liebevoll und freundlich mit dir selbst um. Erkenne deinen Widerstand an in dem Wissen, dass er dir manchmal dabei hilft, in der Welt zu funktionieren.

....

....

....

....

....

....

....

....

- *Überlege nun, wie Achtsamkeit oder Selbstmitgefühl dir in dieser Situation helfen könnten, deinen Widerstand zu verringern.* Würde es die Situation einfacher oder schwieriger machen, wenn du den Schmerz anerkennst (»Das ist wirklich schwer«) und ihn in dein Leben lässt? Könnte es dir vielleicht etwas Erleichterung geben, dir selbst Verständnis entgegenzubringen (»Es ist nicht deine Schuld«) oder dich an das gemeinsame Menschsein zu erinnern (»So fühlen sich Menschen in solchen Situationen«)?

....

....

....

....

....

....

....

....

REFLEXION

Manche Menschen fühlen sich etwas verletzlich nach dieser Übung. Unsere Widerstände loszulassen bedeutet, dass wir uns unserem Schmerz gegenüber öffnen, und es ist schwer, sich dem Schmerz zu öffnen. Vielleicht erfordert es anzuerkennen, dass wir häufig weniger Kontrolle über die Geschehnisse in unserem Leben haben, als uns lieb ist. Dabei ist es wichtig, uns selbst mit sehr viel Freundlichkeit und Mitgefühl zu begegnen.

Wenn du dich nach dieser Übung in irgendeiner Weise aufgewühlt fühlst, versuche, eine Hand auf dein Herz oder an eine andere wohltuende Stelle zu legen und dir selbst ein paar unterstützende Worte zu sagen. Wie würdest du mit einem Freund sprechen, der sich gerade so fühlt wie du jetzt im Moment? Ist es dir möglich, etwas Ähnliches zu dir selbst zu sagen?

INFORMELLE PRAXIS

Widerstände wahrnehmen

Weil es natürlich ist und so automatisch geschieht, dass wir uns gegen Schmerz sträuben (selbst eine Amöbe in einer Petrischale weicht einem Giftstoff aus), bleibt unser Widerstand unbemerkt. Aus ebendiesem Grund besteht eine sehr nützliche Übung darin, schlicht wahrzunehmen, wenn wir im Widerstand sind, und das in dem Moment, in dem es geschieht, auch zu benennen.

Schau, ob es dir möglich ist, in der nächsten Woche einmal alle auch noch so kleinen Momente wahrzunehmen, in denen du dich gegen etwas Unangenehmes sträubst (du hast keine Lust, am Dienstagabend zu deinem Aerobic-Kurs zu gehen, der Aufzug in der Firma ist defekt, und du musst schon wieder Treppen steigen, dein jugendlicher Sohn hat sein schmutziges Geschirr in der Küche stehen lassen, damit du es abwäschst … und so fort). Wenn dir auffällt, dass sich Widerstand aufbaut, dann sprich in möglichst neutraler und sachlicher Stimmlage mit dir selbst, und benenn dieses Gefühl auch als »Widerstand«: »Dies ist ein Moment des Widerstands.«

Je besser wir unseren Widerstand wahrnehmen können, wenn er auftritt, desto weniger werden wir unnötige Anspannung und Stress in unserem Leben zulassen, und umso höher werden auch unsere Chancen, in schwierigen Situationen weise zu reagieren.

8

Backdraft

Das Wort »Backdraft« bezeichnet den Schmerz – häufig einen ganz alten Schmerz –, der zum Vorschein kommen kann, wenn wir uns selbst Wohlwollen und Mitgefühl schenken. Für manche Menschen ist die Erfahrung des Backdraft verwirrend, sie ist jedoch ein wesentlicher Teil des transformativen Prozesses – zunehmender Schmerz.

»Backdraft« ist ein Begriff aus der Feuerwehrterminologie. Er benennt vereinfacht gesagt, was geschieht, wenn ein Feuer den Sauerstoff in einem geschlossenen Raum verbraucht hat und durch das Öffnen eines Fensters oder einer Tür frischer Sauerstoff zuströmt. Die Luft kommt herein, und die Flammen dehnen sich blitzschnell aus (im Deutschen heißt dieses Phänomen »Rauchgasexplosion«). Ein ähnlicher Effekt kann entstehen, wenn wir durch Selbstmitgefühl die Tür unseres Herzens öffnen. Die Herzen vieler Menschen schwelen vor Leid, das sich über das gesamte Leben angesammelt hat. Um im Alltag funktionieren zu können, mussten wir stressige oder schmerzhafte Erlebnisse innerlich zur Seite schieben, um uns zu schützen. Wenn wir die Tür unseres Herzens öffnen und die frische Luft des Selbstmitgefühls einströmt, ist es wahrscheinlich, dass dieser alte Schmerz und alte Ängste mit Vehemenz zum Vorschein kommen werden. Und das ist durchaus vergleichbar mit Backdraft.

Die ersten zwei Kurseinheiten zum Selbstmitgefühl waren ermutigend für Chad, dann begann er jedoch zu zweifeln, ob er alles richtig machte. Wann immer er seine Hand auf sein Herz legte und versuchte, freundlich mit sich selbst zu sprechen, wurde es ihm mulmig, er bekam es mit der Angst zu tun und wurde kurzatmig. »Was stimmt nicht mit mir?«, wunderte er sich. »Sollte ich mich dadurch denn nicht besser fühlen?«

Backdraft ist ein Anzeichen dafür, dass der Heilungsprozess begonnen hat.

Wichtig hierbei ist zu erkennen, dass die unangenehmen Gefühle des Backdraft nicht durch die Übung des Selbstmitgefühls *verursacht* werden. Wir machen nichts falsch, wenn wir einen Backdraft erleben. Genau genommen ist dies sogar ein Zeichen dafür, dass wir es richtig machen – wir öffnen die Tür unseres Herzens. Am Anfang werden wir möglicherweise jedoch einen alten Schmerz erneut erleben, wenn wir beginnen, diesen freizusetzen.[58] Das ist ein ganz natürlicher Prozess, nichts, worüber wir uns Sorgen machen müssten.

WORAN LÄSST SICH BACKDRAFT ERKENNEN?

Backdraft kann als jede Form emotionalen, geistigen oder körperlichen Unwohlseins auftreten, zum Beispiel:

- *emotional:* Scham, Trauer, Angst, Traurigkeit,
- *geistig:* Gedanken wie »Ich bin ganz allein«, »Ich bin ein Versager«, »Ich bin wertlos«,
- *körperlich:* körperliche Erinnerungen, Schmerzen, Qualen.

Häufig tritt das Unwohlsein wie aus dem Nichts auf, und wir verstehen vielleicht auch den Grund dafür nicht. Während der Meditation können Tränen fließen, Wut, ein Gefühl der Angst oder der Verletzlichkeit auftreten. Eine ganze Reaktionskette kann ausgelöst werden, wenn wir uns sträuben und versuchen, den Backdraft nicht zu erleben. Es ist möglich, dass wir beispielsweise »in unseren Kopf gehen« (intellektualisieren), gereizt werden, uns zurückziehen, den Fokus verlieren oder uns selbst und andere kritisieren. All diesen Reaktionen können und sollten wir mit Wohlwollen und Mitgefühl begegnen. Wichtig dabei ist, dass wir uns gestatten, die Tür unseres Herzens langsam zu öffnen, damit wir nicht von den Gefühlen des Backdraft überwältigt werden. Es ist wichtig, dass du dir mit Selbstmitgefühl begegnest, wenn Backdraft entsteht. Erlaube dir, in deinem eigenen Tempo vorangehen zu können.

Wie können wir mit Backdraft umgehen?

Du kannst damit beginnen, dir die Frage zu stellen: »Was brauche ich jetzt?« Vor allem: »Was brauche ich, um mich *sicher* zu fühlen?« Im Anschluss daran kannst du – je nachdem, was sich für dich stimmig anfühlt – überlegen, ob dich irgendeine der folgenden Strategien unterstützen könnte.

Frag dich: »Was brauche ich, um mich jetzt sicher zu fühlen?«

ÜBE ACHTSAMKEIT, UM DEINE AUFMERKSAMKEIT ZU STEUERN

- Benenne die Erfahrung als Backdraft (»Oh, das ist Backdraft») in einem Tonfall, den du wählen würdest, wenn du zu einem lieben Freund sprichst.
- Benenne deine stärkste Emotion, und erkenn sie dir selbst gegenüber mitfühlend an (»Ah, das ist Trauer«).
- Erforsche, wo in deinem Körper die Emotion zu spüren ist. Vielleicht

merkst du sie als Spannung in deinem Bauchraum oder Leere in deinem Herzen. Schenke dieser Region deines Körpers eine wohltuende oder unterstützende Berührung.

- Lenke deine Aufmerksamkeit auf einen neutralen Fokus in deinem Körper (zum Beispiel den Atem) oder
- auf ein Sinnesobjekt in der Außenwelt (zum Beispiel auf Umgebungsgeräusche oder deinen Hier-und-jetzt-Stein [Kapitel 6]). Je weiter du deine Aufmerksamkeit vom Körper weglenkst, desto einfacher wird es.
- Spür deine Fußsohlen (siehe unten).

NIMM IN GEWÖHNLICHEN TÄTIGKEITEN ZUFLUCHT

- Vielleicht spürst du das Bedürfnis, deine Aufmerksamkeit im Ausüben alltäglicher Handlungen zu verankern, wie beispielsweise im Geschirrspülen, im Spazierengehen, im Duschen oder Sport. Sollte die Handlung mit angenehmen Sinnesempfindungen einhergehen (Riechen, Schmecken, Tasten, Hören, Sehen), nimm dir Zeit, um die Eindrücke zu genießen (siehe »Achtsamkeit im Alltag« [Kapitel 6]).
- Vielleicht verspürst du auch das Bedürfnis, dir selbst durch ganz praktische Verhaltensweisen etwas Geborgenheit, Beruhigung oder Unterstützung zuteilwerden zu lassen. Möglicherweise möchtest du dazu beispielsweise eine Tasse Tee trinken oder ein heißes Bad nehmen, Musik hören oder deinen Hund streicheln (siehe unten, »Selbstmitgefühl im Alltag«).
- Wenn du zusätzliche Hilfe brauchst, nimm dein persönliches Unterstützungsnetzwerk (Freunde, Familie, Therapeutinnen, Lehrer) in Anspruch, um das zu bekommen, was du brauchst.

Nachdem Chad vom Backdraft gehört hatte, war er nicht mehr länger so aufgebracht, wenn dieser Zustand eintrat. In dem Moment, in dem er Angst bekam, sagte er zu sich selbst: »Ach, das ist Backdraft; das ist ganz normal.« Er war sich sogar des Ursprungs seines Backdrafts bewusst. Als er ein Kind war, schaute seine Mutter gern mal zu tief ins Glas, und obwohl sie in aller Regel liebevoll und fürsorglich war, kam es gelegentlich vor, dass sie völlig überraschend und grundlos wütend auf ihn wurde und ihn anfuhr. Als Kind lernte er somit, dass er nicht uneingeschränkt auf ihre Liebe und Unterstützung zählen konnte – dass dies teilweise davon abhing, wie viel Gläser Wein die Mutter getrunken hatte.

Ihm fiel nun auf, dass jene alten Gefühle der Unsicherheit auftraten, als er begann, sich selbst diese Liebe und Unterstützung zu schenken. Manchmal war es ausreichend, die auftauchenden Gefühle zu benennen, um zu verhindern, dass die Angst anwuchs und er kurzatmig wurde. In anderen Momenten war der Backdraft stärker ausgeprägt, dann wusste Chad, dass das Liebevollste, was er jetzt tun könne, darin bestand, einen Schritt zurückzutreten. »Ich werde einfach mal versuchen, meine Fußsohlen zu spüren. Das hilft mir, mich geerdet zu fühlen.« Gelegentlich fühlte Chad sich von intensiveren Emotionen – Angst und Ekel – überwältigt. In diesen Momenten wusste er, dass es ihm helfen würde, die Praxis zu unterbrechen und sich etwas ganz Gewöhnlichem und Angenehmem zu widmen, wie beispielsweise einer Fahrradtour zum Strand. Zu einem späteren Zeitpunkt dann, wenn es Chad besserging, nahm er bewusst die Praxis des Selbstmitgefühls wieder auf, legte beispielsweise eine Hand mit einer neugierigen, offenen inneren Haltung auf sein Herz ohne die Erwartung, etwas Besonderes dabei fühlen zu wollen.

INFORMELLE PRAXIS

Die Fußsohlen spüren

Diese Übung wurde entwickelt, um dich in Momenten zu stabilisieren und zu erden, in denen du überwältigende Emotionen oder einen Backdraft erlebst. Forschungen haben gezeigt, dass diese Übung helfen kann, starke Emotionen wie beispielsweise Ärger zu regulieren.[59]

- Steh auf, und spüre deine Fußsohlen am Boden. Du kannst diese Übung mit oder ohne Schuhe durchführen.
- Nimm zunächst die Empfindungen an den Stellen wahr, an denen die Fußsohlen den Boden berühren.
- Um die Empfindungen besser spüren zu können, wiege dich sanft nach vorn und hinten und von rechts nach links. Mach vielleicht auch kleine, kreisende Bewegungen mit den Knien, und spüre, wie sich die Empfindungen in den Fußsohlen dabei verändern.
- Wenn die Gedanken abschweifen, richte deine Aufmerksamkeit einfach wieder auf das Spüren der Fußsohlen.
- Beginn damit, langsam zu gehen. Nimm die sich verändernden Empfindungen an den Fußsohlen wahr. Achte auf die Empfindungen, während du den Fuß anhebst, nach vorn bewegst und wieder absetzt. Zunächst mit dem einen und dann mit dem anderen Fuß. Und dann einen Fuß nach dem anderen.
- Werde dir während des Gehens bewusst, wie klein die Fläche deiner Füße ist und wie die Füße deinen gesamten Körper tragen. Wenn du magst, verbinde dich einen Moment lang mit Dankbarkeit für die harte Arbeit, die deine Füße verrichten, was wir im Allgemeinen für selbstverständlich nehmen.
- Geh langsam immer weiter, und spür weiterhin deine Fußsohlen.
- Dann komm nun langsam wieder zum Stehen. Weite das Gewahrsein auf den gesamten Körper aus, spüre in den Körper hinein, alles darf genau so sein, wie es sich gerade anfühlt. Du darfst genau so sein, wie du bist.

REFLEXION

Was ist dir während dieser Übung aufgefallen? Was hat sich dir gezeigt?

Es gibt viele Gründe, aus denen diese Übung so wirkungsvoll ist, wenn du dich emotional überwältigt fühlst. Zuerst einmal liegt deine Aufmerksamkeit auf deinen Fußsohlen – so weit wie möglich weg vom Kopf, in dem all die Geschichten über das gesponnen werden, was gerade passiert. Möglicherweise hilft es dir auch, dich unterstützt und buchstäblich geerdet zu fühlen, wenn du den Kontakt zum Boden spürst. Vielleicht hast du Lust, deine Schuhe dabei auszuziehen und die Übung, wenn möglich, auf einer Wiese durchzuführen, damit du den Kontakt zur Erde noch besser spüren kannst. Du kannst die Übung »Die Fußsohlen spüren« jedoch überall anwenden, wo immer du dich auch befindest, wenn schwierige Emotionen auftauchen – am Flughafen in der Schlange bei der Sicherheitskontrolle, während du auf der Arbeitsstelle den Flur entlangläufst und so weiter.

INFORMELLE PRAXIS

Selbstmitgefühl im Alltag

- Es ist wichtig, im Hinterkopf zu behalten, dass du bereits weißt, wie Selbstmitgefühl funktioniert. Du hättest nicht überlebt, hättest du dich nicht um dich selbst kümmern können. Selbst*fürsorge* inmitten von Schwierigkeiten ist Selbst*mitgefühl* – eine liebevolle Antwort im Angesicht von Leid. Folglich kann jeder Selbstmitgefühl erlernen.
- Selbstmitgefühl umfasst viel mehr als ein Geistestraining. *Verhaltensbasiertes* Selbstmitgefühl ist eine sichere und wirkungsvolle Art und Weise, Selbstmitgefühl zu praktizieren. Es verankert die Praxis des Selbstmitgefühls in gewöhnlichen, alltäglichen Handlungen und Aktivitäten.

- Wenn es dir so ergeht, dass du sehr häufig mit Backdraft zu tun hast, während du Selbstmitgefühl auf explizite Art und Weise praktizierst (beispielsweise während der Ausübung beruhigender Berührungen), dann kannst du versuchen, dir gewöhnlichere Möglichkeiten zu suchen, die sich sicherer anfühlen, um Selbstmitgefühl zu praktizieren.
- Füll die folgende Liste mit Maßnahmen aus, die du schon ergreifst, um mitfühlend mit dir selbst umzugehen. Denke über ein paar neue Möglichkeiten nach, die du deinem Repertoire hinzufügen kannst.
- Probiere irgendeinen dieser Punkte in einem schwierigen Moment aus, um freundlich mit dir umzugehen.

Körperlich – den Körper weich werden lassen

Wie sorgst du körperlich für dich (zum Beispiel Sport, Massage, heißes Bad, Tasse Tee)?

....

....

....

....

Fallen dir neue Möglichkeiten ein, wie du den Stress und die Anspannung lösen kannst, die sich in deinem Körper ansammeln?

....

....

....

....

Geistig – Aufregung reduzieren

Wie sorgst du für deinen Geist, vor allem, wenn du unter Stress stehst (zum Beispiel meditieren, einen amüsanten Film ansehen, ein inspirierendes Buch lesen)?

....

....

....

....

Gibt es eine neue Strategie, die du mal ausprobieren möchtest, um deine Gedanken leichter kommen und gehen zu lassen?

....

....

....

....

Emotional – dich selbst beruhigen und trösten

Wie sorgst du emotional für dich (zum Beispiel den Hund streicheln, Tagebuch schreiben, kochen)?

....

....

....

....

Gibt es etwas Neues, was du gern ausprobieren möchtest?

....

....

....

....

Beziehungsebene – dich mit anderen verbinden

Wie oder wann trittst du mit anderen auf eine Art und Weise in Verbindung, die dich mit echter Freude erfüllt (zum Beispiel Freunde treffen, Geburtstagskarte versenden, ein Spiel spielen)?

....

....

....

....

....

Gibt es eine Art und Weise, um die du diese Beziehungen bereichern möchtest?

....

....

....

....

Spirituell – dich deinen Werten verschreiben

Wie sorgst du spirituell für dich (zum Beispiel beten, im Wald spazieren gehen, andere unterstützen)?

....

....

....

....

....

Gibt es irgendetwas anderes, das zu tun du dich gern erinnern möchtest, um deine spirituelle Seite zu nähren?

....

....

....

....

....

9

Liebevolle Güte entwickeln

Es ist wichtig, dass wir in Ergänzung zu unserer Vertiefung der Selbstmitgefühlspraxis lernen, Gefühle liebevoller Güte uns selbst gegenüber zu entwickeln. »Liebevolle« oder »liebende Güte« ist die deutsche Übersetzung des Pali-Begriffs *metta*, der auch als »Freundlichkeit« wiedergegeben wird.[60]

Wie unterscheiden sich Mitgefühl und liebevolle Güte? Mitgefühl kann definiert werden als »Empfindsamkeit gegenüber dem Schmerz und dem Leid eines anderen, verbunden mit einem tiefen Wunsch, das Leiden zu verringern«.[61] Selbstmitgefühl ist schlicht Mitgefühl, das auf uns selbst gerichtet wird – *inneres* Mitgefühl. Liebevolle Güte impliziert allgemeine, freundliche, wohlwollende Gefühle, auf uns selbst und andere gerichtet, und muss nicht notwendigerweise mit Leiden einhergehen. Es ist wichtig, dass wir uns selbst gegenüber eine allgemein freundliche Haltung kultivieren, auch wenn die Dinge gerade gut laufen.

Wenn liebevolle Güte auf Leiden trifft und liebevoll bleibt, wird Mitgefühl aus ihr. Beide sind Ausdruck des Wohlwollens.

Dem Dalai Lama zufolge ist liebevolle Güte »der Wunsch, dass alle fühlenden Wesen *glücklich* sein mögen«.[62] Mitgefühl ist »der Wunsch, dass alle fühlenden Wesen *frei von Leiden* sein mögen«. Ein Meditationslehrer aus Myanmar drückt es wie folgt aus: »Wenn der Sonnenschein liebevoller Güte auf die Tränen des Leidens trifft, entsteht der Regenbogen des Mitgefühls.« *Metta* kann durch eine Übung namens »Meditation der liebevollen Güte« entwickelt werden. In dieser Praxis denkt man in der Meditation an eine bestimmte Person, visualisiert sie und wiederholt innerlich im Stillen eine Abfolge von Sätzen, die entwickelt wurden, um Gefühle des Wohlwollens dieser Person gegenüber hervorzurufen. Beispiele für übliche Sätze sind »Mögest du glücklich sein«, »Mögest du in Frieden sein«, »Mögest du gesund sein« oder »Mögest du mit Gelassenheit leben«. Man kann die Sätze als freundliche Wünsche oder gute Absichten verstehen.

Typischerweise beginnen die Meditierenden damit, die Sätze an sich selbst zu richten, danach richten sie die Sätze des Wohlwollens auf einen Mentor oder einen Unterstützer, dann auf jemanden, dem gegenüber sie neutrale Gefühle hegen, danach auf jemanden, mit dem sie schwierige Gefühle verbinden; und schließlich geht es darum, den Kreis der liebevollen Güte auf alle fühlenden Wesen auszuweiten und sie einzuschließen. Die guten Absichten, die während der Metta-Meditation kultiviert werden, führen dazu, dass wir konstruktiver mit uns selbst umgehen und dass unsere Grundstimmung sich merklich bessert. Forschungsergebnisse haben erwiesen, dass der Effekt der Liebevollen-Güte-Meditation von der »Dosis« abhängt, die wir uns gönnen – je häufiger man sie übt, desto kraftvoller sind die Ergebnisse.[63] Ein zentraler Nutzen dieser Meditation besteht jedenfalls in einer Verringerung negativer Emotionen wie Angst und Depression[64] und einer Zunahme positiver Emotionen wie Freude und Glück.[65]

Einigen Menschen fällt die Liebevolle-Güte-Meditation schwer, weil sie das Wiederholen der Sätze als konstruiert oder umständlich empfinden, oder sie brechen die Praxis ab, weil die Sätze für sie mechanisch oder nicht authentisch klingen. Wenn es dir so geht, mach dir keine Sorgen. Die folgende Geschichte stammt aus der jüdischen Tradition und veranschaulicht, wie die Praxis wirkt:

Ein Thoraschüler fragt den Rabbi: »Warum fordert uns die Thora auf, diese Worte auf *unser Herz zu legen? Warum sagt sie uns nicht, wir sollen diese heiligen Worte* in *unser Herz legen?«*

Der Rabbi antwortet: »Weil unsere Herzen in unserem gegenwärtigen Zustand verschlossen sind und wir die heiligen Worte nicht in *unser Herz aufnehmen können. Also legen wir sie* auf *unser Herz. Und dort bleiben sie, bis uns eines Tages das Herz bricht und die Worte hineinfallen.«*[66]

MEDITATION

Liebevolle Güte für ein geliebtes Wesen

Traditionell beginnt die Meditation der liebevollen Güte mit Wohlwollen, das wir auf uns selbst richten – nach dem Gebot »Liebe deinen Nächsten(,) wie (du) dich selbst (liebst).« Heutzutage vertauschen wir die Reihenfolge, beginnen mit einem anderen Wesen, zu dem unsere Liebe ganz leicht und natürlich fließt, und mogeln uns dann selbst hinzu. Viele Menschen praktizieren diese Variante der Liebevollen-Güte-Meditation als ihre Hauptmeditationspraxis. Die gesprochene Anleitung dazu *ist auf www.arbor-verlag.de/NeffGermer/MSC_ueben* mit dem Code **3k35vp** erhältlich.

- Nimm eine bequeme Haltung ein, entweder im Sitzen oder im Liegen. Wenn du möchtest, leg eine Hand auf dein Herz oder eine andere Stelle, wo sie dich beruhigt, um dich daran zu erinnern, dass wir dem, was wir erleben, und uns selbst nicht nur Gewahrsein, sondern liebevolles Gewahrsein entgegenbringen wollen.

Ein lebendes Wesen, das dich ganz natürlich zum Lächeln bringt

- Stell dir nun eine Person oder ein anderes lebendes Wesen vor, dessen Anblick ein Lächeln auf dein Gesicht zaubert. Jemanden, zu dem du eine möglichst entspannte, unkomplizierte Beziehung hast. Das könnte ein Kind sein, deine Großmutter, deine Katze oder dein Hund, wer auch immer dich auf ganz natürliche Weise glücklich macht und dein Herz erwärmt. Falls gleich mehrere dafür infrage kommen, wähl einfach eins aus.
- Spür, wie es ist, in der Gegenwart dieser Person oder dieses Tiers zu sein. Erlaub dir, die wohltuende Gesellschaft dieses Wesens zu genießen. Lass ein lebendiges Bild von ihm vor deinem geistigen Auge entstehen.

Mögest du …

- Nun erkenne, dass sich dieses Wesen wünscht, glücklich und frei von Leid zu sein, genau wie du und jedes andere Lebewesen. Wiederhole die Sätze im Stillen für dich, und spüre die Bedeutung deiner Worte:
  - *Mögest du glücklich sein.*
  - *Mögest du in Frieden sein.*
  - *Mögest du gesund sein.*
  - *Mögest du mit Gelassenheit leben.*

  Wiederhole die Sätze einige Male langsam, sanft und liebevoll.

- Wenn du eigene Worte oder Sätze hast, mit denen du normalerweise praktizierst, kannst du auch diese benutzen, oder aber du fährst mit den oben genannten Sätzen fort.
- Wenn du bemerkst, dass deine Aufmerksamkeit abschweift, kehrst du wieder zu den Sätzen zurück und zu dem Bild des geliebten Wesens, das du dir vorstellst. Koste jedes warme Gefühl aus, das sich zeigen will. Lass dir Zeit.

Mögen du und ich (wir) ...

- Nun bring *dich selbst* mit in den Kreis deines Wohlwollens ein. Lass ein Bild von dir in der Gegenwart deines geliebten Wesens entstehen, und stell dir euch beide zusammen vor.

    - *Mögen du und ich glücklich sein.*
    - *Mögen du und ich in Frieden sein.*
    - *Mögen du und ich gesund sein.*
    - *Mögen du und ich mit Gelassenheit leben.*

    Wiederhole die Sätze einige Male. Statt »du und ich« kannst du, wenn du möchtest, auch »wir« sagen.

- Nun lass das Bild des anderen Wesens in den Hintergrund treten. Bedank dich vielleicht noch einmal bei deinem geliebten Wesen, bevor du fortfährst und den Fokus deiner vollen Aufmerksamkeit nun unmittelbar auf dich selbst richtest.

Möge ich ...

- Leg deine Hand aufs Herz oder eine andere Stelle, und spür ihre Wärme und den sanften Druck. Stell dir ein Bild deines gesamten Körpers vor und achte auf eventuelle Anspannung oder innere Unruhe, die vielleicht in dir fortbestehen. Biete dir selbst folgende Sätze an:
    - *Möge ich glücklich sein.*
    - *Möge ich in Frieden sein.*
    - *Möge ich gesund* sein.
    - *Möge ich mit Gelassenheit leben.*

    Wiederhole die Sätze einige Male, herzlich und liebevoll.

- Zum Abschluss nimm ein paar Atemzüge, und verweile ruhig in deinem eigenen Körper. Akzeptiere deine Erfahrung ganz genau so, wie sie ist.

REFLEXION

Was ist dir während dieser Meditation aufgefallen? Was ist für dich aufgetaucht? Fiel es dir leichter, liebevolle Güte für dein geliebtes Wesen zu spüren als für dich selbst? Wie war es für dich, Gefühle der liebevollen Güte an euch beide gemeinsam zu richten? Gab es während der Meditation herausfordernde Momente für dich? Konntest du dies mit Mitgefühl halten?

Sehr häufig finden Menschen es sehr viel leichter, liebevolle Güte für andere geliebte Wesen zu empfinden als sich selbst gegenüber. In dieser Meditation beginnen wir mit einer Person, bei der es uns sehr leicht fällt, die Energie der liebevollen Güte zu spüren, und dann bringen wir uns selbst mit hinein, um den Fluss der liebevollen Güte auf eine schwierigere Person auszurichten – uns selbst.

Vielen Menschen fällt die Meditation der liebevollen Güte trotz allem weiterhin schwer. Die Sätze finden einfach keinen richtigen Anklang, oder Worte wie »Möge ich« klingen ein wenig entrückt oder abgehoben. Im nächsten Kapitel helfen wir dir dabei, deine eigenen Sätze der liebevollen Güte zu finden, die sich für dich möglicherweise authentischer anfühlen und bedeutungsvoller sind.

INFORMELLE PRAXIS

In liebevoller Güte gehen

Wir können im Verlauf des Tages die Haltung der liebevollen Güte dadurch stabilisieren, dass wir Sätze des Wohlwollens uns selbst und anderen gegenüber formulieren.

Anmerkung: Diese informelle Praxis nutzt das Gehen, um unsere Aufmerksamkeit zu erden. Wer sich mithilfe eines Rollstuhls oder durch andere Hilfen fortbewegt, kann anstelle der Körperempfindungen beim Gehen jede andere Kontaktstelle des Körpers nutzen.

- Du kannst diese Übung ausprobieren, wann immer du draußen bist und eine Straße entlangläufst oder dich an einem geschäftigen Ort wie beispielsweise einer Einkaufspassage befindest.
- Beginne damit, dass du die Aufmerksamkeit während des Gehens auf deine Füße richtest und die Empfindungen in den Füßen und Beinen wahrnimmst (es besteht keine Notwendigkeit, besonders langsam zu laufen).
- Fang dann an, während des Gehens innerlich im Stillen den Satz zu wiederholen: »Möge *ich* glücklich und frei von Leiden sein.«
- Wenn du jemand anderen wahrnimmst oder an jemandem vorbeigehst, widme auch diesem Menschen innerlich im Stillen einen wohlwollenden Satz, beispielsweise: »Mögest *du* glücklich und frei von Leiden sein.« Schau, ob es dir möglich ist, dich innerlich mit etwas Wohlwollen und Herzlichkeit diesem Menschen gegenüber zu verbinden.
- Wenn du dich sicher damit fühlst und es dir stimmig erscheint, kannst du probieren, den Menschen, denen du begegnest, leicht zuzunicken oder ihnen ein sanftes Lächeln zu schenken, während du innerlich still für dich wiederholst: »Mögest *du* glücklich und frei von Leiden sein.«
- Wann immer du abgelenkt bist oder dich unwohl fühlst, bring die Aufmerksamkeit einfach wieder auf die Empfindungen deiner Füße und Beine zurück, und sag innerlich zu dir selbst: »Möge *ich* glücklich und frei von Leiden sein.« Und wenn der Moment sich wieder richtig anfühlt, richte deine Aufmerksamkeit erneut auf andere.
- Zum Abschluss schau, ob es dir möglich ist, deine wohlwollenden Wünsche auf alle lebenden Wesen in deinem Sichtfeld auszuweiten – und vergiss dich selbst dabei nicht. Wiederhole still: »Mögen *alle Wesen* glücklich sein und frei von Leiden.«

REFLEXION

Was ist dir während der Übung aufgefallen? Hat sich deine Wahrnehmung gegenüber anderen verändert? Hat sich ihre Reaktion auf dich verändert?

Diese Übung kann eine machtvolle Methode sein, ein Gefühl der Verbundenheit mit allen Wesen zu entwickeln. Sie kann in einem Geschäft oder einem Restaurant, auf dem Weg zur Arbeit im Auto oder im Zug praktiziert werden – an jedem Ort, den wir besuchen und an dem wir auf andere Menschen treffen.

Wenn der Satz »Möge ich/mögest du glücklich sein und frei von Leiden« keine wirklichen Gefühle des Wohlwollens und des Mitgefühls in dir auslösen, warte mit dieser Übung, bis du deine eigenen stimmigen Sätze der liebevollen Güte im nächsten Kapitel entdeckt hast.

10

Liebevolle Güte für uns selbst

Um sich den Nutzen der Meditation der liebevollen Güte erschließen zu können, ist es manchmal notwendig, die Praxis persönlicher zu gestalten. Der Zweck dieses Kapitels besteht darin, dich zu unterstützen, Sätze der liebevollen Güte zu finden, die dich wirklich ansprechen und dir somit ein einzigartiger Schlüssel zu deinem eigenen Herzen sein können.

Uschi meditierte sehr hingebungsvoll und widmete sich bereits seit Jahren – nachdem sie diese Meditation durch eine ihrer bevorzugten Lehrerinnen auf einem Retreat kennengelernt hatte – der Praxis der liebevollen Güte. Dennoch hatte sie ein kleines Geheimnis. Sie spürte überhaupt gar nichts, wenn sie die Sätze der liebevollen Güte vor sich hin sprach: Sie wiederholte die Formulierungen mechanisch wie ein Roboter, ohne irgendein Gefühl. Sie nahm an, dass es vielleicht nicht ihrem Naturell entsprach, liebevolle Güte zu spüren.

Viele traditionelle Sätze der Liebevollen-Güte-Meditation wurden über Jahrhunderte hinweg weitergereicht, es ist also nicht verwunderlich, wenn es etwas schwierig für uns heute ist, mit ihnen in Verbindung zu kommen.

Aus diesem Grund gilt es, Sätze der liebevollen Güte zu finden, die zeitgemäß sind und bei denen wir eine Resonanz spüren. Das ist vor allem dann wichtig, wenn wir Gefühle der liebevollen Güte uns selbst gegenüber entwickeln wollen. Die Sätze müssen sich authentisch anfühlen, um eine Wirkung zu entfalten.

Der Nutzen der Liebevollen-Güte-Meditation erschließt sich uns, wenn wir der Praxis eine individuelle Note geben.

Hier passende Formulierungen zu finden gleicht dem Verfassen eines Gedichts: Wir suchen Worte, um etwas zu beschreiben, was wir gar nicht explizit in Worte fassen können. Unser Ziel besteht also darin, eine Sprache zu wählen, die dennoch die Energie oder Haltung der liebevollen Güte und des Mitgefühls in unserem Inneren wachruft.

Genau wie uns der Atem während der Meditation ein Anker sein kann, so können auch die Sätze zur liebevollen Güte unsere Aufmerksamkeit verankern. Der beruhigende Aspekt der Meditation geht aus der Konzentration hervor. Wenn du dich für zwei bis vier Sätze entscheidest, die du stetig wiederholen möchtest, so wird dies den Aspekt der Konzentration während der Meditation unterstützen. Sätze der liebevollen Güte können aber auch im Alltag verwendet werden, so wie es beispielsweise in Kapitel 9 in der Praxis »In liebevoller Güte gehen« beschrieben wird. Du kannst flexibler mit den Sätzen umgehen, die du im Alltag verwendest, und sie einfach so verändern und anpassen, dass es sich für den jeweiligen Moment stimmig anfühlt.

Es gibt ein paar Orientierungshilfen, um Formulierungen der liebevollen Güte zu finden, die für dich eine tiefe Bedeutung haben:

- Es ist gut, wenn die Sätze *einfach*, *klar*, *authentisch* und *wohlwollend* sind. Wir sollten in unserem Kopf keinen Widerstand spüren, wenn wir uns selbst einen der Sätze zur liebevollen Güte anbieten, sondern nur ein Gefühl der Dankbarkeit.

- Du brauchst die Formulierung »Möge ich« nicht zu verwenden, wenn sie sich gekünstelt für dich anhört oder es dir zu flehentlich klingt. Sätze der liebevollen Güte sind *Wünsche*. Die Idee hinter dem Ausdruck »Möge ich« besteht darin, das *Herz einzuladen*, sich in eine positive Richtung zu öffnen. Es bedeutet, dass etwas »so sein möge« oder »Wenn alle Rahmenbedingungen es zulassen, dann…«. Die Sätze der liebevollen Güte sind eher so etwas wie Segenssprüche.

- Es handelt sich hier *nicht um positive Affirmationen* (wie zum Beispiel »Ich werde jeden Tag gesünder«). Wir kultivieren einfach gute Absichten, geben jedoch nicht vor, dass die Dinge anders sein sollen, als sie tatsächlich sind.

- Die Formulierungen sind entwickelt worden, um *Wohlwollen* wachzurufen, *nicht jedoch wohlige Gefühle.* Eine weitverbreitete Schwierigkeit beim Ausüben der Meditation der liebevollen Güte geht mit der Erwartung einher, dass wir uns auf eine bestimmte Art und Weise dabei fühlen *müssten*. Die Praxis der liebevollen Güte hat keinen direkten Einfluss auf eine Veränderung unserer Gefühle. Dennoch sind angenehme Gefühle ein unweigerliches Nebenprodukt des *Wohlwollens*.

- *Versuche, die Worte allgemein zu halten*, beispielsweise eher »Möge ich gesund sein« als »Möge ich von meinem Diabetes geheilt werden«.

- Es ist gut, die Sätze *langsam zu sprechen*: Es gibt keinerlei Eile. Indem wir in kürzester Zeit so viel wie möglich aufsagen, gewinnen wir das Rennen nicht …

- Versuche, die Sätze mit Herzlichkeit und Wärme zu sprechen, ganz so, als würdest du sie in das Ohr eines Menschen flüstern, den du über alles liebst. Am wichtigsten ist die *innere Haltung*, in der du sie sprichst.

Die Sätze der liebevollen Güte sollten sich an der Frage orientieren: »Was brauche ich?«

- Du kannst dich selbst als »ich«, »du« oder mit deinem Namen ansprechen. Du könntest auch ein liebevolles Kosewort wie »Liebes« oder »Mein Schatz« verwenden. Wenn du dich selbst auf diese Weise ansprichst, unterstützt dies die innere Haltung von Freundlichkeit und Mitgefühl.

WAS BRAUCHE ICH?

Eine Möglichkeit, bedeutungsvolle und authentische Sätze zu finden, besteht darin, sich auf die Kernfrage im Training des Selbstmitgefühls zu konzentrieren: »Was *brauche* ich?«

Was ist ein *Bedürfnis*, und wie unterscheidet es sich von einem Verlangen? *Verlangen* sind persönlich, sie treten vom Hals aufwärts empor – sie kommen aus dem Kopf. Es gibt unzählige wie beispielsweise das Verlangen nach einer bestimmten Kaffeesorte oder einem schicken Auto. *Bedürfnisse* sind eher universell und entstehen (metaphorisch gesprochen) vom Hals abwärts. Beispiele sind die Bedürfnisse, angenommen oder akzeptiert zu sein, Bestätigung zu erfahren, gesehen, gehört, beschützt, geliebt, verstanden, wertgeschätzt zu werden oder Verbundenheit und Respekt zu erfahren. Es gibt auch andere Bedürfnisse, die ebenso universell sind, aber sich weniger auf der Beziehungsebene bewegen, etwa Bedürfnisse nach Gesundheit, Wachstum, Freiheit, Humor, Integrität oder Sicherheit. Zu entdecken, was wir gerade wirklich brauchen, bildet die Grundlage dafür, dass wir wirklich bedeutsame Sätze der liebevollen Güte für uns selbst finden können.

Als Uschi letztlich ihre eigenen Sätze der liebevollen Güte entwickelte – sich selbst Wünsche sandte, die ihre tiefsten Bedürfnisse ansprachen –, erlebte sie dies als alles verändernd. Die drei Sätze, die sie herausfand und nutzte, waren: »Möge ich mutig sein. Möge ich als diejenige gesehen werden, die ich wirklich bin. Möge ich angefüllt von Liebe leben.« Von nun an wiederholte sie die Sätze nicht länger mechanisch, weil jeder von ihnen eine tiefe Bedeutung für sie trug. Jetzt erlebt Uschi es so, dass sie so gut wie jedes Mal, wenn sie die Meditation der liebevollen

Güte praktiziert, sich selbst ein kostbares Geschenk macht und es mit einem offenen und dankbaren Herzen in Empfang nehmen kann.

ÜBUNG

Sätze der liebevollen Güte finden

Diese Übung soll dich dabei unterstützen, Sätze der liebevollen Güte und des Mitgefühls zu finden, die eine tiefe Bedeutung für dich haben. Wenn du bereits vertraute Sätze hast und weiterhin anwenden möchtest, kannst du diese Übung vielleicht als Experiment betrachten, aber fühl dich nicht verpflichtet, neue Formulierungen zu finden oder deine bisherigen zu verändern. Die gesprochene Anleitung dazu findest du mit dem Code **3k35vp** auf *www.arbor-verlag.de/NeffGermer/MSC_ueben.*

Was brauche ich?

- Schließ die Augen, lege eine Hand auf dein Herz oder einen anderen Bereich deines Körpers, und nimm wahr, wie dein Körper atmet.
- Nimm dir einen Augenblick Zeit, und erlaube deinem Herzen, sich zu öffnen – empfänglich zu werden –, so wie sich eine Blume in der wärmenden Sonne öffnet.
- Stell dir selbst die folgende Frage, und lass die Antwort ganz natürlich von innen heraus entstehen:
  - »Was brauche ich, was brauche ich *wirklich*?«
  - Wenn du einen Tag erlebst, an dem dieses Bedürfnis nicht erfüllt wurde, fühlt er sich nicht vollständig an.
- Schau, dass die Antwort ein universelles menschliches Bedürfnis zum Ausdruck bringt, zum Beispiel danach, sich verbunden zu fühlen, geliebt, *friedvoll*, *frei* zu sein.

- Wenn du so weit bist, schreib auf, welche Antworten für dich aufgetaucht sind.
- Die Worte, die du für dich entdeckt hast, können in der Meditation ganz einfach so, wie sie sind, wie ein Mantra wiederholt werden, oder du kannst sie in Wünsche für dich selbst umformulieren, zum Beispiel:
  - *Möge ich freundlich mit mir selbst umgehen.*
  - *Möge ich beginnen, freundlich mit mir selbst umzugehen.*
  - *Möge ich mich mit anderen verbunden und mich zugehörig fühlen.*
  - *Möge ich in Frieden leben.*
  - *Möge ich in Liebe aufgefangen sein.*

....

....

....

....

Was möchte ich *hören*?

- Stell dir nun eine zweite Frage:
  - »Was würde ich gern von anderen hören?« Das heißt: »Nach welchen Worten sehne ich mich zutiefst?« Oder: »Welche Worte zu hören würde mir zutiefst guttun?« Öffne die Tür deines Herzens, und warte darauf, welche Worte sich dir zeigen.
  - Wenn es möglich wäre, welche Worte würdest du dann gern jeden Tag, für den Rest deines Lebens, ins Ohr geflüstert bekommen? Worte, die dich jedes Mal mit Dankbarkeit erfüllen würden, wenn du sie hörst, und dich sagen ließen: »Oh, danke. Danke.«
- Erlaub dir selbst, verletzlich zu sein, und öffne dich dieser Möglichkeit mutig! Hör hin, lausche.

- Wenn du so weit bist, schreib auf, was du vernommen hast.

- Wenn du viele Worte gehört hast, kannst du sie vielleicht in einen kurzen Satz, eine Nachricht an dich selbst umformulieren:

- In der Meditation der liebevollen Güte kannst du die Sätze, die du gerade aufgeschrieben hast, wiederholen, oder du kannst sie in *Wünsche für dich selbst* umformulieren. Worte, die wir gern wieder und wieder von anderen hören möchten, sind häufig die Eigenschaften oder Herzensqualitäten, die wir uns wünschen. Wenn wir uns zum Beispiel danach sehnen, »Ich liebe dich« zu hören, kann das bedeuten, dass wir uns Gewissheit darüber wünschen, dass wir wirklich liebenswert sind. Darum sehnen wir uns wieder und wieder danach, dass man uns diese Worte sagt.

Worüber wünschst du dir Gewissheit?

- Wenn du möchtest, formuliere die Sätze in Wünsche für dich selbst um, zum Beispiel:
  - Aus »Ich liebe dich« kann der Wunsch »Möge ich mich so lieben, wie ich bin« werden.
  - Aus »Ich bin für dich da« kann der Wunsch »Möge ich mich sicher und geborgen fühlen« werden.
  - Aus »Du bist ein guter Mensch« kann der Wunsch »Möge ich mir meiner guten Eigenschaften bewusst sein« werden.

....

....

....

....

....

....

....

....

- Nimm dir nun ein bisschen Zeit, um alles Aufgeschriebene noch einmal zu lesen, und wähle zwei bis vier Worte oder Sätze aus, die du in der Meditation verwenden möchtest. Schreib sie auf. Diese Worte oder Sätze sind ein Geschenk, das du dir immer wieder selbst machen kannst.

....

....

....

....

....

....

....

....

....

- Nimm dir einen Moment Zeit, um dir diese Worte oder Sätze *einzuprägen*.
- Und nun probiere die Worte einmal aus, um herauszufinden, wie sie in dir anklingen. Fang an, dir deine Worte oder Sätze langsam und behutsam wiederholt zu sagen, etwa so, als würdest du sie dir in dein eigenes Ohr *flüstern*, so wie du es bei einem geliebten Menschen tun würdest.
- Vielleicht kannst du den Worten *lauschen*, sie wie von innen heraus hören und ihnen erlauben, in dir zu schwingen.
- Erlaub den Worten, *Raum einzunehmen*, dein ganzes Wesen zu *erfüllen*.
- Und nun *löse* dich allmählich von den Sätzen, und verweile noch eine gewisse Zeit in deinem Erleben; lass die Praxis genau so sein, wie sie war, und lass dich selbst genau so sein, wie du bist.

- Betrachte diese Übung einfach als den Beginn einer Suche nach eigenen Sätzen, die genau zu dir passen. Die richtigen Sätze zu finden ist eine berührende, poetische Reise. Vielleicht kannst du immer wieder einmal zu diesem Prozess zurückkehren (»Was brauche ich?«, »Was möchte ich gerne hören?«), wenn du die Meditation der liebevollen Güte praktizierst.

REFLEXION

Was ist dir während dieser Übung aufgefallen? Hat es dich überrascht, wonach du dich gesehnt hast? Wie geht es dir mit den Sätzen, die zu dir gekommen sind?

Woher können wir wissen, dass wir einen guten Satz gefunden haben? Dankbarkeit! Spüren wir Dankbarkeit, gibt es keinerlei Sehnen mehr. Wir fühlen uns vollständig. Unser Herz ruht. Vielleicht wird es eine Zeitlang dauern, bis du solche Sätze für dich entdeckst, aber es ist die Mühe wert.

MEDITATION

Liebevolle Güte für uns selbst

Wir werden in dieser Meditation die Sätze verwenden, die du während der Übung »Sätze der liebevollen Güte finden« entdeckt hast. Bitte geh deine Sätze nochmals durch, und entscheide dann, welche du für diese Meditation nutzen möchtest, statt die Zeit der Meditation dazu zu verwenden, neue Sätze zu finden. Die gesprochene Anleitung dazu findest du mit dem Code **3k35vp** auf *www.arbor-verlag.de/NeffGermer/MSC_ueben.*

Die Meditation der liebevollen Güte umfasst vielerlei Aspekte, und Übende strengen sich häufig zu sehr an, wollen sie doch alles richtig machen. Um dieser Tendenz entgegenzuwirken, schau, ob es dir möglich ist, während der Mediation den Wunsch loszulassen, irgendetwas Besonderes fühlen zu wollen. Lass die Worte einfach die ganze Arbeit machen, ganz so, als ob du dich in ein warmes Bad gleiten und den Zauber des Wassers genießen würdest.

- Wähle eine angenehme Haltung im Sitzen oder Liegen. Schließ die Augen, oder lass sie leicht geöffnet. Nimm ein paar tiefe Atemzüge, um in deinem Körper und im gegenwärtigen Moment anzukommen.
- Wenn du möchtest, kannst du eine Hand auf dein Herz legen oder dorthin, wo es eine beruhigende und wohltuende Wirkung auf dich hat und dich daran erinnert, dich nicht nur mit Gewahrsein, sondern mit liebevollem Gewahrsein dir selbst und deiner Erfahrung zuzuwenden.
- Nach einer Weile fühl die Bewegung deines Atems im Körper, dort, wo du ihn am deutlichsten spüren kannst. Spür den sanften Rhythmus der Atmung, und wenn deine Aufmerksamkeit abschweift, bring sie wieder ganz behutsam zurück zu den sanften Bewegungen des Atems.
- Löse nun langsam den Fokus der Aufmerksamkeit vom Atem, lass den Atem in den Hintergrund deines Gewahrseins treten, und beginne damit, dir die Sätze anzubieten, die dir im Moment am meisten bedeuten.
- Wiederhole die Worte immer wieder, lass dich von ihnen umgeben sein – hülle dich selbst in Worte der Liebe und des Mitgefühls.
- Wenn es für dich stimmig ist, nimm die Worte auf, und lass sie dein ganzes Wesen erfüllen. Erlaub ihnen, in jeder Zelle deines Körpers zu schwingen.
- Es gibt nichts zu tun, nichts zu erreichen. Bade dich selbst in liebevollen Worten, nimm sie in dir auf – Worte, nach denen du dich sehnst.
- Wenn du bemerkst, dass deine Aufmerksamkeit abschweift, kannst du dich wieder mit deiner Absicht in Verbindung bringen, indem du zum Beispiel eine Berührung wählst, die dich beruhigt, oder erneut in deinen Körper hineinspürst. Kehr behutsam zu deinen Sätzen und zur liebevollen Güte zurück. Lass dich in ihr zu Hause sein.
- Löse dich allmählich von den Sätzen, und verweile mit deiner Aufmerksamkeit still in deinem Körper.

REFLEXION

Was ist dir während dieser Meditation aufgefallen? Hast du dich durch deine persönlichen Sätze verbundener mit der Praxis gefühlt? Wie fühlst du dich jetzt? Vielen Menschen geht es so, dass sie sich leichter mit der Bedeutung ihrer Sätze verbinden können, sobald sie die richtigen Worte gefunden haben. Wenn sich die Übung noch immer merkwürdig anfühlt, versuche, die Anzahl der Worte, die du verwendest, zu reduzieren. Vielleicht eignen sich ein paar wenige, einzelne Begriffe wie »Liebe«, »Unterstützung«, »Akzeptanz« und so weiter für dich eher und fühlen sich natürlicher an. Probier verschiedene Varianten aus, bis du etwas findest, was gut für dich funktioniert.

Dies ist die zweite Hauptmeditationspraxis des MSC-Kurses. Probier sie also einmal einige Tage hintereinander für circa 20 Minuten am Tag aus, und schau, ob es dir gelingt, dich mit ihr vertraut zu machen. Wie schon gesagt, empfehlen wir, dass du eine Kombination aus formaler (Meditation) und informeller Praxis (im täglichen Leben) für dich entwickelst und ihr 30 Minuten pro Tag widmest.

Und wenn es dir so vorkommt, dass die Meditation der liebevollen Güte nicht so richtig Anklang in dir findet, dann ist das auch in Ordnung. In diesem Buch gibt es viele verschiedene Übungen und Meditationen, die dir dabei helfen, eine mitfühlende Beziehung zu dir selbst zu entwickeln. Hauptsächlich geht es darum, dass du eine Absicht fasst, mehr Freundlichkeit in dein Leben zu bringen, und zwar in einer Art und Weise, die sich für dich genau richtig anfühlt.

11

Selbstmitfühlende Motivation

Eines der größten Hindernisse für Selbstmitgefühl ist der Glaube, dass es unsere Motivation unterwandern würde. Wir sind besorgt, dass uns, wenn wir liebevoll und freundlich mit uns selbst umgehen, der Antrieb fehlen würde, Veränderungen in Angriff zu nehmen, um unsere Ziele zu erreichen.[67] Der Gedanke lautet: »Wenn ich zu viel Selbstmitgefühl habe, hänge ich dann nicht den ganzen Tag nur rum, surfe im Internet und esse Fast Food?« Lässt denn eine mitfühlende Mutter, der ihr jugendlicher Sohn am Herzen liegt, ihn einfach alles machen (wie beispielsweise den ganzen Tag rumhängen, im Internet surfen und Fast Food essen)?

Selbstverständlich nicht. Sie fordert ihn auf, zur Schule zu gehen, seine Hausaufgaben zu machen und pünktlich ins Bett zu gehen. Warum sollte es sich beim *Selbst*mitgefühl so anders verhalten?

Selbstmitgefühl macht uns nicht faul.

Was geschieht, wenn die Mutter ihr Kind *motivieren* möchte, notwendige Veränderungen vorzunehmen? Sagen wir einmal, ihr jugendlicher Sohn kommt nach Hause und ist in einem Mathematiktest durchgefallen. Sie hat verschiedene Wahlmöglichkeiten, wie sie ihm dabei helfen kann, sich zu verbessern. Eine besteht darin, ihn streng zu kritisieren: »Ich schäme mich für dich. Du bist so ein Versager. Du wirst es niemals zu etwas bringen.« Das lässt einen erschaudern, oder? (Dennoch, sagen wir nicht auch ziemlich furchtbare Dinge zu uns selbst, wenn wir bei etwas scheitern oder uns unzulänglich fühlen?) Und führt das zu irgendwas? Vielleicht vorübergehend. Vielleicht wird der Junge sich eine Zeitlang mehr anstrengen, um dem Zorn seiner Mutter zu entgehen, aber auf lange Sicht wird er zweifellos das Selbstvertrauen in seine mathematischen Fähigkeiten verlieren und Versagensängste entwickeln. Ganz sicher wird er sich auch nicht für mathematikaffine Fächer oder gar Studiengänge entscheiden.

Bill war ein höchst erfolgreicher Informatiker in Silicon Valley. Er war der Beste seiner Abschlussklasse an der Universität Berkeley gewesen und dachte nun darüber nach, sich mit einem Unternehmen selbstständig zu machen, mit dem er spannende und innovative Software entwickeln könnte. Bill hat sich bisher immer durch unerbittliche Selbstkritik motiviert, erfolgreich zu sein. Wenn er bei einer Prüfung auf dem College ein A minus bekam, begann er, sich gnadenlos fertigzumachen: »Was bist du denn nur für ein Loser? Wenn du nicht Klassenbester bist, bist du ein Versager. Du solltest dich schämen, dass du kein A oder A plus bekommen hast.« Er wandte auch als Erwachsener weiterhin diese Herangehensweise an, um sich zu motivieren. Er glaubte fest daran, dass er sich zu einem Taugenichts und Faulenzer entwickeln würde, wenn er nicht hart zu sich selbst war.

In letzter Zeit verspürte Bill intensive Gefühle der Angst und Beklemmung, wann immer er versuchte, eine neue Geschäftsidee voranzutreiben. Was, wenn es ihm nicht gelänge? Was, wenn sein neues Projekt allen beweisen würde, dass er ein Versager ist? Ein Blender? Ein Hochstapler? Bill steigerte sich so sehr in seine Gedanken hinein, was es bedeuten würde zu versagen, dass er sehr unglücklich wurde und die einzige Erleichterung eintrat, als er in Erwägung zog, seinen Traum aufzugeben.

Aber es gibt natürlich noch eine andere Weise, wie die Mutter ihren Sohn motivieren und ihm helfen kann, sich nach dem Scheitern wieder aufzurichten – durch Mitgefühl. Beispielsweise: »Oh Schatz, du musst echt so enttäuscht sein. Komm mal her, lass dich in den Arm nehmen. Weißt du, ich liebe dich, ganz egal, was ist.« Das vermittelt ihrem Sohn die Botschaft, dass er akzeptiert wird, selbst wenn er scheitert. Eine mitfühlende Mutter lässt das Ganze damit aber keineswegs auf sich beruhen, wenn ihr das Wohlbefinden ihres Sohnes am Herzen liegt. Es geht auch darum, eine Perspektive für das weitere Vorgehen zu entwickeln. Wahrscheinlich würde sie etwas hinzufügen wie: »Ich weiß, dass du studieren möchtest, und natürlich musst du da bei den Aufnahmetests gut abschneiden, damit du einen Studienplatz bekommst. Was kann ich tun, um dir zu helfen? Ich weiß, dass du es schaffst, wenn du fleißig lernst und dich bemühst. Ich glaub an dich.«

Diese Art von Unterstützung und Ermutigung ist auf lange Sicht sehr wahrscheinlich viel wirksamer und nachhaltiger. Forschungsergebnissen zufolge haben Menschen mit Selbstmitgefühl nicht nur ein höheres Selbstvertrauen und weniger Versagensängste,[68] sondern es ist auch wahrscheinlicher, dass sie nach einem Scheitern ihre Lernbemühungen wieder aufnehmen,[69] beharrlich am Ball bleiben und einen neuen Versuch wagen.[70]

> ***Die Motivation, die aus Selbstmitgefühl entsteht, entspringt der Liebe, während der Motivation aus Selbstkritik Angst zugrunde liegt. Liebe ist stärker als Angst.***

Dennoch ist es wichtig zu verstehen, *warum* wir uns selbst kritisieren. Es tut höllisch weh, weshalb in aller Welt verhalten wir uns also derart destruktiv?

Wie wir in Kapitel 4 beschrieben haben, ist Selbstkritik im körpereigenen Bedrohungssystem verwurzelt. In gewisser Weise versucht unser innerer Kritiker, uns zu einer Veränderung zu zwingen, damit wir *sicher* sind. Warum sollten wir uns beispielsweise selbst fertigmachen, wenn wir nicht in Form sind? Weil wir Angst haben, dass unser Körper krank wird und nicht mehr richtig funktioniert. Warum kritisieren wir uns selbst, wenn wir die Erledigung einer wichtigen Arbeitsaufgabe vor uns herschieben? Wir tun dies, um zu verhindern, dass wir versagen, unseren Job verlieren und letzten Endes obdachlos werden. In gewisser Hinsicht versucht unser innerer Kritiker kontinuierlich, Gefahren abzuwenden, die uns potenziell schädigen könnten. Sicher kann es sein, dass dieser innere Kritiker überhaupt gar nicht hilfreich ist – sein Ansatz mag vollkommen unproduktiv sein –, aber seine Absichten sind im Grunde häufig wohlmeinend. Mit diesem Verständnis können wir beginnen, die kritische innere Stimme in eine weniger grobe und unerbittliche umzuwandeln. Wir können lernen, uns selbst mittels einer *neuen* Stimme zu motivieren – der Stimme des *mitfühlenden Selbst*.

Anfangs war es für Bill sehr schwer, selbstmitfühlender zu sein, aufgrund seiner Angst, dass er weniger arbeiten und seine Ziele vernachlässigen würde, wenn er nicht mehr so streng mit sich selbst umginge. Ironischerweise war das genaue Gegenteil der Fall. Bills innerer Kritiker war so heftig, und er hatte dadurch solch starke Angst vor einem möglichen Scheitern, dass es ihm unmöglich wurde, selbst einfache Anforderungen zu erfüllen. Somit begann er damit, selbst kleine Schritte, die ihm seinem Traum näherbringen würden, ernsthaft aufzuschieben. Bill wusste, dass seine erbarmungslose innere Stimme Teil des Problems war, und er kam zu dem Entschluss, dass sich etwas ändern müsse, wenn er irgendwelche Fortschritte erzielen wolle. Bill hatte damals einen Trainer im Fitnessstudio, der ungefähr in seinem Alter war und ihn sehr unterstützte. Wenn Bill beispielsweise während der Push-ups zusammenbrach, sagte sein Trainer einfach nur: »Super! Bis an die Grenze der muskulären Leistungskraft zu gehen, genau das wollen wir.« Und wenn Bill Gewichte heben wollte, die ihn vielleicht hätten verletzen können, sagte sein Coach: »He, Bill, das heben wir uns für später auf. Du wirst sehen, das geht schneller, als du denkst.«

Bill entschied sich also, mit dieser Einstellung sein neues Geschäftsprojekt anzugehen. »Versuch's einfach mal«, sagte er sich. »Ich weiß, dass du es kannst.« Er stellte sich vor, was sein Trainer sagen würde, wenn es einen Rückschlag gab: »Bleib dran, Kumpel! Alles läuft gut.« Bill begann ganz langsam, seine eigene mitfühlende Stimme zu entdecken, und lernte, sich selbst zu unterstützen, statt sich zu sabotieren. Schließlich entschied er sich, seinen Job als Angestellter zu kündigen, trieb das Startkapital auf, das er brauchte, um sein neues Projekt in Angriff zu nehmen, und begann, das Leben zu leben, das er leben wollte – eins, das ihn glücklich machte.

ÜBUNG

Die eigene mitfühlende Stimme entdecken

Diese Übung hilft dir dabei, deine kritische innere Stimme zu hören, zu entdecken, wie dein innerer Kritiker dir vielleicht zu helfen versucht, und zu lernen, wie du dich durch eine neue Stimme motivieren kannst – die Stimme deines inneren mitfühlenden Selbst.

Manchmal scheint der innere Kritiker nicht unser Bestes zu wünschen. Das trifft vor allem dann zu, wenn er die verinnerlichte Stimme eines Menschen aus unserer Vergangenheit ist, der sich uns gegenüber missbräuchlich verhalten hat. Bitte sei einfühlsam mit dir, wenn du diese Übung machst. Sobald du merkst, dass du in ein unangenehmes inneres Terrain vordringst, lass los, und geh nur dann dahin zurück, wenn du dich stark und bereit dazu fühlst. Vielleicht möchtest du dir nochmal die »Tipps zur Praxis« aus der Einleitung durchlesen, bevor du dich dieser Übung widmest.

Frage dich stets: »Was brauche ich gerade?«

- Im Folgenden gibt es Raum für Notizen. Schreib dort ein *Verhalten* auf, das du gern verändern möchtest – eins, für das du dich häufig selbst kritisierst.

Wähle eins aus, das dir nicht dienlich erscheint und dich unglücklich macht. Für den Umfang dieser Übung wähle ein Verhalten, das dir leichte bis mittelstarke Schwierigkeiten bereitet. Wenn du dich für ein Verhalten entscheidest, schau, dass es eins ist, das du verändern könntest. (Nimm also *kein unveränderliches Merkmal* wie »Meine Füße sind zu groß«.) Beispiele wären »Ich bin ungeduldig«, »Ich treibe nicht genügend Sport« oder »Ich schiebe Dinge auf«.

....

....

....

....

....

....

....

....

Identifiziere die Stimme deiner Selbstkritik

- Schreib auf, was du typischerweise zu dir selbst sagst, wenn du das missliebige Verhalten an dir wahrnimmst. Manchmal ist die Stimme des inneren Kritikers sehr schroff, in anderen Momenten zeigt er sich vielleicht eher als ein Gefühl der Entmutigung oder auf andere Art und Weise. Welche *Worte* nutzt diese Stimme, und wichtig ist auch: in welchem *Tonfall*? Vielleicht tauchen aber auch gar keine Worte auf, sondern eher ein inneres Bild. Wie drückt sich dein innerer Kritiker aus?

- Nimm dir jetzt einen Moment Zeit, um wahrzunehmen, wie es sich *anfühlt*, wenn du dich selbst kritisierst. Überlege, wie schmerzhaft diese Stimme der Selbstkritik ist und wie viel Leid sie dir gebracht hat. Wenn du möchtest, gib dir selbst etwas Mitgefühl dafür, wie schwer es ist, wenn so schroff mit dir gesprochen wird. Vielleicht magst du den Schmerz anerkennen, den du spürst: »Das ist echt schwer.« Oder: »Das tut mir sehr leid, ich weiß, wie schmerzhaft es ist, das zu hören.«

- Denk einen Moment darüber nach, *warum* diese Kritik schon so lange anhält. Versucht dein innerer Kritiker, dich in gewisser Weise vor Gefahren zu beschützen? Dir zu helfen, selbst wenn das Ergebnis nicht besonders konstruktiv ist? Wenn dies zutrifft, schreib deine Gedanken dazu auf, welche Motivation deiner Vermutung nach deinen inneren Kritiker bewegt.

....

....

....

....

....

....

....

....

- Wenn du keinen Grund findest, wie dir deine kritische innere Stimme zu helfen versuchen könnte, dann ist das manchmal einfach so – Selbstkritik hat mitunter keinerlei heilbringenden Wert. Bitte suche dann nicht weiter danach, sondern fahre einfach damit fort, dir Selbstmitgefühl entgegenzubringen dafür, wie sehr du in der Vergangenheit unter der Selbstkritik gelitten hast.

Falls du eine Möglichkeit in Betracht ziehst, wie dein innerer Kritiker dir vielleicht zu helfen versucht oder dich schützen möchte, schau, ob es dir möglich ist, diese Bemühungen anzuerkennen, vielleicht kannst du sogar *ein paar Worte des Dankes niederschreiben*. Lass deinen inneren Kritiker wissen, dass seine Absicht sicher eine gute war und er wohl sein Bestes gegeben hat, obwohl es dir vielleicht zum jetzigen Zeitpunkt nicht sehr dienlich ist.

Die eigene mitfühlende Stimme entdecken

- Jetzt, wo deine selbstkritische Stimme gehört wurde, schau, ob du etwas Raum für eine andere Stimme schaffen kannst – deine innere *Stimme des Mitgefühls*. Sie entspringt einem Teil von dir, der sehr weise ist und erkennt, dass jenes von dir beschriebene Verhalten schädlich für dich ist. Er möchte auch, dass du dich veränderst, aber aus ganz anderen Gründen.
- Lege deine Hände auf dein Herz oder an einen anderen wohltuenden Körperbereich, und spüre ihre Wärme. Dann denk nochmals über das Verhalten nach, mit dem du ringst. Beginn, die folgenden Sätze zu wiederholen. Sie umfassen den Kern deiner inneren mitfühlenden Stimme:
  - »Ich liebe dich, und ich möchte nicht, dass du leidest.«
  - Wenn es sich stimmiger anfühlt, sag etwas wie: »Du bist mir sehr wichtig, und deshalb möchte ich dir helfen, dich zu verändern.« Oder: »Ich bin für dich da und werde dich unterstützen.«

- Wenn du so weit bist, schreib dir selbst eine Nachricht mit der inneren Stimme deines mitfühlenden Selbst. Schreib ganz frei und spontan, sprich das Verhalten an, das du verändern möchtest. Was tritt aus dem tiefen Gefühl und Wunsch »Ich liebe dich und möchte nicht, dass du leidest« hervor? Welche Botschaft musst du hören, um eine Veränderung vornehmen zu können? Oder wenn es dir schwerfällt, Worte zu finden, versuche, jene Worte niederzuschreiben, die aus deinem liebevollen Herzen fließen würden, wenn du mit einer engen Freundin sprächest, die mit demselben Thema zu tun hätte wie du.

REFLEXION

Wie war die Übung für dich? Konntest du die Stimme der inneren Selbstkritik ausfindig machen?

Hast du eine Art und Weise gefunden, wie die kritische Stimme dir vielleicht zu helfen versucht? Hat es für dich einen Sinn ergeben, dem inneren Kritiker für seine Bemühungen zu danken?

Welche Wirkung hatten die Worte »Ich liebe dich und möchte nicht, dass du leidest« auf dich? Konntest du deine innere Stimme des Mitgefühls finden? War es dir möglich, aus ihrer Perspektive heraus zu schreiben?

Wenn du einige Worte gefunden hast, die deinem inneren mitfühlenden Selbst entsprungen sind, nimm dir einen Moment Zeit, um das Gefühl, unterstützt zu sein, wirklich zu genießen. Wenn es dir *schwer*fiel, freundliche Worte aufzubringen, dann ist das auch in Ordnung. Es braucht seine Zeit. Wichtig ist, dass wir eine Absicht treffen, selbstmitfühlender zu sein. Irgendwann bilden sich dann auch neue Gewohnheiten heraus.

Für viele Menschen ist diese Übung sehr kraftvoll. Die Offenbarung, dass unser innerer Kritiker uns eigentlich zu helfen versucht, erlaubt uns, uns nicht länger dafür zu verurteilen, dass wir uns verurteilen. Wenn wir erst einmal erkennen, dass unser innerer Kritiker versucht, uns dadurch in Sicherheit zu bringen, dass er losschreit: »Gefahr im Verzug!«, und wir diese Bemühungen anerkennen und ihm für seine guten Absichten danken, entspannt er sich häufig und gibt uns etwas mehr Raum, damit eine andere Stimme sich zeigen kann – die Stimme unseres inneren mitfühlenden Selbst. (Mehr zu diesem Ansatz finden Interessierte bei Richard Schwartz und seinem Modell »System der Inneren Familie«.[71])

Viele Menschen sind vor allem überrascht, wenn sie herausfinden, dass unser innerer Kritiker und unser inneres mitfühlendes Selbst häufig dieselbe Verhaltensänderung ersehnen – die Botschaft hat jedoch einfach eine ganz andere Qualität oder Tonfall. Als amüsante Nebenbemerkung hat uns eine MSC-Teilnehmerin mal Folgendes gesagt: »Es ist echt verblüffend. Meine innere Kritikerin hat mich immer angeschrien: ›Du blöde Kuh!‹ Und mein inneres mitfühlendes Selbst hat einfach gesagt: ›Wow, Löwin …‹«

Einige Lesende erleben vielleicht Backdraft nach dieser Übung. Wenn es dir so ergeht, schau nochmal in Kapitel 8 hinein, um nachzulesen, wie du damit umgehen kannst, beispielsweise kannst du die Emotionen benennen, einen Spaziergang machen und die Fußsohlen spüren oder dich gewöhnlichen, angenehmen Tätigkeiten widmen. Manchmal ist das Mitfühlendste, was wir für uns tun können, ein Gespräch mit Freunden zu führen oder eine Weile Abstand von der Praxis des Selbstmitgefühls zu nehmen.

INFORMELLE PRAXIS

Ein mitfühlender Brief an mich selbst

Du kannst damit fortfahren, auf deine mitfühlende Stimme zu lauschen, indem du dir selbst einen Brief schreibst. Übe dies in Momenten, in denen du etwas Schweres durchlebst, dich unzulänglich fühlst oder dir helfen möchtest, dich zu einer Veränderung zu motivieren. Es gibt hauptsächlich drei unterschiedliche Weisen, wie du diesen Brief schreiben kannst:

- Denk an einen imaginären Freund, der bedingungslos weise, liebevoll und mitfühlend ist. Schreib dir selbst aus der Perspektive dieses Freundes einen Brief.
- Schreib den Brief so, als ob du mit einer geliebten Freundin oder einem geliebten Freund sprechen würdest, der mit den gleichen Schwierigkeiten kämpft wie du.
- Lass den mitfühlenden Teil in dir einen Brief an den Teil von dir schreiben, der mit etwas ringt oder es schwer hat.

Nachdem du den Brief geschrieben hast, kannst du ihn eine Weile beiseite legen. Lies ihn, und lass seine Worte dir Linderung und Geborgenheit schenken, wenn du es am nötigsten brauchst.

Es kann eine Weile dauern, bis du dich damit wohlfühlst, dir selbst mit der Stimme eines guten Freunds einen Brief zu schreiben. Ganz sicher ist jedoch, dass es leichter wird, je mehr du übst.

Im Folgenden findest du einen Beispielbrief von Karen, einer aufstrebenden Grafik-Designerin. Sie schrieb ihn an sich selbst deswegen, weil sie nicht so viel Zeit mit ihren zwei Kindern (acht und dreizehn Jahre alt) verbringt, wie sie gern würde. Sie schrieb ihn so, als käme er von ihrer besten Freundin, der sie sich sehr nahe fühlt:

Liebe Karen, ich weiß, dass es dir nicht gut damit geht, so wenig Zeit mit deinen Kindern zu verbringen. Du hast die Ballettprobe von der kleinen Sophie verpasst, und Ben musste letzte Woche an zwei Abenden das Abendessen der beiden in der Mikrowelle warm machen, weil du länger in der Firma sein musstest. Aber mach dir deswegen bitte keine Vorwürfe. Es schmerzt mich, wenn du das tust. Du bist eine gute Mutter, und die Zeit, die du mit deinen Kindern verbringst, ist echte Qualitätszeit. Es ist so schwer, deine Karriere und dein Familienleben unter einen Hut zu bringen. Du musst dir selbst mal eine Pause gönnen. Du gibst dein Bestes, und so, wie ich das sehe, machst du das unglaublich gut. Deine Kinder lieben dich aus tiefstem Herzen und ich auch.

Ich weiß, dass du gern früher nach Hause kommen möchtest, um mehr Zeit mit Sophie und Ben verbringen zu können. Vielleicht kannst du mit deinem Chef darüber sprechen und ihm deine Bedenken mitteilen. Du bist jetzt sieben Jahre im Unternehmen und hast dich bereits bewährt. Du darfst um das bitten, was du brauchst. Das Schlimmste, was passieren kann, ist, dass er Nein sagt. Selbst wenn sich an der Situation nichts ändert, du bist eine liebevolle Mutter. Bitte vergiss das nicht.

12

Selbstmitgefühl und unser Körper

Wenngleich wir in verschiedenen Bereichen unseres Lebens damit ringen, uns gut mit uns selbst zu fühlen, stellt unser Körper uns vor eine besondere Herausforderung. Unser Selbstgefühl ist eng mit ihm verbunden, und somit hat unsere physische Erscheinung großen Einfluss darauf, wie wir uns fühlen. Insbesondere für Frauen kann das Körperbild wichtig sein, da die Ansprüche an weibliche Schönheit enorm hoch sind.[72] Immer mehr Frauen nutzen sogar plastische Chirurgie, um »ein bisschen was machen zu lassen« und möglichst wie die »perfekten« Models in den Hochglanzmagazinen auszusehen. Doch so sehr sie sich auch bemühen, die meisten Frauen werden dieses »Ideal« einfach nicht erreichen – sogar die Fotos ihrer Vorbilder sind fast immer retuschiert.

Männer sind in der Regel zufriedener als Frauen, was ihr Äußeres anbelangt, haben allerdings auch Schwierigkeiten, ihren Körper zu akzeptieren. »Bin ich sportlich/schlank/männlich genug?« Die Sorge der Männer kreist mehr um die Kondition ihres Körpers, um seine Stärke, darum, wie geschickt er in verschiedenen Sportarten ist, und um seine sexuelle Leistungsfähigkeit.

Egal, welchen Herausforderungen wir uns gegenübersehen, sowohl Männer als auch Frauen sehen in ihrem Körper eher einen Feind als einen Freund. Statt uns missbilligend von unserem Spiegelbild abzuwenden, wenn unser Körper nicht nach unseren Vorstellungen aussieht oder sich danach verhält, könnte eine von Selbstmitgefühl getragene Reaktion eher in einer liebevollen Zuwendung bestehen. Anders formuliert: Können wir (an)erkennen, wie sehr der Körper versucht, trotz schlechter Ernährung, Schlafmangel, zu wenig Bewegung und Alterung durchzuhalten, und können wir Zärtlichkeit für ihn verspüren? Dabei handelt es sich für beide Geschlechter um ein großes Thema.

Jillian war 52 und »über ihre Blüte hinaus«. Obwohl sie schon immer mit ihrem Gewicht gekämpft und ihren Körper niemals für attraktiv gehalten hatte, verschärfte sich ihr Kampf erst im mittleren Alter. Angewidert rümpfte sie jedes Mal die Nase, wenn sie im Spiegel einen Blick auf sich erhaschte, und wurde von Minderwertigkeitsgefühlen geplagt. Jillian hatte Augenringe und sehr breite Oberschenkel. Eigenen Worten zufolge fühlte sie sich allmählich rundum »schlabberig«. Sie versuchte, Trost in Erdnussbutter und Schokoladeneis zu finden, doch war die Erleichterung, gelinde gesagt, von kurzer Dauer und natürlich kontraproduktiv. Sie versuchte irgendwann, sich nicht so viel mit ihrem Körper zu beschäftigen, konnte aber gar nicht anders. Sie fühlte sich nie wirklich wohl mit ihrem Aussehen, weil sie sich innerlich nicht hinreichend wohl fühlte.

Glücklicherweise bietet Selbstmitgefühl ein wirksames Antidot gegen die Unzufriedenheit mit dem Körper.[73] Studien belegen, dass bereits eine kurze Praxis des Selbstmitgefühls helfen kann, weniger Körperscham zu empfinden, den Grad zu verringern, in dem unser Selbstwertgefühl von unserer physischen Erscheinung abhängt, und unseren Körper so zu schätzen, wie er ist.[74]

Begegnen wir uns selbst mit Freundlichkeit, Wärme und Akzeptanz – auch wenn unser Spiegelbild nach landläufiger Meinung nicht »perfekt« sein sollte –, dann begreifen wir, dass wir so viel mehr sind als unsere äußere Erscheinung. Allmählich sehen wir dann, dass unser Wert darin besteht, ein Mensch zu sein, der versucht glücklich zu sein, und dies oft falsch versteht, es aber dennoch immer wieder probiert. Anstatt uns derart mit dem Körper zu identifizieren, dass dieser definiert, wer wir sind, können wir eher das größere Ganze sehen und erkennen, dass unsere inneren Ressourcen, unsere innere Schönheit am wichtigsten sind. Wir können innehalten, um das wunderbare Geschenk des Lebens zu schätzen, das unser Körper uns bietet, und unsere Lebendigkeit in unserem tiefen Inneren fühlen. Mit Selbstmitgefühl können wir unseren Körper für das feiern, was er weiterhin für uns leistet, statt einfach nur sein Aussehen. So beginnen wir, diesem Wahnsinn ein Ende zu bereiten.

Nachdem Jillian gelernt hatte, Selbstmitgefühl zu praktizieren, begann sich ihre Beziehung zu sich und ihrem Körper zu verändern. Sie begriff, dass sie von anderen als schön angesehen werden wollte, um sich geliebt und akzeptiert zu fühlen. Dabei war es ihre *Aufgabe, sich selbst zu lieben und zu akzeptieren. Es stimmte, dass sie etwas beleibter geworden war, aber mit dem Alter kamen die Weisheit und ein neu gefundenes Empfinden für ihre Stärken – für das, was sie der Welt zu geben hatte. Sie war weder innerlich noch äußerlich »perfekt«. Dafür begann sie nun zu schätzen, wie ihre Fehler sie authentisch und echt werden ließen, dass sie ein Zeichen ihrer eigenen kostbaren Menschlichkeit waren. Jillian war weder ein Roboter noch die »perfekte, immer gut gelaunte, unterwürfige und gefügige« Hausfrau – sie war ein Mensch aus Fleisch und Blut und sprühte nur so vor Lebensenergie.*

Durch die veränderte Einstellung zu sich selbst wandelte sich auch Jillians Ernährungsverhalten. Sie brauchte sich nicht länger mit Lebensmitteln vollzustopfen, um sich emotional erfüllt zu fühlen. Sie konnte ihr Essen genießen und damit aufhören, sobald sie spürte, dass sie satt war. Die größte Veränderung aber lag darin, dass Jillian schließlich anfing zu spüren, dass sie grundsätzlich gut genug war, und endlich beginnen konnte, sich als die zu lieben und zu akzeptieren, die sie war.

ÜBUNG
Unseren Körper mit Selbstmitgefühl annehmen

Innerhalb einer wettbewerbsorientierten, vom Körper besessenen Kultur ist es schwierig, Mitgefühl für die äußerliche Unvollkommenheit aufzubringen. Umgeben von oft realitätsfernen Bildern in den Medien, scheint es nahezu unmöglich, nicht unzufrieden mit unserem Äußeren oder unserer Leistungsfähigkeit zu sein. Unsere einzige Chance besteht darin, zu akzeptieren, dass wir nicht perfekt sind, stets unser Bestes zu geben und uns selbst zu lieben. Die folgende Übung soll dir dabei helfen, dich selbst so zu akzeptieren, wie du bist, und deine Unvollkommenheit mithilfe der drei Elemente des Selbstmitgefühls anzunehmen.

- Beginn mit einer freundlichen, aber ehrlichen Bestandsaufnahme deines Körpers, wobei du den folgenden freien Platz für deine Notizen nutzen kannst. Schau, ob du achtsam sein kannst mit dem, was stimmt – dem Guten wie dem Schlechten. Zunächst liste alle Eigenschaften deines Körpers auf, die du magst. Vielleicht erfreust du dich guter Gesundheit und hast ein sympathisches Lächeln. Übersieh dabei nichts, was normalerweise nicht in dein Selbstbild einfließt: die Tatsache, dass du starke Hände hast oder dass dein Verdauungssystem gut funktioniert. (Das ist keineswegs selbstverständlich!) Lass dich die Aspekte deines Körpers, mit denen du glücklich bist, voll und ganz anerkennen und wertschätzen.

- Liste nun alle Merkmale deines Körpers auf, die dir nicht so sehr gefallen. Vielleicht ist deine Haut vernarbt, du hast ein ansehnliches Bäuchlein bekommen, oder du bist nicht mehr so fit wie in deiner Jugend. Während du damit beschäftigt bist, können Gefühle des Unwohlseins auftauchen. Schau, ob du auch mit ihnen sein kannst. »Es fällt mir schwer, mein schlaffes Kinn anzusehen.« Schau, ob du bei diesen Gefühlen verweilen und deine Unvollkommenheit wirklich anerkennen und akzeptieren kannst, ohne eine aufgebauschte Geschichte über Unzulänglichkeiten daraus zu machen. Versuche, eine ausgewogene Bewertung deiner »Mängel« zu treffen. Ist die Tatsache, dass dein Haar ergraut, wirklich ein solches Problem? Stehen diese zusätzlichen fünf Kilo einem guten und gesunden Körpergefühl wirklich im Weg? Versuch, deine Unvollkommenheit weder kleinzureden noch übermäßig aufzubauschen.

- Als Nächstes sieh, ob du die verbindende Humanität in deinen Gefühlen anerkennen kannst. Glaubst du, andere fühlen genauso wie du? Ist es möglich, dass in der heutigen Gesellschaft die Unzufriedenheit mit dem eigenen Körper zum Teil der gemeinsamen menschlichen Erfahrung geworden ist?

....

....

....

....

....

- Versuch, dir abschließend selbst etwas Freundlichkeit und Mitgefühl für die schwierigen Gefühle zu schenken, die du durchlebst. Wie könntest du dich in diesem Moment selbst trösten und beruhigen? Kannst du dir eine gewisse Akzeptanz entgegenbringen, dir erlauben, genau so zu sein, wie du bist – mit Fehlern und »mit allem«? Wenn es dir schwerfällt, freundliche Worte zu finden, kannst du dir vorstellen, was du einem geliebten Freund oder einer Freundin sagen würdest, die mit denselben Schwierigkeiten ringt? Welche Art von Wärme und Unterstützung könntest du ihnen schenken, um sie deine Fürsorge spüren zu lassen? Nun versuch, dir selbst diese Worte zu schenken.

....

....

....

....

....

....

REFLEXION

Wie war es für dich, die Aspekte deines Körpers achtsam anzuerkennen, sowohl die, die du magst, als auch die, die du nicht magst? Hat sich etwas verändert, als du dich an das gemeinsame Menschsein erinnert hast? Konntest du dir inmitten deines Ringens Freundlichkeit entgegenbringen?

Da für die meisten der Selbstwert so sehr von ihrer körperlichen Erscheinung abhängt, kann diese Übung sehr herausfordernd sein. Sollte sie schwierige Gefühle hervorgerufen haben, versuch, freundlich mit dir und dem Schmerz um das Thema »Unzufriedenheit mit dem eigenen Körper« zu sein. Vielleicht magst du dir wohltuende Berührungen schenken oder eine »Selbstmitgefühlspause« einlegen (siehe Kapitel 4).

Manche verfolgen konkrete Verhaltensziele, zum Beispiel mehr Sport zu treiben oder sich gesünder zu ernähren, und befürchten, durch Mitgefühl für sich selbst ginge die Motivation zum Wandel verloren. Denk daran, dass wir uns bedingungslos lieben und akzeptieren und uns gleichzeitig ermutigen können, neue Verhaltensweisen anzunehmen, die uns gesünder und glücklicher machen.

MEDITATION

Bodyscan mit Mitgefühl

In dieser Meditation werden wir auf verschiedene Weise warmherzige Aufmerksamkeit in jeden Körperbereich lenken, uns von einem zum anderen bewegen und uns im freundlichen und mitfühlenden Umgang mit jedem einzelnen davon üben. Wir werden unser Gewahrsein mit Neugierde und Zärtlichkeit auf den Körper ausrichten, vielleicht so, wie du dich einem kleinen Kind zuwenden würdest.

Wenn du Leichtigkeit und Wohlbefinden in einer bestimmten Region deines Körpers fühlst, kannst du für diesen Bereich etwas Dankbarkeit oder Wertschätzung einladen. Fällst du Urteile oder bemerkst du unangenehme Empfindungen bezüglich eines Körperteils, kannst du vielleicht dein Herz in Anteilnahme für dieses Ringen weich werden lassen. Vielleicht magst du auch eine Hand als Geste des Mitgefühls und der Unterstützung auf diesen Bereich legen und dir vorstellen, wie Wärme und Freundlichkeit durch deine Hand dort einströmen.

Und wenn es dir in irgendeinem Bereich deines Körpers zu schwer fällt, dabei zu bleiben, kannst du deine Aufmerksamkeit für eine Weile auf einen anderen Bereich lenken, besonders auf einen, der für dich emotional oder physisch »neutral« ist, damit diese Meditation so angenehm wie möglich sein kann.

Bleib in jedem Moment in Kontakt mit dem, was du brauchst.

Lesende können sich mit der Anleitung vertraut machen und dann die Augen schließen und ihre Aufmerksamkeit mitfühlend durch den Körper wandern lassen. Für Anfänger ist es wesentlich leichter, die gesprochene Aufzeichnung der Anleitung zu nutzen. Du findest sie mit dem Code **3k35vp** auf *www.arbor-verlag.de/NeffGermer/MSC_ueben*

- Bitte suche dir eine angenehme Position, während du auf dem Rücken liegst. Deine Hände liegen circa 10 Zentimeter neben dir, deine Füße schulterbreit auseinander. Leg eine Hand oder beide Hände auf dein Herz (oder an eine andere wohltuende Körperstelle), um dich daran zu erinnern, dass du dich deinem Körper während dieser Übung in liebevoller, verbundener Präsenz zuwenden möchtest. Spüre die Wärme und die sanfte Berührung deiner Hände. Nimm drei langsame und entspannende Atemzüge. Wenn du magst, kannst du jetzt deine Arme wieder neben deinem Körper ablegen.

- Beginn mit den *Zehen deines linken Fußes*, und fang an zu erspüren, ob du irgendwelche Empfindungen in deinen Zehen wahrnehmen kannst. Fühlen sich deine Zehen warm oder kühl, trocken oder feucht an? Spür einfach nur die Empfindungen in deinen Zehen – Leichtigkeit, Unbehagen oder vielleicht gar nichts –, und lass jede Empfindung so sein, wie sie jetzt gerade ist. Wenn sich deine Zehen gut anfühlen, magst du vielleicht mit ihnen wackeln und ihnen ein Lächeln der Wertschätzung schenken.

- Dann wandere mit deiner Aufmerksamkeit zu deiner linken *Fußsohle*. Kannst du dort irgendwelche Empfindungen wahrnehmen? Deine Füße haben nur sehr kleine Auftrittsflächen, dennoch halten sie deinen gesamten Körper den ganzen Tag über aufrecht. Sie arbeiten so fleißig. Wenn du magst und es für dich passt, schenk deiner linken Fußsohle ein wenig Dankbarkeit. Wenn du dort Unbehagen empfindest, schau, ob du dich dieser Empfindung sanft öffnen kannst.
- Spüre jetzt deinen *ganzen Fuß*. Wenn er sich gut anfühlt, dann kannst du ihm vielleicht Dankbarkeit dafür senden, dass du keinerlei Unbehagen empfindest. Wenn du dort Unbehagen spürst, dann erlaub dieser Region, weich zu werden, so als ob sie in ein warmes Handtuch gehüllt wäre. Wenn du magst, wende dich dem Unbehagen mit freundlichen Worten zu, etwa so: »Da ist gerade etwas Unbehagen. Das ist im Moment okay.«
- Lass deine Aufmerksamkeit dann allmählich das Bein hochwandern, einen Teil nach dem anderen, und dabei alle Körperempfindungen wahrnehmen, die sich gerade zeigen, den Körperteil wertschätzen, wenn er sich gut anfühlt, und ihm bei Unbehagen Mitgefühl senden. Wandere ganz langsam weiter, immer noch auf der linken Körperseite zu
  - deinem Fußgelenk,
  - deinem Schienbein und deiner Wade und zu
  - deinem Knie.
- Wenn du merkst, dass dein Geist abgeschweift ist, was immer wieder geschehen wird, dann kehr einfach jedes Mal zu den Empfindungen in dem Körperteil zurück, dem du dich gerade gewidmet hast.
- Vielleicht magst du ein paar wohlwollende oder mitfühlende Worte hinzufügen wie: »Mögen meine Knie entspannt sein.« Oder: »Möge es ihnen gutgehen.« Dann kehre mit deiner Aufmerksamkeit zur einfachen Empfindung in jedem Körperteil zurück.

- Lass diesen ganzen Prozess forschend und spielerisch ablaufen, während du behutsam durch deinen Körper wanderst. Geh nun zu
    - deinem Oberschenkel und zu
    - deiner Hüfte.
- Wenn du Unbehagen oder Bewertungen in Hinblick auf einen bestimmten Körperteil wahrnimmst, dann versuch, eine Hand auf dein Herz zu legen, sanft zu atmen und dir dabei vorzustellen, dass Wohlwollen und Mitgefühl durch deine Finger in deinen Körper hineinströmen.
- Oder wenn du gerade Leichtigkeit empfindest, dann schenke ihm ein inneres Lächeln der Wertschätzung, wenn sich das für dich stimmig anfühlt.
- Schenke nun deinem *ganzen linken Bein* liebevolle Aufmerksamkeit, schaff Raum für alles, was du fühlst und spürst.
- Nun geh über zu deinem *rechten Bein* und zu
    - den rechten Zehen,
    - der rechten Fußsohle,
    - dem rechten Fuß,
    - dem rechten Fußgelenk,
    - dem rechten Schienbein und der Wade sowie
    - dem Knie.
- Erlaube dir, Körperstellen auszulassen, an denen das körperliche oder emotionale Unbehagen zu stark ist. Dann geh weiter zu
    - den Oberschenkeln,
    - der Hüfte und
    - dem ganzen rechten Bein.
- Lenke nun dein Gewahrsein in deinen *Beckenbereich* – die starken Knochen, die deine Beine stützen, und auch das Weichgewebe in deinem Beckenbereich. Vielleicht spürst du dein Gesäß auf dem Boden oder auf dem Stuhl – große Muskeln, die dir helfen, Treppen zu steigen, und die dich gleichzeitig weich und bequem sitzen lassen.

- Und nun weiter zum *unteren Rücken* – einem Bereich, in dem sich oft viel Anspannung ansammelt. Wenn du dort Unbehagen oder Anspannung verspürst, magst du dir vielleicht vorstellen, dass sich deine Muskeln entspannen und sanft lösen.
- Erlaube dir, deine Haltung leicht zu verändern, wenn es für dich angenehmer ist.
- Und dann weiter zum *oberen Rücken*.
- Und jetzt lenke deine Aufmerksamkeit auf die Vorderseite deines Körpers, auf deinen *Bauch*. Dein Bauch ist ein sehr komplizierter Teil des Körpers mit vielen Organen und Körperfunktionen. Vielleicht sendest du ihm etwas Dankbarkeit. Wenn du deinen Bauch beurteilst, schau, ob du ihm einige Worte des Wohlwollens und der Akzeptanz schenken kannst.
- Dann wandere mit deiner Aufmerksamkeit in deinen Brustkorb, das Zentrum deiner Atmung, und auch dein Herzzentrum. Dieser Ort ist die Quelle der Liebe und des Mitgefühls. Versuch, deinen Brustkorb mit Gewahrsein, Wertschätzung und Akzeptanz anzufüllen. Vielleicht magst du eine Hand sanft auf die Mitte deines Brustkorbs legen und dir erlauben, alles zu empfinden, was auch immer du gerade spürst.
- Fühl dich jederzeit frei, Körperstellen zu berühren oder zu streicheln, wenn dir danach ist.
- Lenke dein Gewahrsein weiterhin auf deinen Körper, und zwar mit der gleichen warmherzigen Zuwendung, die du einem Kind entgegenbringen würdest. Spüre die Empfindungen in
  - deiner linken Schulter,
  - deinem linken Oberarm,
  - deinem Ellbogen.

- Schenke jedem deiner Körperteile zärtliches Gewahrsein:
  - deinem linken Unterarm,
  - deinem Handgelenk,
  - deiner Hand und
  - deinen Fingern.
- Wenn du magst, wackle mit deinen Fingern, und genieß die Empfindungen dabei. Deine Hände sind einzigartig gestaltet, um schöne Gegenstände zu halten und zu bearbeiten, und sie sind sehr berührungsempfindlich.
- Wende dich nun dem ganzen linken Arm und der Hand mit liebevollem und mitfühlendem Gewahrsein zu.
- Dann wechsle auf deine rechte Seite zu
  - deiner rechten Schulter,
  - deinem rechten Unterarm,
  - deinem Ellbogen,
  - deinem Unterarm,
  - deinem Handgelenk,
  - deiner Hand,
  - deinen Fingern,
  - deinem ganzen rechten Arm und deiner rechten Hand.
- Wandere nun mit deinem Gewahrsein weiter in Richtung Kopf. Beginn beim *Hals*. Wenn du magst, berühre deinen Hals mit deiner Hand. Denk dabei daran, wie dein Hals den Kopf den ganzen Tag über stützt und wie er als Verbindungskanal das Blut ins Gehirn und den Atem durch den Körper strömen lässt. Schenke deinem Hals Wertschätzung und Wohlwollen – rein gedanklich oder durch körperliche Berührung –, wenn er sich gut anfühlt, oder sende ihm Mitgefühl, solltest du hier Anspannung oder Unbehagen wahrnehmen.

- Dann bewege dich schließlich weiter zum *Kopf*, beginne mit dem Hinterkopf, der harten Oberfläche, die dein Gehirn schützt. Wenn du magst, kannst du deinen Hinterkopf sanft mit deiner Hand berühren oder einfach durch liebevolles Gewahrsein.
- Nun weiter zu deinen *Ohren*, diesen empfindsamen Wahrnehmungsorganen, die uns so viel über unsere Welt erzählen. Wenn du dich an deiner Fähigkeit des Hörens erfreust, lass Wertschätzung in deinem Herzen aufgehen. Wenn du dir Sorgen um dein Gehör machst, leg vielleicht eine Hand auf dein Herz, und schenk dir etwas Mitgefühl.
- Lass dann deinen übrigen Sinnesorganen das gleiche liebevolle oder mitfühlende Gewahrsein zuteilwerden:
    - den Augen,
    - der Nase,
    - den Lippen.
- Vergiss nicht, deinen *Wangen*, deinem *Kiefer* und deinem *Kinn* dafür Anerkennung zu schenken, dass sie dir beim Essen, Sprechen und beim Lächeln helfen.
- Abschließend deine *Stirn* und der *Scheitelpunkt* sowie darunter … dein *Gehirn*. Dein zartes Hirn besteht aus Milliarden von Nervenzellen, die unentwegt miteinander kommunizieren, damit sie dir helfen, diese wunderbare Welt zu verstehen, in der wir leben. Wenn du magst, bedank dich bei deinem Gehirn dafür, dass es rund um die Uhr für dich tätig ist.
- Wenn du deinem ganzen Körper freundliche und mitfühlende Aufmerksamkeit geschenkt hast, magst du ihn vielleicht ein letztes Mal von Kopf bis Fuß in Wertschätzung, Mitgefühl und Respekt baden.
- Öffne dann sanft deine Augen.

REFLEXION

Wie war diese Meditation für dich? Was ist dir aufgefallen? Fiel es dir in einigen Teilen des Körpers leichter, Empfindungen wahrzunehmen, als in anderen?

Konntest du Mitgefühl für jene Körperteile haben, die du verurteilt hast oder mit denen du dich unwohl fühltest? Hast du versucht, eine beruhigende Hand dorthin zu legen? Wie war es, deinem Körper Wertschätzung zu schenken?

Versuche, dich nicht zu kritisieren, wenn deine Aufmerksamkeit während dieser Meditation gewandert ist oder wenn die Meditation frustrierend oder gar langweilig für dich war. Bei einigen Menschen ist das Interesse am Körper nicht sehr ausgeprägt. Andere machen beim Üben des Bodyscans die Erfahrung, »endlich zu Hause« zu sein. Jeder ist anders. Erlaube dir, die Erfahrung zu haben, die du gerade gemacht hast, und erlaube dir, genauso zu sein, wie du bist – mit großer Freundlichkeit. Das ist Achtsamkeit und Selbstmitgefühl.

13

Die Phasen des Fortschritts

Das Training im Selbstmitgefühl durchläuft in aller Regel die folgenden drei Phasen:

- Streben,
- Desillusionierung,
- radikale Akzeptanz.

Wenn wir damit beginnen, freundlicher zu uns selbst zu sein, gehen wir wahrscheinlich mit der gleichen Einstellung an diesen Prozess heran, wie wir es in manch anderen Bereichen unseres Lebens tun: Wir streben danach, es richtig zu machen. Und wenn wir dann tatsächlich Selbstmitgefühl erleben, können wir eine spürbare Erleichterung und einen noch größeren Enthusiasmus für diese Praxis verspüren. Diese frühe Phase der Schulung im Selbstmitgefühl ähnelt der ersten Phase einer Liebesbeziehung – der Schwärmerei. Wir sind dann begeistert von unserem neu gefundenen Glück und fühlen uns dem Erlebnis und der Person, die dieses Gefühl in uns auslöst, eng verbunden. Auf ähnliche Weise kann die wunderbare Entdeckung, dass wir unsere eigenen Bedürfnisse zumindest teilweise selbst zu erfüllen vermögen, sich anfühlen, als ob man verliebt wäre, da es ziemlich beflügelnd ist.

Als Jonathan zum ersten Mal die Übung »Mitgefühlspause« (siehe Kapitel 4) ausführte, konnte er kaum glauben, wie kraftvoll das war. Er hatte an eine sehr nervenaufreibende Situation bei der Arbeit gedacht, und diese kurze Praxis ließ seinen Stress sehr schnell einem friedlichen und ruhigen Zustand weichen. »Heißt das nun, dass alles, was ich tun muss, ist, achtsam für meinen eigenen Schmerz zu sein, mein gemeinsames Menschsein anzuerkennen und freundlich mit mir selbst zu sein?«, dachte er für sich. »Das ist ja fantastisch!«

Die erste Phase auf dem Weg zu mehr Selbstmitgefühl kann sich anfühlen, wie verliebt zu sein.

Aber wie bei allen Beziehungen verblasst der Glanz nach einer gewissen Zeit. So legen wir beispielsweise unsere Hände aufs Herz in der Hoffnung, die Sicherheit und Verbindung zu spüren, die wir anfangs erlebt haben, und nichts geschieht. So ein Murks! Also kommen wir in die nächste Phase des Trainings – die Desillusionierung. Wenn die Beschäftigung mit dem Selbstmitgefühl uns zu enttäuschen beginnt, meinen wir, dies sei nun schon wieder so etwas, was wir nicht richtig machen könnten.

Wie ein Meditationslehrer einmal sagte: »Alle Techniken sind zum Scheitern verurteilt!« Wie kann das sein? Nun, wann immer unsere Praxis zu einer mechanisierten »Technik« wird, die dafür bestimmt ist, unser Erleben zu manipulieren – damit wir uns besser fühlen und der Schmerz nachlässt –, wird sie zu einer verborgenen Form des Widerstands. Und wie »gut« Widerstand funktioniert, wissen wir ja zur Genüge.

Als Jonathan eines Tages mit seinem Sohn im besten Teenageralter in einen großen Streit geriet und dabei wütend und frustriert war, meinte er zu wissen, was er tun müsse, um sich zu beruhigen … klar, die »Selbstmitgefühlspause«! Leider funktionierte sie aber ganz und gar nicht. Also versuchte er es mit der beruhigenden Berührung (siehe Kapitel 4). Auch das klappte nicht. So als hätte ein vertrauter Freund ihn verlassen, fühlte Jonathan sich entmutigt. »Ich dachte, ich hätte das alles gerafft, fühlte mich aber genauso unglücklich wie sonst. Ich muss in Sachen Selbstmitgefühl ein ziemlicher Versager sein.«

Wenn die Verzweiflung der Desillusionierung uns in die Knie zu zwingen scheint und wir uns in Hoffnungslosigkeit ergeben, setzt endlich der Fortschritt ein. Entwicklung bedeutet, die Vorstellung eines Fortschritts wirklich fallenzulassen. Wir hören damit auf, uns um etwas zu bemühen, um das Ziel zu erreichen, »gut« im Üben von Selbstmitgefühl zu sein, den Schmerz verschwinden zu lassen, und beginnen, unsere Absicht zu verfeinern. Statt dem Ergebnis der Selbstmitgefühlspraxis »anzuhaften«, können wir nun beginnen, diese um ihrer selbst willen auszuüben. Wir treten in die Phase der radikalen Akzeptanz ein, die am besten durch den in Kapitel 7 erwähnten Widerspruch beschrieben ist:

**Wenn wir es schwer haben,
begegnen wir uns selbst mit Mitgefühl, nicht damit es
uns besser geht, sondern weil wir uns schlecht fühlen.**

Mit anderen Worten, in einem Moment des Ringens üben wir uns nicht darin, frei von unserem Schmerz zu sein – wir üben deshalb Mitgefühl, weil es manchmal allein schon schwer ist, ein Mensch zu sein. Radikale Akzeptanz bedeutet, sich wie ein Elternteil zu verhalten, der ein Kind tröstet, das die 24-Stunden-Grippe hat. Der Vater oder die Mutter kümmern sich nicht um das Kind, weil sie versuchen, die Grippe zu vertreiben; sie wird bei Einhaltung der erforderlichen Maßnahmen und Schaffung der nötigen Voraussetzungen schon in ihrem Tempo abheilen. Vielmehr trösten die Eltern ihr fiebriges Kind, das sich deswegen unwohl fühlt, als eine natürliche Reaktion auf seine Leiden, während der Genesungsprozess fortschreitet.

Ebenso läuft es, wenn wir versuchen, uns selbst zu beruhigen. Wenn wir voll und ganz die Realität annehmen, dass wir keine perfekten Menschen sind, anfällig für Fehler und Schwierigkeiten, dann werden unsere Herzen ganz von allein weich. Wir spüren noch immer den Schmerz, wir fühlen aber auch die Liebe, die den Schmerz hält, und es ist erträglicher. Diese Reaktion ist »radikal,« weil sie im Widerspruch zu unserem gewohnten Umgang mit unserem Schmerz steht – und die Transformation kann ähnlich radikal sein.

Nachdem er mit einem Meditationslehrer gesprochen hatte, erkannte Jonathan, dass sich die Absicht hinter seiner Selbstmitgefühlspraxis unbewusst verschoben hatte. Voller Erleichterung darüber, dass es ihm dank des Selbstmitgefühls so viel besser gegangen war, war er der Tendenz verfallen, Selbstmitgefühl einzusetzen, um den Schmerz zu beseitigen. Schließlich erkannte er, dass sein Leben niemals schmerzfrei sein würde. Als diese Erkenntnis Einzug in sein Herz hielt, bemerkte er, dass eine ruhige Zärtlichkeit auftauchte, wenn er in Schwierigkeiten war. Er begann sogar, den Schmerz als eine Erinnerung daran zu betrachten, sein Herz zu öffnen, und erkannte, dass am Ende ein offenes Herz genau das war, wonach er sich in seinem Leben am meisten sehnte.

Wie die Meditationslehrerin Pema Chödrön sagt: »… Wir dürfen immer noch so verrückt sein, wie wir eben nun mal sind oder immer schon waren. Wir können immer noch wütend sein. Wir können immer noch ängstlich oder eifersüchtig sein oder uns unwürdig fühlen … Es geht nicht darum, uns selbst auf den Müll zu werfen und etwas Besseres werden zu wollen, sondern uns damit anzufreunden, wie wir jetzt sind.«[75]

Noch prägnanter formuliert es der Meditationslehrer Rob Nairn: »Das Ziel der Praxis ist es, ein mitfühlendes Durcheinander zu werden.«[76] Das bedeutet, zutiefst menschlich zu sein – oft kämpfend, unsicher, verwirrt, aber mit großem Mitgefühl. Genau dazu lädt Selbstmitgefühl ein. Und das Schöne daran ist, dass es sich hierbei um ein wirklich erreichbares Ziel handelt. Ganz gleich, wie steil wir fallen mögen, wie qualvoll der

Schmerz ist, wie wenig perfekt unser Leben oder unsere Persönlichkeit auch sein mögen, wir können immer noch achtsam mit unserem Leid umgehen, uns unseres gemeinsamen Menschseins erinnern und freundlich mit uns selbst sein.

Die Phasen des »Fortschritts« verlaufen nicht immer linear und der Reihe nach. Sie sind eher wie eine sich aufwärts drehende Spirale, und manchmal springen wir dabei zwischen den Phasen hin und her. Mit der Zeit werden die Phasen des Strebens und der Desillusionierung jedoch kürzer, und die radikale Akzeptanz begleitet uns mehr und mehr durch die Wechselfälle unseres Lebens. Allmählich vertrauen wir darauf, dass wir uns, was auch immer geschieht, stets noch in der Umarmung einer liebevollen, verbundenen Präsenz halten können.

ÜBUNG

Wo stehe ich mit meiner Praxis des Selbstmitgefühls?

Verwende im Folgenden den freien Platz, um deine Gedanken zu den drei Fragenkomplexen festzuhalten:

- Wenn du daran denkst, dass wir in unserer Praxis des Mitgefühls die einzelnen Phasen des Fortschritts durchlaufen, nimm dir einen Moment Zeit, um darüber nachzudenken, in welcher Phase des Prozesses du dich befindest: Streben, Desillusionierung oder radikale Akzeptanz?

....

....

....

....

....

- Wenn du in einigen Bereichen deiner Praxis gerade mit Schwierigkeiten kämpfst, siehst du einen Weg, wie du diesen Kampf reduzieren kannst? Gibt es eine Erfahrung, der du gern mehr Raum geben oder die du loslassen oder mehr zulassen möchtest?

....

....

....

....

....

....

....

- Gibt es eine Möglichkeit, wie du dir auf deiner Reise Mitgefühl entgegenbringen kannst? Kannst du sanft und geduldig sein, während deine Praxis sich entfaltet, vielleicht, indem du dir einige freundliche, verständnisvolle, unterstützende oder wertschätzende Worte sagst?

....

....

....

....

....

....

....

REFLEXION

Sobald der Begriff »Fortschritt« fällt, denken viele: »Je weiter ich komme, umso besser ist das.« Mit anderen Worten, die Betreffenden verurteilen sich möglicherweise dafür, dass sie nicht im Stadium der radikalen Akzeptanz sind. Es ist wichtig zu begreifen, dass es beim Selbstmitgefühl um eine Art des Seins geht, nicht um ein Ziel. Selbst dann, wenn wir Momente der radikalen Akzeptanz erleben, wird es auch weiterhin oft Momente des Strebens und der Desillusionierung geben. Das alles sind gleichermaßen wichtige Aspekte des Wegs. Wenn du dir also irgendein Urteil (positiv oder negativ) darüber bildest, in welcher Phase des Fortschritts du dich befindest, dann schau, ob du auch die Gewohnheit der Selbstbewertung loslassen kannst und dich einfach mit einem zärtlichen Herzen für das öffnest, was für dich im Moment gerade wahr ist.

INFORMELLE PRAXIS

Ein mitfühlendes Durcheinander sein

Wann immer du dich dabei beobachtest, wie du Selbstmitgefühl übst mit dem Ziel, den Schmerz verschwinden zu lassen oder ein »besserer Mensch« zu werden, versuche, den Fokus von dieser subtilen Form des Widerstandes abzuwenden und Mitgefühl einfach deshalb zu üben, weil wir alle keine perfekten Menschen sind und ein »unvollkommenes« Leben führen. Und das Leben ist schwer. Anders gesagt, übe dich darin, ein »mitfühlendes Durcheinander« zu sein – oder wie Rob Nairn es ausdrückte: ein »mitfühlendes Fiasko«. Diese Praxis kann mitten im Alltag zum Tragen kommen, immer dann, wenn du um irgendetwas ringst.

- Denke an eine Situation in deinem Leben, die dir emotionale Schmerzen bereitet, weil du dich in irgendeiner Weise unzulänglich fühlst. Vielleicht hast du etwas getan, was du bereust, oder du hast bei etwas versagt, was dir wichtig war. Wähle wieder ein Problem im leichten bis mittelschweren

Bereich, kein großes, da wir die Ressource des Selbstmitgefühls ja schrittweise aufbauen wollen.

- Kannst du Unbehagen in deinem Körper spüren, wenn du dir diese Situation vergegenwärtigst? Wenn nicht, wähle eine etwas schwierigere Situation. Solltest du jedoch starkes Unbehagen spüren, wähle eine weniger schwierige Situation.
- Während du das emotionale Unbehagen spürst, schau, ob du diesen Schmerz voll akzeptieren kannst, indem du deinem Herzen erlaubst zu schmelzen, während du diese schwierigen Gefühle festhältst, um dich zu beruhigen und um dich selbst zu kümmern, da es so schwierig ist. Kannst du dich durch diesen Augenblick mit deiner eigenen liebevollen verbundenen Präsenz begleiten?
- Nimm zwei oder drei tiefe Atemzüge, und schließ die Augen für einige Augenblicke, um anzukommen und dich zu zentrieren. Leg die Hände auf dein Herz, oder führe eine andere wohltuende Berührung aus als Geste der Unterstützung und Selbstfreundlichkeit.
- Versuche, mit dir selbst in einer warmen, unterstützenden und mitfühlenden Sprache (laut oder im Stillen) zu reden, beispielsweise:
  - »Es tut mir so leid, dass du dich gerade so schlecht fühlst, aber diese Gefühle werden vergehen. Ich bin für dich da, alles wird gut.«
  - »Der Schmerz des Scheiterns ist nahezu überwältigend. Ich kann ihn nicht vertreiben, werde aber versuchen, mit Mut, Geduld und offenem Herzen da zu sein.«

- Kannst du dir erlauben, so zu sein, wie du bist – voll und ganz Mensch? Kannst du anfangen, das Streben nach Perfektion loszulassen und anzuerkennen, dass du das Beste gibst, was du geben kannst? Versuche, mit dir in einer Sprache zu reden, die deine Unzulänglichkeiten erkennt, dir aber auch ein Gefühl von bedingungsloser Akzeptanz vermittelt – eine Sprache, in der du mit einem Freund und jemandem sprichst, der dir wirklich wichtig ist, zum Beispiel:
  - »Es ist in Ordnung, ein mitfühlendes Durcheinander zu spüren und nicht perfekt zu sein.«
  - »Wow, ich habe es echt vermasselt. Ich wünschte, es wäre anders, ist es aber nicht. Es ist wirklich schwer, sich so zu fühlen. Es gibt nichts, was ich dagegen tun kann, dass ich ein unvollkommener Mensch bin, der manchmal etwas falsch macht. Möge ich versuchen, mich selbst mit Verständnis und Freundlichkeit zu akzeptieren.«

REFLEXION

Es ist vollkommen normal, Widerstand zu spüren, wenn wir unser Streben nach Erfolg loslassen oder unsere Unvollkommenheit akzeptieren sollen. Wir wollen uns sicher fühlen, und Fehler zu machen führt unweigerlich zu Unsicherheit. Wir brauchen das Ganze allerdings nicht noch schlimmer zu machen, indem wir uns nun selbst dafür verurteilen, weil wir anders sein wollen, als wir sind. Wir müssen nur erkennen, wie dieses Ringen uns unnötiges Leid zufügen kann. Wir brauchen lediglich zu erforschen, ob wir zumindest damit anfangen können, uns und unsere menschlichen Schwächen zu akzeptieren und zu schauen, was dann passiert.

14

Innig leben

Die grundlegende Frage des Selbstmitgefühls lautet wie gesagt: »Was brauche ich?« Wenn wir nicht wissen, was wir in unserem Leben am meisten schätzen, dann können wir uns nicht wirklich das geben, was wir brauchen. Diese tief verinnerlichten Ideale sind unsere Grundwerte, die uns leiten und unserem Leben einen Sinn verleihen.[77] Sowohl Bedürfnisse als auch Werte scheinen etwas Wesentliches unserer menschlichen Natur widerzuspiegeln. Bedürfnisse werden häufiger mit dem physischen und emotionalen Überleben in Verbindung gebracht, zum Beispiel das Bedürfnis nach Gesundheit und Sicherheit oder nach Liebe und Verbindung. Werte hingegen neigen dazu, ein Element der Wahlfreiheit zu enthalten, etwa die Entscheidung, sich auf soziale Gerechtigkeit oder eine kreative Beschäftigung zu konzentrieren.

Deine Grundwerte zu identifizieren kann dir dabei helfen, dir das zu geben, was du wirklich brauchst.

Unsere Lebenskämpfe hängen zum großen Teil von unseren Grundwerten ab. Beispielsweise wenn dir Freizeit und neue Abenteuer wichtig sind, kann es für dich ein Segen sein, nicht befördert zu werden, was zusätzliche Arbeitsstunden bedeutet hätte. Ist es dir jedoch wichtig, deine

Familie zu versorgen, kann es niederschmetternd sein, bei der Beförderung übergangen zu werden. Es gibt einen Unterschied zwischen Zielen und Grundwerten:

Ziele können *erreicht* werden.	Grundwerte leiten uns auch, nachdem wir unsere Ziele erreicht haben.
Ziele haben *Bestimmungen*.	Grundwerte geben *Richtungen* vor.
Ziele sind etwas, wofür wir etwas *tun*.	Grundwerte stehen für etwas, was wir *sind*.
Ziele werden *festgelegt*.	Grundwerte werden *entdeckt*.
Ziele kommen oft von außen.	Grundwerte kommen von innen heraus.

Beispiele für Grundwerte sind Mitgefühl, Großzügigkeit, Ehrlichkeit und Einsatz. Viele sind Beziehungswerte – wie wir behandelt werden und mit anderen umgehen wollen –, andere wiederum sind persönlicher wie Freiheit, spirituelles Wachstum und der künstlerische Ausdruck.

Mark arbeitete in einer Wirtschaftskanzlei, fuhr einen Wagen der gehobenen Mittelklasse und wirkte erfolgreich auf sein Umfeld. Seine Eltern hatten immer von ihm erwartet, dass er Arzt oder Anwalt sein würde, aber als er endlich Partner in der Kanzlei wurde, erkannte er, dass ihm etwas fehlte. Er war nicht glücklich und wusste auf einmal gar nicht, wie er es geschafft hatte, ein Leben zu führen, das so weit entfernt war von dem, was er wollte. Mark schrieb sehr gern und würde lieber an einem Roman arbeiten, als Klagen gegen die Verletzung des Urheberrechts zu erheben. Während er oft davon träumte, seine

Firma zu verlassen, um Schriftsteller zu werden, hatte er Angst, das Missfallen seiner Eltern zu ernten. Noch mehr als das hatte er Angst vorm Scheitern, davor, was passieren würde, wenn er als Autor nicht seinen Lebensunterhalt bestreiten könnte.

Wir leiden, wenn wir nicht im Einklang mit unseren Grundwerten leben. Daher ist es ein wichtiger Akt des Selbstmitgefühls, unsere Werte zu identifizieren und herauszufinden, ob wir im Einklang mit ihnen leben. Wir müssen versuchen, uns selbst das zu geben, was wir brauchen.

Wenn wir uns wirklich um unser eigenes Glück kümmern und unser eigenes Leiden lindern wollen – mit anderen Worten, wenn wir Selbstmitgefühl haben –, werden wir in der Regel die inneren Ressourcen finden, um in engerem Kontakt mit unseren Werten zu leben und ein tiefes und sinnerfülltes Leben zu führen.

Mark verfiel schließlich in eine Depression und nahm Sitzungen bei einem Therapeuten, der ihm vom Selbstmitgefühl erzählte. Dadurch begriff Mark, dass er, wenn er sich selbst ein besserer Freund sein wollte, seine Zeit mit Aktivitäten verbringen müsste, die er wirklich genießt. Als Frühaufsteher begann Mark jeden Morgen eine Stunde an einer Geschichte zu schreiben, die er seit fünf Jahren im Kopf hatte. Diese kleine Veränderung, die Mark »das Wichtigste zuerst« nannte, machte ihn glücklicher und energiegeladener, und er entdeckte dadurch, dass sein Tag im Büro weniger erdrückend war. Er schloss sich einer Schreibgruppe an, die sich nach der Arbeit traf, fand einige gleichgesinnte Freunde, ging zu Lesungen der Buchhandlung in seinem Viertel und hatte zunehmend das Gefühl, dass sein Leben ins richtige Gleis kam. Zumindest für den Moment ließ der innere Druck nach, seine Karriere zu verändern.

ÜBUNG

Unsere Grundwerte entdecken

Nutze den freigelassenen Platz, um deine Gedanken bei dieser schriftlichen Reflexionsübung zu notieren.

- Stell dir vor, du bist im fortgeschrittenen Alter. Du sitzt in einem wunderschönen Garten und denkst über dein bisheriges Leben nach. Zurückblickend verspürst du eine tiefe Zufriedenheit, Freude und Erfüllung. Obwohl das Leben nicht immer einfach war, hast du es geschafft, dir selbst nach besten Kräften treu zu bleiben. Welche Grundwerte haben dich geleitet und deinem Leben einen Sinn verliehen? Beispielsweise Zeit in der Natur zu verbringen, zu reisen, Abenteuer zu erleben oder im Dienste anderer zu stehen. Schreib hier bitte deine Grundwerte auf.

....

....

....

....

....

....

....

....

....

....

....

- Jetzt notier alles, bei dem du nicht den Eindruck hast, im Einklang mit deinen Grundwerten zu leben, sowie alles, von dem du denkst, dass dein Leben nicht im Einklang mit deinen Werten ist. Vielleicht bist du beispielsweise oft zu beschäftigt, um Zeit in der Natur zu verbringen, obwohl die Verbindung mit der Natur dir über alles geht.

....

....

....

....

....

....

....

....

- Wenn es mehrere Werte gibt, mit denen du momentan nicht im Einklang lebst, wähle einen aus, der dir besonders wichtig ist, und notiere ihn hier.

....

....

....

....

....

....

- Natürlich gibt es oft Hindernisse, die uns davon abhalten, im Einklang mit unseren Grundwerten zu leben. Einige davon können äußere Hindernisse sein, wie etwa nicht ausreichend über Geld oder Zeit zu verfügen. Vielleicht ist beispielsweise deine Arbeit derart zeitintensiv, dass dir keine Zeit für die Natur bleibt. Wenn es irgendwelche äußeren Hindernisse gibt, notiere sie hier.

....

....

....

....

....

- Vielleicht stehen dir auch einige innere Hindernisse im Weg, um nach deinen Grundwerten zu leben. Fürchtest du dich zum Beispiel vor dem Scheitern, zweifelst du an deinen Fähigkeiten, oder kommt dir dein innerer Kritiker in die Quere? Vielleicht denkst du zum Beispiel, dass du es nicht wert bist, einen sorgenfreien Tag im Wald zu verbringen. Halte alle deine inneren Hindernisse hier schriftlich fest.

....

....

....

....

....

....

....

- Überlege nun, ob Selbstfreundlichkeit und Selbstmitgefühl dir helfen könnten, im Einklang mit deinen wahren Werten zu leben, beispielsweise indem sie dir helfen, innere Hindernisse wie deinen inneren Kritiker zu überwinden. Gibt es vielleicht einen Weg, wie Selbstmitgefühl dir helfen könnte, dich sicher und selbstbewusst genug zu fühlen, um Neues zu wagen beziehungsweise das Risiko des Scheiterns in Kauf zu nehmen? Oder damit aufzuhören, Beschäftigungen nachzugehen, die reine Zeitverschwendung sind? Oder gibt es eine Möglichkeit, wie du deine Werte in deinem Leben ausdrücken kannst, an die du vorher noch gar nicht gedacht hast? Beispielsweise einen Job mit einer flexibleren Arbeitszeit zu finden, sodass du dich mehr um deine eigenen Belange kümmern kannst?

....

....

....

....

....

....

....

- Wenn es schließlich unüberwindbare Hindernisse gibt, um im Einklang mit deinen Werten zu leben, kannst du dir dann Mitgefühl dafür schenken, in dieser schwierigen Lage zu sein? Das heißt, deine Werte angesichts der Bedingungen nicht einfach fallenzulassen? Und sollte das unüberwindbare Problem darin bestehen, dass du nicht perfekt bist, so wie alle anderen Menschen es auch nicht sind, kannst du dir auch dafür vergeben?

REFLEXION

Wie war diese Übung für dich? Bist du auf etwas Unerwartetes gestoßen? Einigen fällt bei dieser Übung die Identifikation ihrer Grundwerte nicht leicht. Das mag daran liegen, dass wir sehr mit unseren Alltagsangelegenheiten beschäftigt sind und nicht lange genug innegehalten haben, um darüber nachzudenken, welche Werte für uns von großer Bedeutung sind. In diesem Fall entsteht Selbstmitgefühl einfach dadurch, dass du dich fragst: »Was liegt mir am Herzen?« Sind deine Werte tatsächlich deine eigenen Werte oder eher das, was dein Umfeld von dir erwartet?

Andere wiederum haben vielleicht Klarheit über ihre Grundwerte, sind allerdings enttäuscht, weil sie nicht im Einklang mit ihnen leben. Es ist sicher nützlich, darüber nachzudenken, ob Selbstmitgefühl uns helfen kann, Hindernisse auf unserem Weg loszulassen. Es ist aber ebenso wichtig anzuerkennen, dass wir manchmal einfach nicht im Einklang mit unseren Grundwerten leben *können*. Wenn das auf dich zutrifft, schau, ob du akzeptieren kannst, dass menschliches Leben kompliziert ist, während du gleichzeitig die Flamme deiner tiefen Wünsche im Herzen lodern lässt. Möglicherweise entdeckst du, dass es auch schon von Vorteil sein kann, wenn du nur bis zu einem gewissen dir möglichen Grad deine Grundwerte zum Ausdruck zu bringen vermagst.

INFORMELLE PRAXIS

Mit einem Gelöbnis leben

Häufig entspringen unsere Gefühle von Unzufriedenheit, Frustration und Besorgnis dem Bewusstsein, dass wir nicht im Einklang mit unseren Grundwerten leben. Wenn uns auffällt, dass wir zur falschen Zeit am falschen Ort sind, das Falsche tun und mit den falschen Leuten zusammen sind, ist es an der Zeit, uns auf unsere Grundwerte zu besinnen. Damit wir uns erinnern, können wir aus einem Grundwert ein Gelöbnis machen. Was ist ein Gelöbnis?

- Ein Gelöbnis ist eine Absicht, an der wir uns immer wieder neu ausrichten können, wenn wir von unserem Weg abgekommen sind.
- Ein Gelöbnis verankert unser Leben darin, was am wichtigsten ist. Es ist kein bindender Vertrag.
- Das Gelöbnis funktioniert so wie der Atem in der Meditation. Es ist ein sicherer Ort, an den wir zurückkehren können, wenn wir vom Weg abgekommen sind und uns in unserem Alltag haltlos fühlen.

Wenn uns auffällt, dass wir auf dem Irrweg sind, müssen wir sehr mitfühlend mit uns selbst sein – ohne uns zu schämen oder zu verurteilen, und uns dann wieder auf unsere Grundwerte besinnen.

Wähle aus den Grundwerten, die du in der letzten Übung entdeckt hast, einen aus, den du für dein weiteres Leben manifestieren möchtest.

Versuche, dies nun in Form eines Gelöbnisses aufzuschreiben: »Möge ich …« Oder: »Ich gelobe …, so gut ich kann …«

....

....

....

Schließe die Augen, und wiederhole dein Gelöbnis einige Male im Stillen für dich.

REFLEXION

Konntest du ein Gelöbnis verfassen, das für dich von Bedeutung ist? Wie fühlte es sich an, die Absicht auf diese Art und Weise zu setzen?

Viele Menschen machen die Erfahrung, dass das tägliche Aussprechen des Gelöbnisses ihnen dabei hilft, ihren Kurs beizubehalten, fast so, wie man ein Navi einstellt, um den Heimweg sicher zu finden. Wenn du magst, kannst du morgens vor dem Aufstehen deine Hand aufs Herz legen, dein Gelöbnis einige Male aussprechen und dann aufstehen. Dasselbe kannst du tun, bevor du zu Bett gehst. Manchmal hilft es, ein kleines Ritual zu haben, wie beispielsweise das Anzünden einer Kerze, während du dein Gelöbnis sprichst.

ÜBUNG
Der Lichtblick

Ein weiterer wichtiger Aspekt des innigen Lebens sind die Lektionen, die wir aus den Kämpfen und Herausforderungen in unserem Alltag gelernt haben. Während die meisten von uns sich vor Scheitern und Mühsal fürchten, sind es meist genau diese Erfahrungen, die uns etwas lehren, was wir sonst nicht gelernt hätten. Thich Nhat Hanh sagt: »Ohne Schlamm kein Lotus.«[78] Mit anderen Worten: Ohne auch im »Mist des Lebens« zu stecken, würde es uns nicht gelingen, unser volles Potenzial zu entfalten. Herausforderungen können uns zwingen, tief nach innen zu gehen und Ressourcen und Erkenntnisse zu entdecken, von denen wir nicht wussten, dass wir sie überhaupt haben. Das Sprichwort »In allem Schlechten liegt auch der Kern des Guten« bezieht sich ebenfalls auf diese Wahrheit. Eine der Gaben des Selbstmitgefühls liegt darin, dass es uns ermöglicht, ohne Überforderung mit unserem Leiden präsent zu sein. Daraus beziehen wir die erforderliche Unterstützung, um neue Entdeckungen zu machen und zu wachsen.

Die Entfaltung unseres vollen Potenzials beginnt damit, dass wir im »Schlamassel« stecken.

Ehe du mit der folgenden Übung beginnst, magst du vielleicht zwei bis drei tiefe Atemzüge nehmen und deine Augen für einige Momente schließen, um anzukommen und dich zu zentrieren. Versuch, deine Hände aufs Herz zu legen, oder mach eine andere wohltuende Berührung als Geste der Unterstützung und Freundlichkeit.

- Denke an einen zurückliegenden Kampf in deinem Leben, der damals schwierig oder gar unmöglich zu ertragen schien und dir im Rückblick eine wichtige Lektion erteilt hat. Wähle ein Ereignis, das weit genug in der Vergangenheit liegt, das bewältigt ist und bei dem du alles gelernt hast, was es in diesem Zusammenhang für dich zu lernen gab. Welche Situation war das? Schreib sie bitte auf.

- Welche tiefergehende Lektion hat die Herausforderung oder Krise dich gelehrt, die du sonst vielleicht nicht gelernt hättest? Schreib auch das auf.

- Als kleines Gedankenexperiment überlege, ob es aktuell eine Schwierigkeit in deinem Leben gibt, in der auch bereits etwas Gutes im Ansatz verborgen steckt. Wenn ja, welche versteckte Lektion könnte in diesem aktuellen Dilemma für dich liegen?

- Wie könnte die Praxis des Selbstmitgefühls dir dabei helfen, dich in dieser Situation sicher und stark zu fühlen, damit du das, was es für dich zu lernen gibt, lernen kannst?

....

....

....

....

....

....

....

REFLEXION

Wie war deine Erfahrung mit dieser Übung? Konntest du in einer aktuell schwierigen Situation das Gute schon verborgen im Ansatz finden oder darüber nachdenken, wie Selbstmitgefühl dir dabei helfen könnte?

Manchmal steckt in schwierigen Situationen kein guter Ansatz verborgen, und das reine Überleben ist an sich bereits eine bemerkenswerte Leistung. Wenn das in deinem Fall zutrifft, nimm dir einen Moment, um deine Resilienz wertzuschätzen.

Die Erinnerung daran, dass Lernen aus dem beständigen Ringen hervorgeht, hilft uns, unser Leiden in einem positiveren Licht zu sehen. Natürlich bedeutet dieser Prozess nicht, die Schwierigkeiten zu leugnen. Wenn es dir schwerfiel, in einer aktuellen Situation bereits das Gute im Ansatz verborgen zu sehen, ist das nur natürlich, und es sollte nicht erzwungen werden. Sich einfach für die Möglichkeit zu öffnen, dass das Ringen um etwas bereits Wachstum impliziert, kann uns helfen, die ganze Sache etwas leichter zu nehmen.

15

Für andere da sein, ohne uns selbst zu verlieren

Selbstmitgefühl verändert unser Leben auch derart, dass es uns erlaubt, anderen etwas zu geben, ohne uns selbst dabei zu verlieren. Wenn wir für unsere Mitmenschen da sind, während sie Schmerzen erleben, spüren wir oft buchstäblich den Schmerz in uns. Einige Wissenschaftler gehen von einer bestimmten Art von Neuronen aus, die uns in unserem Körper wahrnehmen lassen, was andere erleben, den sogenannten Spiegelneuronen.[79] Es gibt auch Regionen im Gehirn, die sich der Bewertung gesellschaftlicher Situationen widmen und mit den Gefühlen der anderen in Resonanz gehen.[80] Diese Art der empathischen Resonanz geschieht häufig auf einer präverbalen und instinktiven Ebene.

Empathische Resonanz zeugt entwicklungsgeschichtlich von Anpassungsfähigkeit, da sie uns erlaubt, miteinander zu kooperieren, um unsere Jungen besser aufzuziehen und uns selbst gegen Gefahr zu verteidigen. Wir haben eine Veranlagung für gesellschaftliches Zusammenspiel. Obwohl Empathie in der Regel eine gute Sache ist, kann sie auch zum Problem werden, denn wenn wir bei anderen in Resonanz mit deren Schmerz gehen – besonders mit Menschen, die wir gut kennen –, dann spüren wir ihren Schmerz als unseren eigenen. Manchmal kann sich solch empathischer Kummer überwältigend anfühlen. Wenn das vorkommt, dann nehmen wir womöglich verschiedene Manöver in Angriff, um unser Leiden zu vermeiden oder zu verringern, indem wir zum Beispiel die andere Person ausblenden oder mit dem Fahrstuhl in unseren Kopf sausen und versuchen, das Problem zu lösen. (Mehr zu diesem Thema siehe Kapitel 18 und 19.)

Hast du dich jemals gefragt, warum jemand sofort Ratschläge zur Lösung deines Problems parat hatte, ohne überhaupt deine ganze Geschichte gehört zu haben? Oder hast du das schon einmal bei jemand anderem so gemacht? Diese Reaktion ist recht verbreitet, nur: Warum machen wir das? Ein Grund dafür ist, dass es unangenehm ist, in der Gegenwart des Schmerzes anderer zu sein, weil wir deren Leid mitempfinden. Empathischer Kummer kann auch Ängste und unangenehme Erinnerungen aus unserem eigenen Leben wachrufen.

Maria hielt sich selbst für den empfindsamen Typ, immer bereit, anderen zu helfen. Eines Tages fragte ihre beste Freundin Ayesha, ob sie zusammen Kaffee trinken wollten. Unter Tränen erzählte Ayesha Maria von der noch sehr frischen Trennung von ihrem langjährigen Freund. Doch anstatt Ayesha ihre Geschichte erzählen zu lassen, unterbrach Maria ihre Freundin immer wieder und erinnerte Ayesha daran, dass alles gut werden und dass sie sicher jemand Neues finden würde. Schließlich platzte Ayesha verärgert heraus: »Warum kannst du mir nicht einfach mal nur zuhören? Ich trauere, und ich muss es rauslassen. Vielleicht wird es mir eines Tages gut damit gehen, aber jetzt geht es mir nicht gut. Ich brauche gerade, dass du für mich da bist!« Sichtlich verärgert stand Ayesha auf und ging.

Wenngleich Maria zu helfen versucht hatte, machte ihre Vorgehensweise alles nur noch schlimmer. Die Problemlöser unter uns fühlen sich vermutlich besonders geneigt, den Schmerz anderer »beheben« zu wollen.

Auch wenn das gut gemeint ist, kann das Unterbrechen anderer, ohne ihnen voll und ganz zuzuhören und ihren Schmerz anzuerkennen, für die emotionale Verbindung mit der erzählenden Person störend sein. Der Sprecher hatte vielleicht bewusst oder unbewusst gehofft, Mitgefühl zu bekommen. Mitgefühl ist eine Ressource, die uns befähigt, Schmerz zu ertragen, ohne ihn sofort aus der Welt schaffen zu wollen. Es ermöglicht uns auch, die Person mit großer Zärtlichkeit zu umsorgen, die den Schmerz gerade durchmacht.

Wie erhalten wir die emotionale Verbindung mit anderen im Schmerz aufrecht? Als Erstes müssen wir in Verbindung mit uns selbst bleiben – wir müssen uns unserer eigenen empathischen Notlage bewusst sein und mitfühlend mit uns selbst bleiben. Wenn wir offen sind und unsere fortlaufenden Reaktionen gegenüber dem Sprecher akzeptieren sowie Mitgefühl dafür haben, wie schwierig es manchmal ist zuzuhören, dann können wir die andere Person reden lassen, ohne sie zu unterbrechen oder uns selbst während des Gesprächs abzulenken.

Die Empathie für andere aufrechtzuerhalten beginnt mit dem Mitgefühl für uns selbst.

Nachdem Ayesha gegangen war und Maria Gelegenheit hatte, sich gedanklich zu sortieren, erkannte sie, wie beunruhigend es war, ihre Freundin so aufgelöst zu sehen. Sie wollte nur Ayeshas Schmerz beenden, indem sie hilfreichen Rat anbot, was offensichtlich vollkommen fehlgeschlagen war, weil Ayesha nicht das mitfühlende Ohr bekam, das sie so dringend gebraucht hätte. Zudem wurde Marias Gefühl der Überforderung noch verstärkt durch Erinnerungen an ihre eigene, recht ähnliche Trennung vor einem Jahr.

Maria liebte ihre Freundin sehr, und so ging sie später am Abend zu ihr nach Hause, entschuldigte sich und bat sie weiterzuerzählen. Diesmal übte sich Maria im mitfühlenden Zuhören (siehe unten), während Ayesha sprach. Wann immer Maria sich unwohl fühlte, schenkte sie sich selbst einen langen wohltuenden Atemzug. Bald entdeckte sie, dass es viel leichter war, Ayesha zuzuhören. Sie war glücklich, und ihr fiel ein Stein vom Herzen, weil sie nach alldem wirklich für ihre Freundin da sein konnte. Und auch für sich selbst.

MEDITATION

Mitgefühl geben und empfangen

Diese Meditation baut auf zwei vorangegangenen Meditationen auf – »Liebevolles Atmen« (Kapitel 6) und »Liebevolle Güte für uns selbst« (Kapitel 10) – und enthält sowohl das Atembewusstsein als auch die bewusste Kultivierung von Freundlichkeit und Mitgefühl. Sie ist die dritte Kernmeditation des MSC-Kurses. Wir können für uns selbst einatmen und für andere ausatmen. Das Ausatmen dehnt die Meditation auf andere aus, und das Einatmen hilft uns dabei, uns an das Selbstmitgefühl zu erinnern. Die gesprochene Anleitung dazu findest du mit dem Code **3k35vp** auf *www.arbor-verlag.de/NeffGermer/MSC_ueben*

Was brauchst du, um dich mit anderen sicher und wohlzufühlen?

- Sitz bequem, schließ die Augen, und wenn du magst, leg eine Hand auf dein Herz oder einen anderen wohltuenden Bereich deines Körpers, um dich daran zu erinnern, dir selbst und deiner Erfahrung nicht nur »gewöhnliches«, sondern liebevolles Gewahrsein entgegenzubringen.

Den Atem genießen

- Nimm einige tiefe entspannende Atemzüge, und werde dir bewusst, wie dein Atem deinen Körper nährt, wenn du einatmest, und ihn beruhigt, wenn du ausatmest.

- Nun lass deinen Atem seinen eigenen natürlichen Rhythmus finden. Mach weiter damit, die Empfindungen des Ein- und Ausatmens zu fühlen. Wenn du magst, lass dich vom Atemrhythmus sanft wiegen und umsorgen.

Das Gewahrsein »erwärmen«

- Jetzt konzentriere dich auf die Einatmung. Lass dich selbst die Empfindungen des Einatmens genießen und nimm wahr, wie dein Einatmen deinen Körper nährt, Atemzug um Atemzug … und lass die Ausatmung geschehen.
- Während du atmest, beginne damit, Wohlwollen und Mitgefühl für dich selbst einzuatmen. Spür einfach die Qualität des Wohlwollens und des Mitgefühls, während du einatmest – oder wenn dir das lieber ist, lass ein Wort oder ein Bild auf deinem Einatmen »reiten«.
- Nun lenk deine Aufmerksamkeit auf deine Ausatmung. Spür deinen Körper, wie er ausatmet. Spür die Leichtigkeit des Ausatmens.
- Denke nun an jemanden, den du liebst, oder an eine Person, die zurzeit mit etwas ringt und Mitgefühl *braucht*. Visualisiere dir diese Person ganz klar vor deinem geistigen Auge.
- Beginne damit, deine Ausatmung in Richtung dieser Person zu lenken, schenk ihr die Leichtigkeit des Ausatmens.
- Wenn du magst, sende dieser Person mit jedem Ausatmen Wohlwollen und Mitgefühl, Atemzug um Atemzug.

Ein für mich, aus für dich

- Jetzt konzentriere dich auf die Empfindungen sowohl beim Ein- als auch beim Ausatmen. Genieße die Empfindungen des Ein- und Ausatmens.
- Beginne damit, für dich selbst einzuatmen und für die andere Person auszuatmen. »Ein für mich und aus für dich. – Einen für mich und einen für dich.«

- Mit jedem Atemzug atmest du Güte und Mitgefühl für dich selbst ein und Güte und Mitgefühl für die andere Person aus.
- Wenn du magst, kannst du dich ein bisschen stärker auf dich selbst konzentrieren (»Zwei für mich und einen für dich«) oder stärker auf die andere Person (»Einen für mich und drei für dich«). Oder lass es einfach einen gleichmäßigen Fluss sein – was immer sich in diesem Moment richtig anfühlt.
- Lass alle unnötige Anstrengung los, und erlaube dieser Meditation, so einfach wie das Atmen zu sein.
- Lass den Atem ein- und ausströmen wie eine sanfte Bewegung des Ozeans, ein ununterbrochener, grenzenloser Strom, der ein- und ausströmt. Lass dich selbst Teil dieses dauernden grenzenlosen Flusses sein. Ein Ozean des Mitgefühls.
- Öffne sanft deine Augen.

REFLEXION

Was hast du während dieser Meditation bemerkt? Was hast du gefühlt? War es einfacher, für dich selbst einzuatmen oder für die andere Person auszuatmen? Konntest du den Fluss bei Bedarf anpassen und dich mehr auf dich selbst oder den anderen konzentrieren, je nachdem, wessen Bedürfnis am ausgeprägtesten war?

Es kann sehr erleichternd sein, uns selbst Mitgefühl zu geben, während wir gleichzeitig anderen gegenüber mitfühlend sind. Einige Menschen mögen es jedoch gar nicht, sich auf sich selbst zu konzentrieren, besonders dann nicht, wenn der andere große Schmerzen hat. Es ist wichtig, die Richtung unserer Atmung so anzupassen, dass sie sich genau richtig anfühlt. Manchmal kann es sich richtig anfühlen, sich in erster Linie auf das Ausatmen für die andere Person zu konzentrieren, manchmal eher auf das Einatmen für sich selbst. Solange alle in den Kreis des Mitgefühls einbezogen sind, wird schließlich ein natürlicher Gleichgewichtszustand gefunden.

Diese Meditation bildet die Grundlage für weitere Übungen, die uns helfen sollen, für andere da zu sein, ohne uns selbst zu verlieren, und kann ein wunderbarer Teil deiner täglichen dreißigminütigen Praxis sein.

INFORMELLE PRAXIS

Mitfühlendes Zuhören

Diese Übung kannst du ausprobieren, sobald du wieder jemandem zuhörst, der seinen Kummer mit dir teilt. Sie wird dir helfen, eine emotionale Verbindung zu dem Erzählenden zu halten, und dich davor bewahren, dass du dich überfordert fühlst.

Verkörpertes Zuhören

- Im ersten Schritt *hörst du mit deinem ganzen Körper zu*. Lausche mit allen Sinnen, lass dich selbst alle Empfindungen spüren, die in deinem gesamten Körper auftauchen. Und wenn es sich für dich stimmig anfühlt, dann verkörpere liebevolle, verbundene Präsenz (das heißt Mitgefühl). Lass deinen Körper diese Energie in beide Richtungen ausstrahlen – zu dir und auch zum Erzählenden hin.
- Während du zuhörst, wirst du viele natürliche Reaktionen bemerken. Beispielsweise könntest du dich von dem Gehörten in Bann gezogen oder überfordert fühlen, du könntest durch deine eigene Geschichte abgelenkt sein, wenn es da einen Bezug zum Gehörten gibt, oder du kannst das dringende Bedürfnis verspüren, den Sprechenden zu unterbrechen und sein Problem zu »beheben«.

Geben und Empfangen von Mitgefühl

- Wenn du merkst, wie deine Aufmerksamkeit wandert, kannst du auf der Stelle informell mit der Praxis des Gebens und Empfangens von Mitgefühl beginnen.
- Konzentriere dich einfach eine Weile auf deinen Atem. Atme Mitgefühl für dich selbst ein und für den Sprechenden aus. Das Einatmen für dich selbst verbindet dich wieder mit deinem Körper, und das Ausatmen verbindet dich wieder mit dem Erzählenden, sodass du mitten in seinem Schmerz präsent sein kannst. Dem Ausatmen auf diese Art und Weise etwas Aufmerksamkeit zu schenken, könnte dir auch beim Umgang mit deinem Drang helfen, das Problem des Sprechenden »beheben« zu wollen (zum Beispiel indem du ihn unterbrichst).
- Atme weiter Mitgefühl ein und aus, bis du wieder »verkörpert zuhören« kannst. Wir wollen uns jedoch beim Zuhören nicht zu sehr auf den Atem konzentrieren, da uns ein derartiges »Multitasking« ablenken kann. Vielmehr bietet uns das mitfühlende Atmen eine Art Sicherheitsnetz, das uns auffängt, wenn wir zu sehr abgelenkt sind. Es führt uns zurück in die liebevoll verbundene Präsenz – damit wir für andere da sein können, ohne uns selbst dabei zu verlieren.

REFLEXION

Nachdem du diese Praxis einige Male ausprobiert hast, während du anderen zuhörst, reflektiere darüber, wie sie deine Erfahrung des Zuhörens beeinflusst. Falls die Atmung dich ablenkt, reduziere vielleicht die Intensität der Konzentration, die du auf den Atem legst. Solltest du bemerken, dass du weiterhin von empathischem Kummer überwältigt wirst oder von deinem Drang danach, etwas zu beheben, könnte es ratsam sein, mehr Aufmerksamkeit darauf zu legen, dass du in deinem Körper zentriert bist und für dich selbst einatmest und während des Zuhörens für den anderen ausatmest. Experimentiere etwas damit, bis du ein Gleichgewicht findest, das für dich stimmt.

16

Der Umgang mit schwierigen Gefühlen

Ab einem bestimmten Alter begreifen wir, dass es nichts bringt, vor unseren Problemen davonzulaufen – wir müssen sie direkt angehen. Aber auch selbst dann, wenn wir uns unseren schwierigen Gefühlen wie Wut, Angst, Sorge und Trauer mit Achtsamkeit und Selbstmitgefühl zuwenden, wird sich unser Schmerz zunächst verstärken, und instinktiv wollen wir einfach nur davor wegrennen. Wenn wir jedoch heil werden möchten, müssen wir uns diesen Gefühlen stellen – der einzige Weg führt *hindurch*. Wir brauchen den Mut, mit emotionalen Schmerzen präsent zu sein, wenn wir ein gesundes, authentisches Leben führen wollen.

> ***Damit wir Heilung finden, müssen wir uns unseren schwierigen Gefühlen zuwenden und mit ihnen sein können.***

Heißt dies nun, wir müssen uns all unseren schwierigen Gefühlen in ihrer vollen Intensität stellen? Zum Glück nicht. Jemand fragte einmal den Meditationslehrer Thich Nhat Hanh, wie viel emotionale Not wir in unsere Meditationspraxis einbringen sollten. Seine Antwort lautete: »Nicht viel.«

Die Erfahrung des Unbehagens ist notwendig, damit Selbstmitgefühl überhaupt entstehen kann. Wir brauchen allerdings den emotionalen Schmerz nur kurz zu berühren, um Mitgefühl zu kultivieren, und wir können dabei langsam vorgehen, damit wir uns nicht selbst überfordern. Die Kunst des Selbstmitgefühls besteht darin, sich dem emotionalen Unbehagen bei dessen Auftauchen allmählich hinzuwenden.

Es gibt fünf Stufen der Akzeptanz, wenn man auf schwierige Gefühle trifft.[81] Mit jeder weiteren Stufe wird der emotionale Widerstand allmählich aufgegeben:

- Widerstand leisten – sich gegen das auflehnen, was kommt: »Hau ab!«
- Erforschen – sich mit Neugierde in Richtung Unbehagen bewegen: »Was fühle ich?«
- Tolerieren – etwas sicher aushalten, ruhig halten: »Mir gefällt das nicht, ich kann es aber ertragen.«
- Zulassen – Gefühle kommen und gehen lassen: »Es ist in Ordnung, ich kann dafür Raum schaffen.«
- Sich anfreunden – in den schwierigen emotionalen Erfahrungen einen Wert erkennen: »Was kann ich daraus lernen?«

Während des Lesens kannst du die Stufen der Akzeptanz als Orientierung dafür nutzen, wie du sicher bleiben magst, während du dich auf die Übungen in diesem Buch einlässt. Es ist ratsam, von einer Übung abzusehen, wenn sie sich überwältigend für dich anfühlt. Versuch einfach, neugierig zu bleiben, statt dich vollständig den schwierigen Gefühlen zu öffnen. Dich zugunsten der Sicherheit von einer Übung zurückzuziehen kann die beste Lektion im Selbstmitgefühl sein, die du erlernen kannst.

Frage dich, was du brauchst – geht es darum, dich zu öffnen oder zu verschließen?

Die Ressourcen von Achtsamkeit und Selbstmitgefühl helfen uns dabei, mit schwierigen Gefühlen umzugehen, ohne sie zu vermeiden oder ihnen zu widerstehen, aber auch ohne von ihnen überfordert zu werden.

Es gibt drei besonders hilfreiche Strategien für den Umgang mit schwierigen Gefühlen:

- Gefühle benennen,
- sich der Gefühle im Körper bewusst sein,
- weicher werden – umsorgen – zulassen.

Die ersten beiden Ansätze gründen in der Achtsamkeit, der dritte orientiert sich mehr am Mitgefühl.

GEFÜHLE BENENNEN

»Name it and you tame it«: Die Benennung schwieriger Gefühle hilft uns, sie zu »zähmen«, sprich: uns von ihnen zu lösen. Die Forschung zeigt, dass die Amygdala – der Bereich des Gehirns, der Gefahr registriert – weniger aktiv wird, sobald wir schwierige Gefühle beim Namen nennen.[82] Und es verringert sich die Wahrscheinlichkeit, dass sie im Körper eine Stressreaktion auslöst.

Das Benennen eines schwierigen Gefühls hilft uns dabei, uns nicht darin zu verlieren.

Wenn wir sanft »Das ist Wut« oder »Angst taucht auf« sagen, verspüren wir normalerweise eine emotionale Freiheit – es gibt rund um das Gefühl herum etwas Raum. Anstatt uns in der Emotion zu verlieren, können wir erst einmal nur erkennen, dass wir sie haben. Somit stehen uns mehr Wahlmöglichkeiten zur Verfügung, wie wir auf sie reagieren können.

SICH DER GEFÜHLE IM KÖRPER BEWUSST SEIN

»Feel it and you heal it«: Gefühle haben mentale und physische Komponenten – Gedanken und Körperempfindungen. Wenn wir beispielsweise wütend sind, dann verbringen wir viel Zeit in unserem Kopf, um unsere Sichtweise zu rechtfertigen und zu planen, was wir sagen werden und hätten sagen sollen. Im Bauch fühlen wir auch körperliche Anspannung, wenn der Körper sich auf einen Kampf vorbereitet.

Es ist deutlich schwieriger, ein problematisches Gefühl zu bewältigen, indem wir es mit unseren Gedanken bearbeiten, da diese uns so leicht forttragen. Es ist etwas leichter, mit der körperlichen Empfindung eines Gefühls zu arbeiten. Die Gedanken bewegen sich so schnell, dass es nicht leicht ist, sie lange genug festzuhalten, um sie zu transformieren. Der Körper hingegen ist in dieser Hinsicht recht langsam. Wenn wir unsere Gefühle im Körper verorten und dort verankern – also die eigentliche Körperempfindung des Gefühls finden und sie in einem achtsamen Gewahrsein halten –, dann beginnt das schwierige Gefühl, sich häufig wie von selbst zu wandeln.

Als Keyla, eine alleinerziehende Mutter, die Rechnung der College-Buchhandlung öffnete, war sie schockiert über den ausgewiesenen Betrag. Sie hatte ihrer Tochter Dina eine Kreditkarte gegeben, als diese aufs College wechselte, um damit die Bücher fürs Studium und Lehrmittel zu finanzieren, allerdings ohne eine Ahnung davon zu haben, wie teuer diese heutzutage sind.

Keyla begann, sich aufzuregen, sie schwitzte und rang mit den Händen. Seit sie Dinas Semesterbeitrag für das Herbstsemester gezahlt hatte, war ihr Konto bereits überzogen. Wie sollte sie das bloß bezahlen? Würde sie ihre Stunden bei der Arbeit erhöhen müssen? Ihr Arzt hatte bereits den zu hohen Blutdruck angemahnt! Sollte sie ihren Exmann um Hilfe bitten? Wohl kaum! Der hatte eine neue Familie und bereits angekündigt, mit Dinas achtzehntem Geburtstag jegliche Unterstützung einzustellen. Rabenvater! Ihr blieb nichts anderes übrig, als ihre Tochter anzurufen und ihr mitzuteilen, dass sie die Bücher zurückgeben müsse und sich hoffentlich welche von einem Freund leihen könne. Oder vielleicht sollte Dina doch lieber auf ein College wechseln, das weniger kostenintensiv war?

Keyla wusste, dass sie sich beruhigen und versuchen musste, einige der erlernten Achtsamkeitstechniken anzuwenden. Sie schenkte sich selbst eine Tasse Tee ein. Schließlich fand sie den mentalen Raum, sich zu fraen, was sie fühlte. »Angst? Nein, warte. Traurigkeit!« Es wäre so traurig, Dina vom College zu nehmen, für das sie sich so angestrengt hatte, um aufgenommen zu werden. Klar, die Rechnung war höher als erwartet, würde sie aber auch nicht in den Ruin stürzen. Sie bekäme bald ihre Prämie, mit der sie dann die Überziehung tilgen könnte. Das einfache Benennen und Anerkennen ihrer Gefühle ermöglichte es Keyla, eine andere Perspektive auf ihre Situation zu gewinnen und die Situation klarer zu sehen.

Als Nächstes versuchte Keyla herauszufinden, wo die Traurigkeit in ihrem Körper zu verorten wäre. Sie spürte sie vor allem in der Herzgegend als ein Gefühl der Dumpfheit. Auch etwas Schwere. Als Keyla ihr Gewahrsein in Richtung ihrer Herzgegend lenkte, ließ die Intensität ihrer Traurigkeit nach.

WEICHER WERDEN – UMSORGEN – ZULASSEN

Schwierige Gefühle sind noch vergänglicher – sie fließen leichter durch uns hindurch –, wenn wir eine liebevolle, akzeptierende Beziehung zu ihnen haben. Wird unser Gewahrsein durch Angst beeinflusst, sind wir weniger offen unseren Gefühlen gegenüber und können das Erlebte dann kaum tolerieren. Ist unser Gewahrsein hingegen zärtlich und warm, dann haben wir die Kraft zu spüren, was in unserem Inneren geschieht, und uns selbst das zu geben, was wir brauchen.

»Weicher werden – umsorgen – zulassen« ist eine Reihe mitfühlender Reaktionen auf schwierige Gefühle, die wir im Körper ausfindig machen können. Wir können uns auf drei Arten beruhigen:

- weicher werden: physisches Mitgefühl,
- umsorgen: emotionales Mitgefühl,
- zulassen: mentales Mitgefühl.

Die Technik »Weicher werden – umsorgen – zulassen« fügt den beiden vorherigen Achtsamkeitsmethoden das Mitgefühl hinzu. Statt unsere schwierige Erfahrung einfach in Weite zu halten, erwärmen wir sozusagen die Umarmung. Mitgefühl bietet ein zusätzliches Maß an emotionaler Sicherheit, sodass wir den Raum haben, mit unseren Gefühlen umzugehen und von ihnen zu lernen.

Als Keyla an diesem Abend ins Bett ging, hatte sie Schwierigkeiten einzuschlafen. Sie war immer noch aufgelöst, also versuchte sie, die erlernte Methode »Weicher werden – umsorgen – zulassen« anzuwenden. Zuerst ging sie wieder dazu über, alles zu benennen, was sie fühlte: noch immer überwiegend Traurigkeit, auch mit etwas Angst durchzogen. Und sie fühlte die starken Schmerzen in ihrem Herzen, genau wie vorhin. Dann fügte Keyla dem Gemisch an Gefühlen ein wenig Mitgefühl hinzu. Sie ließ ihren Körper weicher werden, damit sie das Gefühl nicht so fest in ihrer Brust hielt. Sie legte eine beruhigende Hand über ihr Herz und streichelte sanft ihren Brustkorb mit kleinen, kreisenden Bewegungen. Dabei sprach sie zu sich selbst, gerade so, wie sie mit einer guten Freundin reden würde: »Es tut mir leid wegen der finanziellen Belastung, die du gerade durchmachst, Süße. Das ist nicht fair. Und natürlich betrübt es dich – du willst das Beste für deine Tochter. Irgendwie werden wir das schon durchstehen.«

Nachdem Keyla sich selbst verstanden und unterstützt hatte, fühlte sich ihre Traurigkeit nicht mehr so überwältigend an. Sie konnte zulassen, dass sie traurig war, und hielt dieses Gefühl mit großer Zärtlichkeit. Sie erkannte auch, dass es in dieser Situation etwas zu lernen gab. Indem sie sich immer den schlimmsten Fall ausmalte, verursachte sie sich oft unnötiges Leid, was wesentlich zu ihrem hohen Blutdruck beitrug. Aber es war wirklich nicht nötig, sich dieser Qual auszusetzen. Als Keyla ihre Angst und Traurigkeit (und sich selbst!) mutig und freundlich hielt, wurde sie davon nicht überwältigt. Aus dieser Erkenntnis bezog sie die Zuversicht, auch andere noch vor ihr liegende Herausforderungen meistern zu können, insbesondere als alleinerziehende Mutter.

INFORMELLE PRAXIS

Der Umgang mit schwierigen Gefühlen

Die drei beschriebenen Herangehensweisen an schwierige Gefühle können unabhängig voneinander oder auch zusammen geübt werden, und du wendest sie am besten im Alltag an, wenn du sie am meisten brauchst. Du kannst die folgende Anleitung nutzen, um diese Fertigkeiten zu trainieren, oder du hörst dir die Aufnahme an. Die gesprochene Anleitung dazu findest du mit dem Code **3k35vp** auf *www.arbor-verlag.de/NeffGermer/MSC_ueben.*

- Finde eine angenehme Haltung im Sitzen oder im Liegen. Schließe die Augen, und nimm drei entspannende Atemzüge.
- Lege für einige Momente deine Hand auf dein Herz oder einen anderen wohltuenden Körperbereich, um dich daran zu erinnern, dass du im Raum bist und dass auch du es wert bist, Wohlwollen zu empfangen.
- Rufe dir eine Situation in Erinnerung, in der du jetzt gerade steckst und die für dich etwas schwer bis mittelschwer ist, vielleicht ein Gesundheitsproblem, Stress in einer Beziehung oder die Tatsache, dass ein geliebter Mensch Schmerzen hat. Wähle kein sehr schwieriges Problem, aber auch kein zu triviales – eins, das ein bisschen Stress in deinem Körper erzeugen kann, wenn du daran denkst.
- Visualisiere dir die Situation möglichst klar. Wer ist daran beteiligt? Was geschieht?

Gefühle benennen

- Während du die Situation noch einmal durchlebst, nimm wahr, ob Gefühle in dir auftauchen. Wenn ja, dann schau, ob ebenso eine Bezeichnung für diese Gefühle auftaucht, zum Beispiel:
    - Wut,
    - Traurigkeit,
    - Trauer,
    - Verwirrung,
    - Angst,
    - Sehnen oder
    - Verzweiflung.
- Wenn du mehrere dieser Gefühle empfindest, dann schau, ob du das stärkste Gefühl, das mit dieser Situation verbunden ist, benennen kannst.
- Jetzt wiederhole den Namen des Gefühls dir selbst gegenüber mit einer sanften, verständnisvollen Stimme, gerade so, als würdest du einer befreundeten Person gegenüber bestätigen, was sie gerade fühlt: »Das ist Sehnen«, »Das ist Trauer« …

Gewahrsein der Gefühle im Körper

- Jetzt dehne dein Gewahrsein aus, und umfasse damit deinen Körper als Ganzes.
- Rufe dir die schwierige Situation noch einmal in Erinnerung, und geh durch deinen Körper, um herauszufinden, wo du sie am leichtesten fühlst. Vor deinem geistigen Auge streiche deinen Körper vom Kopf zu den Zehen entlang, und halte dort inne, wo du etwas Anspannung oder Unbehagen fühlen kannst.
- Fühle einfach das, was jetzt gerade in deinem Körper fühlbar ist. Nichts weiter.

- Nun, wenn du kannst, wähle eine einzige Stelle in deinem Körper, an der sich das Gefühl selbst am stärksten ausdrückt. Vielleicht durch angespannte Muskeln, vielleicht als ein dumpfes Gefühl oder gar als Herzschmerzen.
- Lehne dich im Geiste sanft in Richtung dieses Punktes. Erlaube es deinem Gewahrsein voll und ganz, dieses körperliche Empfinden des Gefühls in deinem Körper einzunehmen.

Weicher werden – umsorgen – zulassen

- Dann beginne, den Bereich des Körpers, in dem du die schwierige Emotion fühlst, *weicher werden* zu lassen. Lass die Muskeln weicher werden, lass sie entspannen, gerade so, als wärst du in warmem Wasser. Weicher werden … weicher … weicher … Denk daran, dass es nicht darum geht, das Gefühl zu verändern – wir halten es einfach auf eine zärtliche Art und Weise.
- Wenn du magst, dann lass es einfach ein bisschen weicher werden am Rand der betreffenden Körperregion.
- Nun *umsorge* dich selbst angesichts dieser schwierigen Situation.
- Wenn du möchtest, lege eine Hand auf die Stelle deines Körpers, an der du das Unangenehme fühlst, und spüre einfach die sanfte Berührung deiner Hand. Vielleicht stellst du dir vor, wie Wärme und Güte durch deine Hand in deinen Körper hineinströmen. Vielleicht denkst du dabei auch so an deinen Körper, als wäre er der Körper eines geliebten Kindes.
- Gibt es tröstende Worte, die du jetzt gern hören würdest? Wenn ja, dann stell dir vor, du hättest einen Freund oder eine Freundin, die gerade mit einer ähnlichen Situation ringen. Was würdest du ihnen sagen? (»Es tut mir so leid, dass du dich so fühlst«, »Du bist mir sehr wichtig«). Kannst du dir etwas in der Art selbst sagen (»Es ist so schwer, das alles zu fühlen«, »Möge ich liebevoll mit mir sein«)?

- Fühle dich jederzeit frei, die Augen zu öffnen, wenn dir danach ist, oder dich von der Übung zu lösen, und spüre einfach nur deinen Atem.
- Schließlich *lass es zu*, dass das Unbehagen da ist. Schaffe Raum dafür, und lass das Bedürfnis ziehen, das Unbehagen zu beseitigen.
- Erlaube dir selbst, so zu sein, wie du bist, nur für diesen Augenblick.
- Wenn du magst, kannst du diesen Kreislauf mit deinem Gefühl wiederholen und jedes Mal ein wenig tiefer gehen, bei der Empfindung bleiben, auch wenn sie sich in deinem Körper bewegt oder gar in ein anderes Gefühl übergeht. Weicher werden … umsorgen … zulassen. Weicher werden … umsorgen … zulassen.
- Löse dich nun langsam von der Übung, und nimm deinen Körper als Ganzes wahr. Erlaube dir, all das zu fühlen, was du gerade fühlst, und genau so zu sein, wie du in diesem Moment bist.

REFLEXION

Hast du eine Veränderung bemerkt, als du die Emotion benannt hast? Was hast du beobachtet, als du deinen Körper nach der physischen Empfindung erkundet hast, die mit der Emotion verbunden ist? Was geschah, als dieser Teil des Körpers weicher werden durfte, *du* dich selbst umsorgtest und sie *zugelassen hast*? Hat sich die Emotion während der Übung verändert, oder hat sich die körperliche Erscheinungsform ein wenig in deinem Körper bewegt? Hattest du Schwierigkeiten mit dieser Übung?

Einige Menschen haben Probleme, eine Stelle in ihrem Körper zu finden, die einer Emotion entspricht. Ein Grund dafür ist, dass manche einfach mehr Bewusstsein für Körperempfindungen haben als andere (eine Fähigkeit, die als »Interozeption« bezeichnet wird). Ein weiterer Grund ist, dass wir taub für eine Emotion werden können, wenn sie zu stark ist. Auf jeden Fall kannst du dich mit mitfühlendem Gewahrsein auf das konzentrieren, was auch immer da ist, vielleicht ein allgemeineres Gefühl des Unbehagens im Körper oder sogar Taubheit.

Manchmal verwandelt sich die Emotion, die zuerst erscheint, in eine andere, oder sie verlagert den Ort. Zum Beispiel könnte sich, was als Emotion von Angst und Spannung hinter den Augen beginnen kann, in Trauer verwandeln, die in der Magengrube liegt. Da wir in der Lage sind, unsere Emotionen zu erkennen, zu fühlen und mitfühlend zu erleben, entdecken wir oft tiefer darunter liegende Schichten von Emotionen.

Sei dir immer bewusst: Sobald du beginnst, dich überwältigt zu fühlen, während du irgendwelche Übungen in diesem Buch ausführst, lass die Übung los, bis du dich wieder sicher und wohlfühlst. Heilung braucht Zeit, und unsere Grenzen müssen respektiert werden. Geh langsam weiter.

17

Selbstmitgefühl und Scham

Scham entspringt dem unschuldigen Wunsch danach, geliebt zu werden – der Zuneigung würdig zu sein und dazuzugehören. Wir alle wurden mit dem Wunsch geboren, geliebt zu werden. Wenn wir es schaffen, dass uns als Kleinkindern diese Liebe zuteilwird, erhalten wir alles, was wir brauchen – Nahrung, Kleidung, Unterkunft und Verbundenheit.[83] Auch als Erwachsene brauchen wir einander noch zum Überleben – beispielsweise um Kinder großzuziehen und uns selbst vor Gefahren zu schützen. Scham ist das Gefühl, dass mit uns etwas grundlegend falsch wäre, das uns für andere als inakzeptabel oder unliebsam erweisen würde.[84] Einer der Gründe, weshalb Scham so intensiv erlebt wird, liegt eben darin, dass es sich so anfühlt, als stünde unser Überleben auf dem Spiel.

Bei der Scham gibt es drei kuriose Widersprüche:

- Scham fühlt sich schuldig an, dabei ist es ein unschuldiges Gefühl.
- Scham fühlt sich einsam und isoliert an, dabei ist es ein universelles Gefühl.
- Scham fühlt sich dauerhaft und umfassend an, dabei ist es ein vorübergehender Gefühlszustand, der nur einem Teil von dem entspricht, was wir sind.

Arun war in leitender Position bei einer Krankenkasse tätig. Er wurde von Lampenfieber quasi gelähmt, sobald er vor einer Gruppe von Kollegen sprechen musste. Egal, wie vorbereitet oder sachkundig er über das Thema würde referieren können, er fühlte sich stets unartikuliert und ungeschickt und war sicher, dass die anderen ihn als Blender entlarven würden, der nicht in eine leitende Position gehört. Arun wollte so sehr als gute Führungskraft angesehen werden, kämpfte aber ständig gegen das Gefühl der Unzulänglichkeit an. Dass er die Vorträge nicht in seiner Muttersprache hielt, machte die Sache keineswegs besser. Nach einer dieser »Schamattacken«, wie er sie nannte, schloss Arun oft die Tür seines Büros ab und versteckte sich.

Bei Schuldgefühlen geht es um unser Verhalten, bei Scham um uns als Person.

Es gibt einen Unterschied zwischen Schuld und Scham. Schuld bezieht sich darauf, dass man sich wegen eines bestimmten Verhaltens schlecht fühlt, bei Scham wiederum fühlen wir uns schlecht mit Blick auf uns selbst als Person. Schuldgefühle kann ich haben, wenn ich etwas Schlechtes gemacht habe, und Scham empfinden, wenn ich denke, dass ich schlecht bin. Das Schuldempfinden kann in der Tat ein produktives Gefühl sein, weil es uns motiviert, eine Situation bei Bedarf zurechtzurücken. Scham ist typischerweise jedoch unproduktiv, weil sie uns lähmt und uns unfähig werden lässt, wirksam zu handeln. Die Forschung zeigt, dass Selbstmitgefühl es uns ermöglicht, unsere Gefühle der Traurigkeit, des Bedauerns und der Schuld zu durchleben, ohne dabei vom Gefühl der Scham gefangen zu werden.[85]

NEGATIVE GLAUBENSSÄTZE

Es gibt einige konkrete sich wiederholende Gedanken, die uns durch den Kopf geistern, wenn das Leben schwierig wird – anhaltende Selbstzweifel, die oft ihren Ursprung in unserer Kindheit haben und die in unseren schwächsten Momenten offensichtlich klar und wahr erscheinen. Das sind unsere negativen Glaubenssätze, aus denen die Scham erwächst.[86] Einige Beispiele dafür sind etwa die folgenden:

- »Mit mir stimmt etwas nicht.«
- »Ich bin es nicht wert, geliebt zu werden.«
- »Ich bin hilflos.«
- »Ich bin unzulänglich.«
- »Ich bin ein Versager.«

Die negativen Glaubenssätze, die am häufigsten sind, belaufen sich auf etwa fünfzehn bis zwanzig. Da es über sieben Milliarden Menschen auf diesem Planeten gibt, können wir also zu dem Schluss kommen, dass jede Unvollkommenheit, von der wir meinen, dass sie uns vom Rest der Menschheit unterscheidet, tatsächlich etwa von einer halben Milliarde unserer Zeitgenossen geteilt wird!

Scham wird durch ihr Verschweigen am Leben gehalten. Negative Glaubenssätze bleiben bestehen, weil wir sie vor anderen (und vor uns selbst) verbergen. Wir befürchten, dass wir abgelehnt werden, wenn diese Aspekte unserer selbst bekannt wären. Dabei verlieren wir aus dem Auge, dass andere die gleichen Gefühle wie wir haben und sich auch isoliert und unnormal fühlen. Wenn wir unsere negativen Glaubenssätze zumindest uns selbst gegenüber offenbaren, verlieren sie allmählich ihre Macht über uns.

Unsere Scham zu verbergen, hält sie lebendig.

Wir alle haben Stärken *und* Schwächen. Wir können uns nicht einfach als entweder »würdig« oder »unwürdig«, entweder »liebenswert« oder »unliebsam« bezeichnen. Wir sind zu vielschichtig und komplex, um so reduziert zu werden. Selbstmitgefühl umfasst all unsere Anteile mit einem warmen, offenherzigen Gewahrsein. Glauben wir, dass wir schwerwiegend fehlerhaft sind, immer schon waren und immer sein werden, bedeutet das in Wirklichkeit, dass wir völlig von einem Teil von uns absorbiert sind und den weitaus größeren übrigen Teil selbst nicht mehr sehen können. Um wahrhaft frei zu sein, müssen wir diesen Teil mit seinem negativen Glaubenssatz und auch unser ganzes Wesen annehmen.

Nach Jahren des Kampfs mit seinen »Schamattacken« hatte Arun endlich genug. Er wollte nicht länger zulassen, dass Gefühle der Unzulänglichkeit seinen Erfolg beeinträchtigten. Er wusste, dass seine Scham ihre Wurzeln in der Tatsache hatte, dass sein Vater immer seinen älteren Bruder Dev bevorzugte, den er für seine Leistungen lobte, während er gleichzeitig auf alles hinwies, wo Arun-ji (so sein Spitzname) sich noch zu verbessern habe. So begann Arun, eine neue Beziehung zu seinem Kind-Selbst aufzubauen, dem Teil von ihm, der den Eindruck hatte, nie mithalten zu können. Wann immer Gefühle der Scham oder der Unzulänglichkeit auftauchten, stellte sich Arun nun vor, dass er seinen Arm um den kleinen Arun-ji legte und freundlich und ermutigend mit ihm redete: »Du wirst das großartig machen, und wenn du einen Fehler begehst, ist das auch in Ordnung. Ich werde das akzeptieren und immer für dich da sein, komme, was da wolle.« Arun stellte zu Hause auf seinem Schreibtisch auch ein Bild von sich auf und sprach damit so, wie er es sich von seinem Vater gewünscht hätte. Nach mehreren Monaten dieser Praxis gelang es Arun, selbstbewusster bei den Meetings im Unternehmen aufzutreten.

Seine Scham verlor er zwar nicht, aber sie behinderte ihn auch nicht länger. Arun lernte, sich mit diesem Teil seiner selbst anzufreunden. Schließlich war er ein erwachsener Mann, der über viel Wissen und einen großen Erfahrungsschatz verfügte. Dieser weisere und reifere Teil von ihm wusste sehr wohl, wie er die Unterstützung zur Verfügung stellte, die der kleine Arun-ji brauchte.

Selbstmitgefühl ist das absolute Antidot gegen Scham. Indem wir uns auf unsere Fehler mit Freundlichkeit und nicht mit Selbstverurteilung beziehen, uns an unser gemeinsames Menschsein erinnern, statt uns durch unsere Misserfolge isoliert zu fühlen, und auf unsere negativen Emotionen achten (»Ich *fühle* mich schlecht«), statt uns mit ihnen zu identifizieren (»Ich *bin* schlecht«), löst das Selbstmitgefühl das Gedankengebäude der Scham auf. Und indem wir unsere gesamte Erfahrung – einschließlich der Scham – in liebevoller, verbundener Präsenz halten, werden wir wieder ganz.

ÜBUNG

An unseren negativen Glaubenssätzen arbeiten

Unsere negativen Glaubenssätze über uns selbst sind bloß Konstrukte und keine Realität. Es sind Gedanken, die tief in unserer Psyche verwurzelt sind und oft in unserer Jugend geprägt wurden. Sie zeichnen sich durch einen geringen Wahrheitsgehalt aus. Bleiben diese Gedanken jedoch unbewusst, üben sie eine große Macht über uns aus.

Ein wichtiger erster Schritt besteht darin, diese Gedanken zu erkennen und sich ihrer bewusst zu werden. Setzen wir sie dem Tageslicht aus, löst ihre Macht sich allmählich auf. Es ist, als würde man den Vorhang für den Zauberer von Oz öffnen und enthüllen, dass er nicht der große und mächtige Herrscher ist, der er zu sein vorgibt, sondern ein gewöhnlicher Betrüger aus Kansas.

Dennoch kann die Arbeit an Glaubenssätzen schwierig sein, besonders für Menschen, die ein Kindheitstrauma erlitten haben. Geh in dich, und schau, ob du dich für diese Übung gerade mental und emotional am rechten Ort befindest. Vielleicht liegt im Überspringen der Übung das eigentliche Selbstmitgefühl. Falls du gerade einen Therapeuten aufsuchst, kann es auch sinnvoller sein, diese Übung unter professioneller Anleitung und mit Unterstützung durchzuführen.

ANLEITUNG

Hier ist eine Liste der häufigsten negativen Glaubenssätze. Schreibe alle Überzeugungen auf, die du manchmal hast, und versuche zu erkennen, ob es einen bestimmten Kontext gibt, in dem sie entstehen (bei der Arbeit, in Beziehungen, mit deiner Familie und so weiter).

Ich bin nicht gut genug.	Ich bin unvollkommen.	Ich bin ein Versager.
Ich bin dumm.	Ich bin hilflos.	Ich bin unfähig.
Ich bin ein Betrüger.	Ich bin schlecht.	Ich bin nicht liebenswert.
Ich bin unerwünscht.	Ich bin nichts wert.	Ich bin unwichtig.
Ich bin nicht normal.	Ich bin schwach.	Ich bin machtlos.

Schau als Nächstes, ob du die drei Komponenten des Selbstmitgefühls auf deine negativen Glaubenssätze beziehen kannst:

- Achtsamkeit: Schreibe in möglichst objektiven und bestätigenden Worten auf, wie es sich anfühlt, diese negative Überzeugung zu haben, zum Beispiel: »Es ist so schmerzhaft, wenn ich den Gedanken habe, dass ich nicht liebenswert bin.« Oder: »Es ist sehr schwer zu spüren, dass ich machtlos bin.«

....

....

....

....

....

- Gemeinsames Menschsein: Schreibe darüber, wie deine Überzeugungen Teil der gemeinsamen menschlichen Erfahrung sind, zum Beispiel: »Es gibt wahrscheinlich Millionen von Menschen, die sich so fühlen wie ich.« Oder: »Ich bin nicht allein mit diesen Empfindungen.«

....

....

....

....

....

....

....

- Freundlichkeit: Schreibe dir jetzt ein paar freundliche und verständnisvolle Worte, und drücke deine Sorgen über das Leiden aus, das du aufgrund dieses negativen Glaubenssatzes erfährst. Vielleicht versuchst du, dir so zu schreiben, als ob du mit einer Freundin sprechen würdest, die gerade zugegeben hat, derartige Gedanken über sich selbst zu haben. Zum Beispiel: »Es tut mir sehr leid, dass du dich so fühlst. Ich kann sehen, wie schmerzhaft es für dich ist. Bitte wisse, dass ich nicht so über dich denke.«

....

....

....

....

....

....

REFLEXION

Wie war diese Übung für dich? Konntest du ein oder zwei Glaubenssätze identifizieren? Wie fühlte es sich an, dem Erleben dieser Überzeugung mit Achtsamkeit, gemeinsamer Menschlichkeit und Freundlichkeit zu begegnen?

Manchmal findet man heraus, dass sich bei dem Versuch, die negativen Glaubenssätze mit Mitgefühl zu halten, die Überzeugungen einfach noch verstärken.

Möglicherweise ist da der Backdraft zugange (siehe Kapitel 8): Die Liebe strömt ein, und der alte Schmerz fließt vehement ab. Auch kommt es oft vor, dass der Teil von uns, der sich mit dem Glaubenssatz identifiziert hat, sich verängstigt fühlt, so als würden wir versuchen, diesen Teil loszuwerden. Es ist wichtig, sich daran zu erinnern, dass wir den negativen Glaubenssatz nicht loszuwerden versuchen. Vielmehr wollen wir uns einfach auf eine bewusstere, fürsorglichere Weise identifizieren, damit er keine solche Macht mehr über uns hat.

INFORMELLE PRAXIS

Umgang mit Scham

Diese Übung ähnelt derjenigen zum Umgang mit schwierigen Gefühlen (siehe Kapitel 16). Das kognitive Element der Scham können wir auch benennen – den negativen Glaubenssatz –, genau wie die Stelle im Körper, an der wir die Scham spüren, und dann Mitgefühl in die Erfahrung bringen. Für die Auflösung der Scham ist es besonders wichtig, sich daran zu erinnern, dass sie vom Wunsch herrührt, geliebt zu werden. Scham ist beinah universell, und da es sich um ein Gefühl handelt, eben auch vergänglich. Diese Elemente sind in die nächste Übung verwoben.

Stelle wieder sicher, dass du diese Übung nur dann ausführst, wenn du den Eindruck hast, dass sie das Richtige für dich zu diesem Zeitpunkt ist. Falls du dich entscheidest, die Übung zu machen, und dich zu irgendeinem Zeitpunkt unwohl dabei fühlst, sei bitte behutsam, und höre eventuell auf. Beispielsweise kannst du stattdessen in die warme Badewanne steigen, deinen Hund streicheln oder einfach nur spazieren gehen und deine Fußsohlen spüren.

In der folgenden Übung wirst du ermutigt, dich eher auf die Peinlichkeit als auf die Scham zu konzentrieren. Wir bauen Ressourcen auf und wollen dabei langsam vorgehen.

- Finde eine bequeme Position im Sitzen oder im Liegen, und schließe die Augen teilweise oder ganz. Nimm einige tiefe, entspannende Atemzüge. Du kannst dabei – wenn du magst – auch ein wenig seufzen: »Ahh.«
- Lege deine Hand auf dein Herz oder eine andere wohltuende Stelle, und werde dir bewusst, dass du im Raum bist. Lass vielleicht Freundlichkeit durch deine Hände in deinen Körper strömen.
- Und nun erinnere dich an ein Ereignis, das dir *peinlich* war oder wobei du dich irgendwie geschämt hast, beispielsweise:
    - Du hast vielleicht auf etwas überreagiert.
    - Du hast vielleicht etwas Dummes gesagt.
    - Vielleicht hast du einen Arbeitsauftrag vermasselt.
    - Vielleicht hast du bemerkt, dass dein Reißverschluss bei einem wichtigen gesellschaftlichen Ereignis offen war.
- Wähle ein Ereignis, welches verstörend genug ist, dass du es in deinem Körper spüren kannst. Wenn es dich nicht beunruhigt, wähl ein anderes. Es sollte auf einer Skala von eins bis zehn ungefähr eine Drei sein.
- Lass es ein Ereignis sein, von dem du nicht möchtest, dass jemand davon erfährt, oder an das du nicht erinnert werden willst, weil jemand anders vielleicht deswegen weniger von dir halten könnte.
- Wähle eine Situation, in der du dich mit dir selbst nicht wohlfühlst, keine, in der du andere verletzt hast und bei der du vielleicht das Bedürfnis hast, jemanden um Verzeihung zu bitten.

- Fühle dich hinein, und erinnere dich detailliert an das Geschehen. Das erfordert etwas Mut. Setze all deine Sinne ein, besonders, um wahrzunehmen, wie sich Scham und Peinlichkeit in deinem Körper anfühlen.

Glaubenssätze benennen

- Denke einen Augenblick darüber nach, und schau, ob du genau bestimmen kannst, wovor du Angst hast, was andere das über dich entdecken könnten. Kannst du es benennen? Vielleicht ist es einer der negativen Glaubenssätze wie »Ich bin fehlerhaft«, »Ich bin unfreundlich« oder »Ich bin ein Blender«.
- Wenn du gleich mehrere von ihnen gefunden hast, wähle denjenigen aus, der das meiste Gewicht zu haben scheint.
- Wenn du in diese Sache einsteigst, fühlst du dich vielleicht schon allein. Solltest du dich so fühlen, erkenne, dass wir alle zusammen allein sind – alle fühlen sich zum einen oder anderen Zeitpunkt genau so, wie du dich fühlst. Scham ist ein universelles Gefühl.
- Benenne nun deinen Glaubenssatz, so wie du ihn für eine Freundin oder einen Freund benennen würdest, zum Beispiel: »Oh, du hast gedacht, dass du nicht liebenswert bist. Das muss so schmerzhaft sein.« Oder sag dir einfach mit einer warmen, mitfühlenden Stimme: »Nicht liebenswert, ich meine, ich sei nicht liebenswert.«
- Denke daran, dass, wenn uns etwas peinlich ist oder wir uns schämen, es nur ein Teil von uns ist, der sich so fühlt. Wir fühlen uns nicht immer so, obwohl das Gefühl sehr alt und vertraut erscheinen mag.
- Und unser negativer Glaubenssatz entspringt dem Wunsch, geliebt zu werden. Wir sind alle unschuldige Wesen, die sich wünschen, geliebt zu werden.
- Denke bitte daran, dass du deine Augen jederzeit während der Übung öffnen kannst, wenn es dir unangenehm wird, oder dass du dich auf irgendeine dir angenehme Weise loslösen kannst.

Scham achtsam im Körper wahrnehmen

- Nun dehne dein Gewahrsein auf deinen ganzen Körper aus.
- Vergegenwärtige dir noch einmal die schwierige Situation, und scanne deinen ganzen Körper nach der Stelle ab, an der du am ehesten Peinlichkeit oder Scham verspürst. Vor deinem geistigen Auge taste deinen Körper vom Kopf bis zu den Zehen ab. Halte dort inne, wo du eine kleine Spannung oder Unbehagen spüren kannst.
- Wähl nun eine Stelle in deinem Körper, an der Scham oder Peinlichkeit sich am stärksten ausdrücken. Vielleicht als ein Punkt der Muskelspannung, Hohlheit oder eines Kummers. Du brauchst dabei nicht zu konkret zu sein.
- Achte nochmals gut auf dich, während du diese Übung machst.

Weicher werden – umsorgen – zulassen

- Neige dich geistig nun sanft dieser Stelle in deinem Körper zu.
- *Werde* an dieser Stelle *weicher.* Lass die Muskeln weicher werden, damit sie sich entspannen können, so als wärst du in warmem Wasser. Werde weicher … weicher … weicher … Denk daran, dass wir nicht das Gefühl zu ändern versuchen. Wir halten es lediglich auf zärtliche Art und Weise. Wenn du magst, lass es einfach ein bisschen weicher an den Rändern werden.
- Jetzt *umsorge* dich selbst wegen dieser schwierigen Situation. Wenn du magst, leg eine Hand auf die Stelle deines Körpers, die die Peinlichkeit und Scham hält, und spüre einfach die Wärme und die sanfte Berührung deiner Hand. Würdige, wie sehr dieser Teil deines Körpers gearbeitet hat, um dieses Gefühl zu halten. Wenn du möchtest, stell dir Wärme und Freundlichkeit vor, die durch deine Hand in deinen Körper fließen. Vielleicht magst du an deinen Körper auch so denken, als wäre er der Körper eines geliebten Kindes.

- Gibt es einige tröstende Worte, die du vielleicht gerade hören magst? Wenn ja, dann stell dir vor, du hättest eine Freundin, die auf ähnliche Weise mit sich ringt. Was würdest du deiner Freundin von Herz zu Herz sagen (»Es tut mir so leid, dass du dich so fühlst«, »Ich sorge mich sehr um dich«)? Was soll deine Freundin wissen, woran soll sie sich erinnern?

- Beginne nun, dir selbst dieselbe Botschaft zu senden (»Ach, es ist schwer, das zu fühlen«, »Möge ich freundlich zu mir selbst sein«). Lass die Worte so weit herein, wie es dir möglich ist.

- Auch hier gilt wieder: Wenn uns etwas peinlich ist oder wir uns schämen, ist es nur ein Teil von uns, der sich so sieht. Wir fühlen uns nicht vollständig und nicht immer so.

- *Lass* schließlich das Unbehagen *zu*, und lass deinen Körper alle Empfindungen haben, die er hat, und dein Herz so fühlen, wie es fühlt. Schaffe für alles Raum, und lass das Bedürfnis los, irgendetwas »weghaben« zu wollen.

- Wenn du magst, kannst du diesen Kreislauf wiederholen und dabei jedes Mal ein bisschen tiefer gehen. Weicher werden … umsorgen … zulassen … weicher werden … umsorgen … zulassen …

- Bevor wir die Praxis abschließen, erinnere dich bitte daran, dass du genau jetzt mit allen in der Welt verbunden bist, die jemals Peinlichkeit oder Scham verspürt haben. Erinnere dich ebenso daran, dass dies dem Wunsch entspringt, geliebt zu werden.

- Jetzt lass die Übung los, und konzentriere dich auf deinen Körper als Ganzes. Erlaube dir, alles zu fühlen, was du fühlst, um genau so zu sein, wie du in diesem Moment bist.

REFLEXION

Konntest du hinter der Erfahrung von Peinlichkeit oder Scham einen negativen Glaubenssatz erkennen? Wie fühlte es sich an, den Glaubenssatz zu benennen? Konntest du Scham in deinem Körper finden? Wenn ja, wo?
Hat das Weicherwerden, Umsorgen und Zulassen die Erfahrung der Scham auf irgendeine Weise verändert?

Mit Scham zu arbeiten kann sehr herausfordernd sein. Es hat wahrscheinlich etwas Mut gekostet, so weit zu kommen wie du. Wenn du jedoch die Übung nicht abgeschlossen hast, weil du Selbstfürsorge praktiziert hast, danke dir auch dafür.

Bei dieser Übung können verschiedene Hindernisse auftauchen. So kann es beispielsweise schwierig sein, die Scham im Körper zu spüren. Scham kann ein Vorbote fürs Abdriften sein, und manchmal wird Scham als Leere oder eine Lücke empfunden, besonders im Körper. Du kannst dich dann auf das Gefühl des Nichts konzentrieren, obwohl es schwierig ist. Wenn wir uns im Griff der Scham befinden, fällt es uns auch deshalb schwer, uns Selbstmitgefühl zu schenken, weil wir uns unwürdig fühlen. Und es ist sehr wahrscheinlich, dass unser vertrauter Freund, der Backdraft, in dieser Übung auftaucht (siehe Kapitel 8). Wenn diese Übung für dich aus irgendeinem Grund schwierig war, verlagere einfach deinen Fokus auf eine zarte Wertschätzung für dein Ringen. So praktizierst du Selbstmitgefühl.

18

Selbstmitgefühl in Beziehungen

Ein Großteil unseres Leidens entsteht in der Beziehung zu unseren Mitmenschen. Ein berühmtes Zitat aus einem Werk von Jean-Paul Sartre besagt denn auch: »Die Hölle, das sind die anderen.«[87] Die gute Nachricht lautet allerdings, dass auch hier viel von unserem Leid unnötig ist und verhindert werden kann, indem wir eine liebevolle Beziehung *zu uns selbst* pflegen.

Es gibt mindestens zwei Arten von Leid in Beziehungen. Eine ist der Schmerz der Verbundenheit – wenn diejenigen leiden, um die wir uns kümmern (Kapitel 19). Die andere Art ist der Schmerz des Nichtverbundenseins – wenn wir einen Verlust erfahren oder Ablehnung und uns verletzt, wütend oder allein fühlen (siehe Kapitel 20).

Unsere Fähigkeit für emotionale Resonanz[88] bedeutet, dass Gefühle ansteckend sind. Dies gilt insbesondere für intime Beziehungen. Wenn du dich zum Beispiel über deinen Partner ärgerst und versuchst, das zu verbergen, wird dein Partner diese Irritation oft dennoch mitbekommen. Er könnte dann so etwas sagen wie: »Bist du wütend auf mich?« Selbst wenn du das leugnest, wird dein Partner deinen Groll spüren. Er wird auf seine Stimmung schlagen und zu einem gereizten Ton in seiner Stimme führen. Du wirst dies wiederum spüren und noch gereizter werden, deine Reaktionen werden einen noch schärferen Ton haben – und so weiter. Das liegt daran, dass unsere Gehirne sich gegenseitig die Gefühle kommunizieren, ganz gleich, wie sorgfältig wir unsere Worte wählen.

Eine Abwärtsspirale negativer Gefühle innerhalb einer Interaktion kann durch eine Aufwärtsspirale ersetzt werden, wenn Selbstmitgefühl ins Spiel gebracht wird.

In sozialen Kontakten kann es eine Abwärtsspirale von negativen Gefühlen geben[89] – wenn eine Person eine negative Einstellung hat, wird die andere noch negativer und so weiter. Das bedeutet, dass andere teilweise für unseren Geisteszustand und wir teilweise für ihren verantwortlich sind. Das Positive daran ist, dass die emotionale Ansteckung uns mehr Kraft und Macht verleiht, als wir erkennen, um den emotionalen Tenor unserer Beziehungen zu verändern. Selbstmitgefühl kann eine Abwärtsspirale unterbrechen und stattdessen eine Aufwärtsspirale initiieren.

Mitgefühl ist eigentlich ein positives Gefühl, das das Belohnungszentrum unseres Gehirns aktiviert, auch dann, wenn es angesichts von Leiden entsteht.[90] Ein sehr nützlicher Weg, um die Richtung einer negativen Beziehungsinteraktion zu ändern, ist daher, Mitgefühl für den Schmerz zu haben, den wir in diesem Moment fühlen. Die positiven Gefühle des Mitgefühls, die wir für uns selbst hegen, werden auch von anderen wahrgenommen – manifestiert in unserem Ton und unserem subtilen Gesichtsausdruck – und helfen, den negativen Kreislauf zu unterbrechen. Auf diese Weise zählt die Kultivierung von Selbstmitgefühl zum Besten, was wir sowohl für unsere Interaktionen in Beziehungen tun können als auch für uns selbst.

Nicht überraschend, zeigt die Forschung, dass Menschen mit Selbstmitgefühl glücklichere und befriedigendere Liebesbeziehungen pflegen.[91] In einer Studie wurden beispielsweise Personen mit einem höheren Grad an Selbstmitgefühl von ihren Partnern als akzeptierender und unvoreingenommener beschrieben als diejenigen, denen es an Selbstmitgefühl mangelte. Statt zu versuchen, ihre Partner zu verändern, neigten Menschen mit Selbstmitgefühl dazu, deren Meinungen zu respektieren und Standpunkte zu berücksichtigen. Sie wurden auch als fürsorglicher, verbundener, liebevoller, näher und eher bereit, über Beziehungsprobleme zu sprechen, beschrieben als diejenigen, denen es an Selbstmitgefühl mangelte. Gleichzeitig wurde gesagt, dass Menschen mit Selbstmitgefühl ihren Partnern mehr Freiheit und Autonomie in ihren Beziehungen zugestehen. Sie tendieren dazu, den anderen zu ermutigen, seine eigenen Entscheidungen zu treffen und seine eigenen Interessen zu verfolgen. Im Gegensatz dazu wurden Menschen, denen es an Selbstmitgefühl mangelte, als kritischer und ihren Partnern gegenüber als kontrollierender beschrieben. Sie wurden auch als egozentrischer bezeichnet, weil sie inflexibel waren und alles auf ihre Weise haben wollen.

Steve hatte Sheila im College kennengelernt, und auch nach fünfzehn Ehejahren liebte er sie noch sehr. Es widerstrebte ihm, es sich selbst einzugestehen, aber allmählich machte sie ihn auch verrückt. Sheila war furchtbar unsicher und brauchte es ständig, dass Steve sie von seiner Liebe und Zuneigung überzeugte. War es nicht genug, fünfzehn Jahre lang bei ihr zu bleiben? Wenn er ihr nicht täglich »Ich liebe dich« sagte, begann sie, sich zu sorgen, und wenn ein paar Tage so vergingen, wurde sie richtig missmutig. Er fühlte sich von ihrem Bedürfnis nach Bestätigung kontrolliert und ärgerte sich darüber, dass sie sein eigenes Bedürfnis nach authentischem Selbstausdruck nicht respektierte. Ihre Beziehung begann darunter zu leiden.

Um die Art von engen, verbundenen Beziehungen zu haben, die wir wirklich mit anderen wollen, müssen wir uns zuerst uns selbst nah und verbunden fühlen. Indem wir uns selbst in schwierigen Zeiten unterstützen, gewinnen wir die emotionalen Ressourcen, die wir brauchen, damit wir uns um unsere wichtigsten Mitmenschen kümmern können. Wenn wir unsere eigenen Bedürfnisse nach Liebe und Akzeptanz erfüllen, können wir weniger Anforderungen an unsere Partner stellen und gestehen ihnen somit zu, mehr sie selbst zu sein. Die Kultivierung von Selbstmitgefühl ist alles andere als egoistisch. Wir erlangen dadurch die Resilienz, die wir brauchen, um glückliche und gesunde Beziehungen in unserem Leben aufzubauen und zu erhalten.

Enge Verbindungen mit anderen beginnen mit dem Gefühl, mit uns selbst verbunden zu sein.

Im Lauf der Zeit war Sheila in der Lage zu sehen, wie ihr ständiges Bedürfnis nach Rückversicherung durch Steve ihn regelrecht abstieß. Sie erkannte, dass sie diesbezüglich zu einem Fass ohne Boden geworden war und dass Steve nie in der Lage sein würde, ihre Unsicherheit vollständig zu beseitigen, indem er ihr »genug« Liebe schenkte. Es würde nie reichen.

So begann Sheila mit der Praxis, abends Tagebuch zu führen, um sich selbst die Liebe und Zuneigung zu schenken, nach der sie sich so sehnte. Sie schrieb sich selbst die zärtlichen Worte, die sie von Steve zu hören hoffte. Etwas wie: »Ich liebe dich, Liebling. Ich werde dich nie verlassen.« Gleich am nächsten Morgen würde sie dies dann jeweils als Erstes lesen und auf sich wirken lassen. Sie fing an, sich selbst die Bestätigung zu geben, die sie verzweifelt von Steve verlangte, und ließ ihn dabei aus dem Spiel.

Sie musste zugeben, dass es nicht ganz so schön war, aber ihr gefiel es, dadurch weniger abhängig zu sein. Als der Druck nachließ, begann Steve, sich in ihrer Beziehung auf natürliche Art stärker mitzuteilen, und so kamen sie sich wieder näher. Je sicherer sie sich in ihrer eigenen Selbstakzeptanz fühlte, desto mehr konnte sie seine Liebe so akzeptieren, wie sie war, und nicht nur so, wie sie sie haben wollte. Ironischerweise wurde sie, indem sie ihre eigenen Bedürfnisse erfüllte, weniger auf sich selbst konzentriert und begann, eine Unabhängigkeit zu spüren, die sie als »neu und herrlich« bezeichnete.

INFORMELLE PRAXIS

Die Selbstmitgefühlspause in Beziehungskonflikten

- Wenn du dich das nächste Mal in einer negativen Interaktion mit jemandem befindest, kannst du die »Selbstmitgefühlspause« ausprobieren (Kapitel 4). Du kannst dich für einen Moment entschuldigen, oder wenn du nicht weggehen kannst, praktiziere die Selbstmitgefühlspause im Stillen: »Dies ist ein Augenblick des Leidens«, »Leiden gehört zu jeder Beziehung dazu«, »Möge ich freundlich zu mir sein« … Es ist hilfreich, irgendeine unterstützende Berührung zu verwenden. Wenn du allein bist, kannst du eine Hand auf dein Herz oder an eine andere Stelle legen. Bist du allerdings in Gegenwart von jemand anderem, kannst du eine subtilere Form der Berührung finden, beispielsweise deine eigene Hand halten.
- Bevor du dich wieder mit der anderen Person einlässt, versuche, das Geben und Empfangen von Mitgefühl zu praktizieren (siehe Kapitel 15), um eine fürsorgliche Haltung zu bewahren. Atme für dich selbst ein, erkenne den Schmerz an, den du in diesem Moment fühlst, und atme dann für die andere Person aus. Stelle sicher, dass du deinen eigenen Schmerz voll anerkennst und dir selbst gibst, was du brauchst, und dass du auch das Ringen der anderen Person würdigst.
- Nimm wahr, wie der Geisteszustand der anderen Person sich verändern kann, wenn sich dein eigener verändert.

REFLEXION

Nachdem du die Selbstmitgefühlspause in deinen Beziehungen ein paar Mal ausprobiert hast, nimmst du irgendwelche Veränderungen im Umgang miteinander wahr? Es kann besonders kraftvoll sein, wenn die andere Person der Beziehung die Idee von Selbstmitgefühl kennt und sich auch dieser Praxis verschrieben hat. In diesem Fall braucht sich, insbesondere wenn der Umgang hitzig wird, nur eine von beiden Personen daran zu erinnern und »Selbstmitgefühlspause« zu sagen, und dann könnt ihr beide eine Pause einlegen und euch selbst Mitgefühl schenken für den Schmerz, der gerade entstanden ist, und von vorn anfangen.

ÜBUNG

Unsere emotionalen Bedürfnisse erfüllen

Häufig üben wir Druck auf unsere Beziehungen aus, wenn wir von unseren Partnern erwarten, dass sie magischerweise intuitiv all unsere emotionalen Bedürfnisse erahnen und sie dann erfüllen. Wenn du zum Beispiel deinem Partner übel nimmst, dass er nicht bemerkt hat, wie sehr du Ermutigung und eine Umarmung brauchtest, um ein Projekt zu verwirklichen, während du selbst bei einem anderen Vorhaben auch noch mehr Raum und Zeit für dich selbst wolltest, wird er unter der Bürde der überzogenen Erwartungen leiden.

Und auch du wirst leiden, weil deine Bedürfnisse nicht erfüllt werden. Statt auf deinen Partner zu setzen, dass er dir genau das gibt, was du brauchst, kannst du versuchen, deine eigenen Bedürfnisse direkt zu erfüllen. Natürlich können wir nicht alle unsere eigenen Bedürfnisse erfüllen und müssen uns trotzdem auf andere Menschen verlassen, aber wir sind nicht so abhängig, wie wir vielleicht denken.

- Nimm dir gegebenenfalls noch ein Blatt Papier, und schreib alles auf, was dich an deiner Beziehung unzufrieden macht. Beispielsweise das Gefühl, nicht genug Aufmerksamkeit von deinem Partner zu erhalten – oder Respekt, Unterstützung oder Bestätigung. Statt dich auf äußerliche Details zu fokussieren (wie zum Beispiel »Ich bekomme nicht so viele SMS, wie ich gern hätte«), schau, ob du das genaue Bedürfnis dahinter identifizieren kannst, das nicht erfüllt ist – etwa geschätzt zu sein, fürsorglich behandelt zu werden und so weiter.

- Schreib ein paar Ideen auf, wie du dir dieses Bedürfnis selbst erfüllen kannst. Wenn du zum Beispiel gern ein Zeichen der Fürsorge hättest, kannst du dir dann Blumen kaufen? Wenn du mehr Berührung brauchst, kannst du dich einmal die Woche massieren lassen oder dir selbst die Hand halten? Kannst du dir selbst sagen, dass du geliebt und unterstützt wirst, indem du liebevoll mit dir sprichst? Es mag anfangs komisch sein, aber wenn wir es uns zur Gewohnheit machen, unsere eigenen Bedürfnisse zu erfüllen, werden wir weniger abhängig von unseren Partnern für die emotionale Erfüllung sein. Uns stehen dann mehr Ressourcen zur Verfügung, um geben zu können.

REFLEXION

Viele Menschen erleben es wie eine Offenbarung zu erfahren, dass sie sich einige ihrer emotionalen Bedürfnisse selbst erfüllen können, statt sich ganz auf jemand anderen verlassen zu müssen. Einige empfinden jedoch auch Traurigkeit, Trauer oder Wut darüber, dass ihr Partner ihre Bedürfnisse nicht zufriedenstellend befriedigt. Die Erfüllung deiner eigenen Bedürfnisse bedeutet aber auch nicht, dass dein Partner nicht auch bestimmte deiner Bedürfnisse erfüllen sollte, besonders wenn du sie klar kommuniziert hast. Eine gesunde Beziehung zeichnet sich dadurch aus, dass beide Parteien geben und empfangen. Dieses Hin-und-her-Fließen gelingt in aller Regel jedoch leichter, wenn beide emotional erfüllt sind, indem sie sich selbst Freundlichkeit, Unterstützung und Fürsorge zuteilwerden lassen.

MEDITATION

Der mitfühlende Freund/die mitfühlende Freundin

Diese Visualisierungsmeditation nutzt ein Bild für dein mitfühlendes Selbst und wird dir so helfen, dich mit jenem Teil deiner selbst zu verbinden, der mitfühlend ist und der ein Gespräch mit diesem Bild beginnen wird. In der Stärkung deiner Beziehung zu deinem mitfühlenden Selbst liegt eine wichtige Ressource, um deine Beziehungen mit anderen zu stärken. Diese Meditation, die aus der Arbeit von Paul Gilbert stammt,[92] ist besonders hilfreich für jene Menschen, die Schwierigkeiten haben, für sich selbst Mitgefühl zu entwickeln.

Einige sind gut im Visualisieren, andere sind es nicht. Bleib entspannt, und gestatte es der Meditation, sich von ganz allein zu entfalten. Lass die Bilder kommen und gehen. Sollten keine Bilder auftauchen, ist auch das in Ordnung. Du kannst dann einfach mit den Gefühlen verweilen, die du gerade hast. Die gesprochene Anleitung dazu findest du mit dem Code **3k35vp** auf *www.arbor-verlag.de/NeffGermer/MSC_ueben*

Nimm eine angenehme Position ein, entweder im Sitzen oder im Liegen. Schließe sanft die Augen. Atme ein paar Mal tief ein und aus, um in deinem Körper anzukommen. Lege eine Hand oder beide Hände auf dein Herz oder einen anderen Körperbereich, der dich daran erinnert, dir selbst liebevolle Aufmerksamkeit zu schenken.

Ein sicherer Ort

- Stell dir nun vor, an einem Ort zu sein, an dem du dich sicher und wohlfühlst. Vielleicht in einem gemütlichen Kaminzimmer mit knisterndem Feuer, an einem friedlichen Strand mit warmen Sonnenstrahlen und einer frischen Brise oder auf einer Waldwiese. Es kann auch ein Fantasieort sein, so etwas wie Wolken, auf denen du schwebst … Irgendein Ort, an dem du dich friedlich und sicher fühlst. Verweile dort, und genieß das Gefühl des Wohlbefindens an diesem Ort.

Der mitfühlende Freund/Die mitfühlende Freundin

- Bald schon wirst du einen Besucher empfangen, eine warme und fürsorgliche Präsenz, eine mitfühlende Freundin, eine imaginäre Figur, die die Qualitäten der Weisheit, der Stärke und der bedingungslosen Liebe verkörpert.
- Dieses Wesen kann eine spirituelle Figur oder ein weiser mitfühlender Lehrer sein, es kann auch die Qualitäten einer Person aus deiner Vergangenheit verkörpern, wie zum Beispiel einen liebevollen Großvater oder eine gute Großmutter. Es kann ebenso gut vollständig deiner Fantasie entspringen. Dieses Wesen hat möglicherweise keine bestimmte Form, vielleicht ist es einfach eine Präsenz oder ein strahlendes Licht.
- Deine mitfühlende Freundin kümmert sich sehr um dich und möchte, dass du glücklich und frei bist von unnötigen Schwierigkeiten.
- Lass dir ein Bild in den Sinn kommen.

Die Ankunft

- Du hast die Wahl, ob du deine mitfühlende Freundin im Inneren deines sicheren Ortes begrüßen oder ihr entgegengehen magst. Ergreife jetzt die Gelegenheit, wenn du möchtest.
- Positioniere dich selbst jetzt so zu deiner mitfühlenden Freundin, wie es sich für dich richtig anfühlt. Dann erlaube dir zu fühlen, wie es ist, in der Gesellschaft dieses Wesens zu sein. Es gibt nichts, was du tun musst, außer den Moment zu erleben.
- Schau, ob du es dir erlauben kannst, die bedingungslose Liebe und das Mitgefühl, das dieses Wesen für dich hat, vollständig zu empfangen, um sie in dir aufzunehmen. Wenn du sie nicht ganz hereinlassen kannst, ist das auch in Ordnung – dieses Wesen fühlt sie trotzdem.

Die Begegnung

- Deine mitfühlende Freundin ist weise und allwissend und versteht genau, wo auf deiner Lebensreise du dich gerade befindest. Sie möchte dir vielleicht etwas sagen, und zwar genau das, was du jetzt hören musst. Nimm dir einen Moment Zeit, und hör genau zu.
- Wenn das Wesen keine Worte formuliert, ist das auch in Ordnung – genieße einfach die gute Gesellschaft, die an sich schon ein Geschenk ist.
- Und vielleicht möchtest du ihm auch etwas mitteilen. Es wird dir geduldig zuhören und dich voll und ganz verstehen. Gibt es irgendetwas, was du jetzt mitteilen magst?
- Möglicherweise möchte deine Freundin dir auch ein Geschenk überreichen. Dieser imaginäre Gegenstand erscheint vielleicht einfach in deinen Händen. Du kannst aber auch deine Hände ausstrecken und das Geschenk in Empfang nehmen. Es handelt sich um etwas, was für dich von besonderer Bedeutung ist.

- Wenn etwas erscheint, was ist es?
- Nun nimm dir Zeit, um die Gegenwart deiner Freundin zu genießen. Und während du weiterhin die gute Gesellschaft dieses Wesens zu schätzen weißt, werde dir bewusst, dass es tatsächlich ein Teil von dir ist. All die mitfühlenden Gefühle, Bilder und Worte, die du erlebt hast, fließen aus deiner eigenen inneren Weisheit und deinem Mitgefühl.

Die Rückkehr

- Schließlich, wenn du bereit bist, löse dich allmählich von den inneren Bildern, und erinnere dich daran, dass Mitgefühl und Weisheit immer in dir sind, besonders dann, wenn du sie am meisten brauchst. Du kannst deine mitfühlende Freundin jederzeit besuchen, wann immer du willst.
- Nun komm wieder in deinem Körper zur Ruhe, und genieße, was gerade geschehen ist. Vielleicht magst du über die Worte nachsinnen, die du möglicherweise gehört hast, oder über den imaginären Gegenstand, der dir vielleicht geschenkt wurde.
- Dann löse dich schließlich von der Meditation, und lass dich das fühlen, was du auch immer gerade fühlst, und sei genau so, wie du gerade bist.
- Öffne langsam wieder die Augen.

REFLEXION

Konntest du dir einen sicheren Ort vorstellen und seine Behaglichkeit spüren? Ist dir ein Bild eines mitfühlenden Freundes beziehungsweise einer mitfühlenden Freundin oder eine Präsenz in den Sinn gekommen?

Hast du etwas Bedeutendes von deiner mitfühlenden Freundin gehört im Hinblick darauf, was du gerade brauchst? Wie war es, mit diesem Wesen zu sprechen? Hast du etwas erhalten, was eine besondere Bedeutung hat?

War diese Meditation für dich in irgendeiner Weise eine Herausforderung? Wie war es, zu entdecken, dass dieses Wesen tatsächlich ein Teil von dir selbst ist und dass dir sein Mitgefühl und seine Weisheit immer und überall zur Verfügung stehen?

Für visuell orientierte Menschen kann diese Meditation sehr kraftvoll sein, besonders als eine Möglichkeit, die innere Stimme des Mitgefühls auch zu hören und praktische Alltagssorgen anzusprechen.

Manchmal ist die mitfühlende Person bereits gestorben, wie zum Beispiel ein Eltern- oder Großelternteil, und Gefühle der Trauer können aufkommen. Wenn die Trauer im Weg steht, um Mitgefühl von dieser Person zu empfangen, kann es hilfreich sein, zu einem völlig imaginären Wesen zu wechseln, das die gleichen Eigenschaften oder eine weniger klar definierte mitfühlende Präsenz verkörpert. Wenn die Trauer jedoch nicht überwältigend ist, kann es ein großer Schatz sein zu entdecken, dass unser geliebter Mensch, der dahingeschieden ist, weiterhin in uns als eine Form von innerer Weisheit und Mitgefühl lebt.

19

Selbstmitgefühl für Helfende und Pflegende

In der Lebensmitte angelangt, helfen oder pflegen die meisten von uns in der einen oder anderen Form. Manche sind fürsorglich im Rahmen ihres Berufs – Ärzte, Krankenschwestern und -pfleger, Therapeuten, Sozialarbeiter, Lehrer – und andere im Privatbereich, indem sie Kinder, betagte Eltern, Ehepartner, Freunde und so weiter umsorgen.

Wenn wir uns um andere kümmern, die leiden, bedeutet der Prozess der empathischen Resonanz, dass wir ihre Not als unsere eigene empfinden (siehe Kapitel 15). Wenn wir jemanden mit Schmerzen erleben, werden die Schmerzzentren unseres eigenen Gehirns aktiv.[93] Empathische Not kann schwer zu ertragen sein, daher ist es natürlich, dass wir versuchen, sie auszublenden, oder sie beenden wollen. Der ständige Kampf kann jedoch auslaugen und zur Erschöpfung bis hin zum Burn-out des Pflegepersonals führen.

Woher wissen wir, dass wir auf den Punkt des Burn-outs zusteuern? In der Regel gibt es Anzeichen dafür: Wir sind etwa ständig abgelenkt, wütend oder gereizt, wir sind stets unruhig oder weichen anderen aus, leiden unter massiven Schlafstörungen oder beunruhigenden und verstörenden

Gedanken.[94] Fürsorgemüdigkeit ist kein Zeichen von Schwäche, sondern ein Zeichen der Besorgnis. Je mehr wir in der Lage sind, in empathische Resonanz zu gehen (das ist oft genau das, was Menschen zum Beispiel in Pflegeberufe zieht), desto anfälliger können wir für die sogenannte Fürsorgemüdigkeit sein.[95] Wir sind nur bis zu einem gewissen Maß fähig, das Leid anderer aufzunehmen, ohne davon überwältigt zu werden.

In der Regel gibt es zwei Arten von Ratschlägen, um der Fürsorgemüdigkeit und dem Burn-out vorzubeugen. Einer davon heißt, klare emotionale Grenzen zu ziehen zwischen uns selbst und denjenigen, für die wir sorgen. Das Problem an diesem Ratschlag ist, dass du emotionale Sensibilität aufbringen musst, wenn du in der Pflege wirksam und dem Berufsethos gemäß arbeiten willst. Und wenn du dich um einen geliebten Angehörigen kümmerst, wie ein Kind oder ein Elternteil, dann ist das erst recht nicht einfach, Grenzen zu ziehen.

Die andere Art von Ratschlägen zur Vorbeugung eines Burn-outs geht in die Richtung, Maßnahmen zur Selbstfürsorge zu ergreifen. Dazu gehören gewöhnlich Aktivitäten wie Sport treiben, sich öfter mal was Gutes zu essen gönnen, Zeit mit Freunden verbringen oder Urlaub machen. Obwohl Selbstfürsorge äußerst wichtig ist, gibt es eine große Einschränkung der Strategien der Selbstfürsorge, wenn es um den Umgang mit dem Fürsorge-Burn-out geht. Die Selbstfürsorge geschieht hier in der Regel außerhalb des Arbeitsplatzes und hilft uns nicht mitten im pflegerischen Einsatz. Beispielsweise können wir einer Klientin in der Therapie, die uns gerade ihre markerschütternde Geschichte erzählt hat, nicht sagen: »O Gott, das jagt mir ja einen Riesenschrecken ein. Ich glaub, ich lass mich erst mal massieren!«

Selbstfürsorge ist nur begrenzt ein Gegenmittel beim Fürsorge-Burn-out, da sie uns in dem Moment, in dem wir Fürsorge leisten, nicht hilft.

Welche Rolle könnte das Mitgefühl hier spielen? Viele meinen ja, dass es die Fürsorgenden auslaugt. Deshalb wird dieses Phänomen auch häufig als »Mitgefühlsmüdigkeit« bezeichnet. Einige Forscher argumentieren jedoch, dass dies ein Irrtum ist und dass Mitgefühlsmüdigkeit eigentlich eher »Empathiemüdigkeit« heißen müsste.[96]

Worin besteht nun genau der Unterschied zwischen Mitgefühl und Empathie? Der Therapeut Carl Rogers definierte Empathie als ein genaues Verständnis der Welt des Klienten, als würde man sie aus seinem Inneren heraus erfahren: Sie wird so nachempfunden, als wäre sie die eigene.[97] Wenn wir nur mit dem Leiden der anderen in Resonanz gehen, ohne über die emotionalen Ressourcen zu verfügen, es zu halten, werden wir bald erschöpft sein. Mitgefühl hingegen umfasst ein Gefühl der Zärtlichkeit und Fürsorge, das das Leid der anderen annimmt, anstatt damit zu ringen. Empathie sagt: »Ich spüre dich.« Mitgefühl sagt: »Ich halte dich.« Mitgefühl ist ein positives, ein energetisierendes Gefühl. Eine Forschungsstudie[98] schulte verschiedene Probanden tagelang in Empathie und Mitgefühl und zeigte ihnen dann einen Kurzfilm, in dem das Leiden anderer Menschen gezeigt wurde. Die Filme aktivierten deutlich unterschiedliche Gehirnnetzwerke, und nur die im Mitgefühl trainierten Teilnehmer verbanden ihre Eindrücke mit positiven Gefühlen.

Wo die Empathie sagt: »Ich spüre dich«, sagt das Mitgefühl: »Ich halte dich«, und ruft positive Gefühle hervor.

Es ist von entscheidender Bedeutung, dass wir uns selbst mit Mitgefühl versorgen, wenn wir empathischen Schmerz erleben, und dass wir denen, um die wir uns kümmern, Mitgefühl entgegenbringen. So wie es uns im Flugzeug immer wieder erklärt wird, dass wir bei Druckabfall in der Flugzeugkabine zunächst uns selbst die Sauerstoffmaske aufsetzen, ehe wir anderen helfen. Einige Pflegende sind vielleicht der Überzeugung, dass sie sich nur um die Bedürfnisse der anderen kümmern sollten, und sind oft selbstkritisch, weil sie meinen, nicht genug zu geben. Wenn du jedoch deine eigenen emotionalen Bedürfnisse nicht erfüllst, indem du dir selbst Mitgefühl schenkst, laugst du aus und bist weniger in der Lage, etwas zu geben. Auch das Herz muss sich zunächst selbst durchbluten, bevor es die anderen Regionen des Körpers versorgen kann.

Zudem wirkt es sich besänftigend auf die Person aus, um die du dich kümmerst, wenn du deinen eigenen Geist beruhigst und tröstest – dank ihrer eigenen empathischen Resonanz. Mit anderen Worten, wenn wir Frieden im Inneren kultivieren, dann helfen wir allen, mit denen wir in Kontakt stehen, ebenfalls friedlicher zu werden.

Wie wichtig Selbstmitgefühl für Fürsorgende ist, haben wir aus erster Hand erfahren. Es half uns, in unseren Rollen als Fürsorgende zu gedeihen, ohne auszubrennen – eine als Elternteil eines Kindes mit Autismus und der andere als Therapeut.

Ich (Kristin) war mit meinem Sohn Rowan auf einem Transatlantikflug: Aus irgendeinem Grund, gerade als das Licht in der Kabine gedämmt wurde und die Passagiere auf etwas Schlaf hofften, ging es mit Rowan durch. Er bekam einen Wutanfall, bei dem er extrem laut schrie und herumfuchtelte. Damals war Rowan knapp fünf Jahre alt. Ich hatte das Gefühl, dass uns jede einzelne Person im Flugzeug anstarrte: Was ist nur mit diesem Kind los? Er ist doch schon viel zu alt, um sich so zu verhalten. Was stimmt mit der Mutter nicht? Warum hat sie ihr Kind nicht im Griff? Aus Mangel an Ideen, was ich tun könnte, überlegte ich, Rowan auf die Toilette zu bringen und ihn dort schreien zu lassen, in der Hoffnung, dass das Ganze so etwas gedämmt würde. Pech gehabt – sie war besetzt.

Während ich also mit Rowan in diesem kleinen Bereich vor der Toilette saß, wusste ich, dass ich keine andere Wahl hatte, als mir Selbstmitgefühl zu schenken. Ich »atmete« Mitgefühl für mich selbst ein, legte meine Hand aufs Herz und sagte mir im Stillen: »Liebes, das ist gerade so schwer für dich. Es tut mir so leid, dass das jetzt passiert. Alles wird gut, es geht vorüber.« Ich sorgte dafür, dass Rowan sicher war, dennoch galten 95 Prozent meiner Aufmerksamkeit meiner eigenen Beruhigung und meinem eigenen Trost. Dann beobachtete ich etwas, was mir oft bei Rowan auffiel: *Als ich mich beruhigt hatte, beruhigte er sich auch.* Ich hatte nämlich gelernt, dass sich in den Momenten, in denen ich meine Praxis des Selbstmitgefühls vergaß und aufgeregt wurde, Rowans Aufregung ebenfalls steigerte. Wenn ich mir jedoch selbst Mitgefühl für den Schmerz der Situation schenkte, würde auch er friedlicher werden. Genau wie ich mit seinen, so schwang er mit meinen Gefühlen mit. Indem ich mich zuerst um meine eigenen Gefühle der Überforderung kümmerte, gewann ich die nötige Stabilität, um voll und ganz für Rowan da zu sein und ihn trotz der Schwierigkeiten bedingungslos zu lieben und zu unterstützen. Ich hatte schnell begriffen, dass Selbstmitgefühl zu praktizieren – in einen Zustand von liebevoller, verbundener Präsenz inmitten von Leiden einzutreten – eine der effektivsten Möglichkeiten war, wie ich Rowan und mir selbst helfen konnte.

Ich (Chris) hatte zugestimmt, einen Klienten therapeutisch zu begleiten, obwohl ich nicht viel Zeit in meinem Terminkalender hatte. Als Franco, der Klient, durch die Tür kam, sah er viel depressiver aus, als er am Telefon geklungen hatte. Seine Schultern waren vornübergebeugt, und sein Gesicht war gezeichnet. Kurz nachdem die Sitzung begonnen hatte, offenbarte mir Franco, dass er alle seine Medikamente an seinem Bett aufgereiht hatte und dass ihm der Gedanke Trost gab, sein Leben jederzeit beenden zu können. Seine Frau hatte ihn kürzlich verlassen, er war geringfügig beschäftigt, und an diesem Morgen hatte sein Vermieter ihm einen Räumungsbescheid zugestellt.

Als Franco ankam, verspürte ich nichts als Neugier und Mitgefühl für ihn. Als er jedoch von Selbstmord sprach, spürte ich Angst durch meinen Körper jagen und bereute, dass ich überhaupt zugestimmt hatte, ihn als Klienten anzunehmen. Zu erfahren, in welch schwieriger Lage Franco steckte, steigerte nur meine Angst, dass er sich etwas antun könnte.

Mit dem Wissen, dass eine aufrichtige emotionale Verbindung oft das ist, was einen Menschen in einer dunklen Nacht der Seele am Leben hält, erkannte ich, dass ich versuchen musste, trotz meiner Angst mit Franco in Verbindung zu bleiben. Ich atmete tief für mich selbst ein und erinnerte mich daran, dass dies Teil des Jobs eines Psychotherapeuten ist, und atmete langsam für Franco aus. Ich wiederholte das so lange, bis ich mir seine Geschichte mit offenem Herzen und weniger Angst anhören konnte.

Ich erinnerte mich auch daran, dass ich nicht dafür verantwortlich sein konnte, Francos Leben zu retten, jedoch alles geben würde, was ich als Therapeut für ihn tun konnte. Auf diese Weise zu atmen und mich an die Grenzen meiner Fähigkeit zu erinnern, die Situation kontrollieren zu können, gab mir den Raum, Francos Verzweiflung in meinem eigenen Körper zu spüren. Als ich ihm mitteilte, wie sehr mich seine Situation bewegte, wurde er weicher und fing an, mir alle mutigen Schritte zu erklären, die er unternahm, um zu überleben und diese Krise zu überstehen. Als Franco meine Praxis verließ, spürten wir beide einen Hoffnungsschimmer.

ÜBUNG

Stressabbau für Helfende und Pflegende

Wenn du dich um jemanden kümmerst, ist es wichtig, eine sinnvolle Auswahl an Aktivitäten außerhalb dieser Beziehung zu treffen, damit du nicht überlastet bist. Obwohl es nicht möglich ist, Stress vollständig loszuwerden, kannst du viel zu deiner Unterstützung unternehmen. Identifiziere in jedem der folgenden Lebensbereiche die nützlichen Aktivitäten, die du derzeit ausübst und die dir helfen, mit der Last deiner Aufgabe zurechtzukommen, sowie die nicht so hilfreichen, die deinen Stresspegel erhöhen. Schreib dir dann alle Ideen für Veränderungen auf, die du vornehmen kannst, damit du dich besser um dich selbst kümmerst.

Körperliche Aktivitäten (zum Beispiel Ernährung, Bewegung, Schlaf)

Hilfreich? ....

Nicht hilfreich? ....

Veränderungen? ....

Psychologische Aktivitäten (zum Beispiel Therapie, Bücher, Musik)

Hilfreich? ....

Nicht hilfreich? ....

Veränderungen? ....

Beziehungsaktivitäten (zum Beispiel Familie, Gruppen, Intimität)

Hilfreich? ....

Nicht hilfreich? ....

Veränderungen? ....

Arbeitsaktivitäten
(zum Beispiel Anzahl der Stunden pro Woche, Bildschirmzeit, Pausen)

Hilfreich? ....

Nicht hilfreich? ....

Veränderungen? ....

INFORMELLE PRAXIS

Mitgefühl mit Gleichmut

Diese Übung verbindet das Geben und Empfangen von Mitgefühl mit der Praxis der Gelassenheit oder des Gleichgewichts inmitten von Schwierigkeiten. Gleichmut ist in Betreuungssituationen besonders wichtig, weil er uns an unsere begrenzte Kontrolle über das Leiden anderer erinnert und uns erlaubt, eine weitere Perspektive einzunehmen, sodass Mitgefühl aufkommen kann. Diese Praxis kann tatsächlich auf jede herausfordernde Interaktion in Bezie-

Kannst du als betreuende Person auch deine eigenen Bedürfnisse erfüllen – dich beruhigen, trösten, schützen und für dich selbst sorgen?

hungen angewendet werden. Sie ist jedoch besonders kraftvoll für Menschen, die sich um andere kümmern. Die gesprochene Anleitung dazu findest du mit dem Code **3k35vp** auf *www.arbor-verlag.de/NeffGermer/MSC_ueben*

- Begib dich in eine bequeme Position, und nimm einige tiefe Atemzüge, um in deinem Körper und im gegenwärtigen Moment anzukommen. Vielleicht magst du eine Hand aufs Herz legen oder wo immer es sich angenehm und beruhigend anfühlt und dich daran erinnern, dass du deiner Erfahrung und dir selbst gegenüber *liebevolles Gewahrsein* entgegenbringst.
- Vergegenwärtige dir eine Person, um die du dich kümmerst, was für dich erschöpfend oder auch frustrierend ist – jemanden, bei dem es dir etwas ausmacht, dass er oder sie leidet. Wähle für diese einführende Übung aber nicht dein Kind, denn das kann mit einer komplexen Dynamik verbunden sein. Visualisiere die Person und die Situationen, in denen du Fürsorge leistest, ganz klar in deinem Geist, und spüre das Ringen in deinem eigenen Körper.
- Jetzt lies die folgenden Worte, und lass sie behutsam und sanft durch deinen Geist bewegen:

  Wir alle sind auf unserer eigenen Lebensreise.
  Ich bin weder die Ursache für das Leid dieser Person,
  noch liegt es gänzlich in meiner Macht, dieses Leid aufzuheben,
  wenngleich ich mir wünsche, ich könnte genau das.
  Augenblicke wie diese sind schwer auszuhalten,
  dennoch will ich versuchen zu helfen, soweit ich kann.

- Sei dir des Kummers bewusst, den du in deinem Körper trägst, atme voll und ganz ein. Atme Mitgefühl in deinen Körper, und fülle jede einzelne seiner Zellen mit Mitgefühl. Lass dich beruhigen durch dieses tiefe Einatmen und dadurch, dass du dir selbst das Mitgefühl schenkst, das du brauchst.

- Beim Ausatmen sende Mitgefühl an die Person, mit der du dieses Unbehagen assoziierst.
- Mach weiter damit, Mitgefühl ein- und auszuatmen. Erlaube deinem Körper, allmählich seinen natürlichen Atemrhythmus zu finden – lass ihn »sich selbst atmen«: »Ein für mich und aus für dich. – Einen für mich und einen für dich.«
- Scanne hin und wieder deine innere Landschaft nach jeglicher Art von Anspannung, und begegne ihr, indem du weiterhin Mitgefühl für dich selbst einatmest und Mitgefühl für den/die andere(n) ausatmest.
- Wenn du den Eindruck hast, dass jemand eine Extraportion Mitgefühl braucht, richte deine Aufmerksamkeit und deinen Atem verstärkt in diese Richtung.
- Lass dich selbst in einem Fluss von Mitgefühl schwimmen – oder einem grenzenlosen Ozean, der alles Leiden umfasst.
- Und nimm noch einmal diese Worte in dir auf:

Wir alle sind auf unserer eigenen Lebensreise.
Ich bin weder die Ursache für das Leid dieser Person,
noch liegt es gänzlich in meiner Macht, dieses Leid aufzuheben,
wenngleich ich mir wünsche, ich könnte genau das.
Augenblicke wie diese sind schwer auszuhalten,
dennoch will ich versuchen zu helfen, soweit ich kann.

- Löse dich dann von der Übung, und gestatte es dir, genau so zu sein, wie du in diesem Augenblick bist.
- Öffne sanft die Augen.

REFLEXION

Was hast du bei dieser Übung bemerkt oder gefühlt? Hast du eine innere Verschiebung erlebt, als du die Sätze der Gleichmut gesprochen hast? Konntest du den »Fluss« des Mitgefühls nach innen oder außen je nach Bedarf anpassen?

Das Atmen »ein für mich und aus für dich« stellt sicher, dass die fürsorgende Person das Mitgefühl für sich selbst nicht vergisst. Zusammen mit der Gelassenheit ist diese Praxis eine täuschend einfache Möglichkeit, verbunden und emotional getrennt zu bleiben. Die »Gleichmut-Sätze« sind besonders erleichternd für Pflegekräfte, die dazu neigen können, zu viel Verantwortung für das Leid ihrer Schützlinge zu übernehmen. Unsere Fähigkeit zu helfen wird durch die Tatsache eingeschränkt, dass wir verschiedene Körper und ein getrenntes Leben haben. Wir tun das uns Bestmögliche. Weniger begrenzt ist jedoch unsere Fähigkeit, Mitgefühl zu erfahren. Dadurch, dass wir uns selbst Mitgefühl schenken, nehmen wir anderen nichts von dem weg, was wir ihnen geben, sondern erhöhen in Wirklichkeit einfach unsere Belastbarkeit.

Gleichmut ist für Eltern kniffliger, vor allem gegenüber kleinen Kindern. Doch auch Eltern verstehen schließlich, dass ihre eigenen Kinder ebenfalls ein eigenes, einzigartiges Leben führen und individuelle Lebenswege haben. In einem MSC-Kurs sagte eine stillende Mutter, dass ihr übel wurde, als sie für sich selbst einatmete, geradeso, als ob sie ihrer Tochter das Leben entzöge. Kurz darauf scherzte eine andere Teilnehmerin: »Also, ich bin Mutter von vier Kindern, die alle ihr Nest verlassen haben, und ich habe je einmal für mich eingeatmet und, na ja, je einmal für alle vier zusammen …!«

20

Selbstmitgefühl und Wut in Beziehungen

Eine weitere Art von Beziehungsschmerz verursacht die Trennung, wenn es einen Verlust oder Bruch in einer Beziehung gibt. Wut ist eine typische Reaktion auf Trennung. Wir können wütend werden, wenn wir uns abgelehnt oder herablassend behandelt fühlen, aber auch dann, wenn eine Trennung unvermeidlich ist, zum Beispiel wenn jemand stirbt. Diese Reaktion ist wohl nicht rational, kommt aber dennoch nicht selten vor. Die Wut kann manchmal lange anhalten, selbst dann, wenn die Beziehung schon seit Jahren beendet ist.

Obwohl Wut einen schlechten Ruf genießt, ist sie nicht unbedingt etwas Schlechtes. Wie alle anderen Gefühle hat auch sie positive Funktionen.[99] Beispielsweise kann sie uns signalisieren, dass jemand unsere Grenzen überschritten oder uns in irgendeiner Weise verletzt hat; und dies kann ein starkes Signal dafür sein, dass sich etwas ändern muss. Wut kann uns auch mit der Energie und Entschlusskraft versorgen, uns vor Bedrohung zu schützen, Maßnahmen zu ergreifen, um schädigendes Verhalten zu stoppen oder eine toxische Beziehung zu beenden.

Wenngleich Wut an sich kein Problem ist, haben wir oft eine ungesunde Beziehung zu ihr. So mögen wir uns beispielsweise nicht erlauben, unsere Wut zu spüren, und unterdrücken sie stattdessen. (Das kann besonders auf Frauen zutreffen, denen traditionellerweise beigebracht wurde, immer »nett« statt wütend zu sein.) Wenn wir versuchen, unsere Wut zu vertreiben, kann dies zu Angst, emotionaler Enge oder einem Taubheitsgefühl führen.)[100]

Manchmal richten wir die Wut auf uns selbst, und zwar in Form von harscher Selbstkritik, die ein sicherer Weg in die Depression ist.[101] Und wenn wir voller Wut in Grübeleien steckenbleiben – darüber, was wer wem angetan hat und was sie deshalb verdient hätten –, leben wir wie auf einem Pulverfass und können zuweilen völlig Unbeteiligte mit unserem Zorn überziehen oder aus nichtigem Anlass geradezu explodieren.[102]

Wut kann eine vollkommen gesunde Reaktion sein, aber unsere Beziehung zu ihr ist oft ungesund.

Nate ist Elektriker und lebt in Chicago. Er hatte sich vor fünf Jahren von seiner Frau Lila getrennt, wurde aber beim bloßen Gedanken an sie immer noch extrem wütend. Es hatte sich herausgestellt, dass Lila über ein Jahr lang hinter seinem Rücken eine Affäre mit einem engen Freund des Paares pflegte, mit dem sie beide oft Zeit verbracht hatten. Als Nate davon erfuhr, kochte er vor Wut. Er schaffte es irgendwie, sie nicht mit den üblichen Schimpfwörtern zu überziehen, aber es traf ihn jedes Mal bis ins Mark, wenn er daran dachte, was geschehen war. Unmittelbar danach reichte er die Scheidung ein. Zum Glück hatten sie keine Kinder – dadurch ging der Prozess recht schnell vonstatten. Obwohl er nun seit einigen Jahren keinen Kontakt mehr mit Lila hatte, ließ seine Wut nie wirklich nach. Das Trauma der Affäre hielt Nate davon ab, neue Beziehungen aufzubauen, weil er große Schwierigkeiten hatte, wieder jemandem zu vertrauen.

Wenn wir unsere Gefühle ständig verhärten, um uns vor denen zu schützen, auf die wir wütend sind, können wir mit der Zeit Bitterkeit und Ressentiments entwickeln. Wut, Bitterkeit und Groll sind »verhärtete

Gefühle«.[103] Diese verhalten sich sozusagen resistent gegenüber jeglichem Wandel und bleiben oft wesentlich länger bei uns, als sie uns nützlich sind. (Wie viele von uns sind immer noch wütend auf jemanden, den wir wahrscheinlich nicht einmal wiedersehen werden?) Darüber hinaus verursacht chronische Wut auch anhaltenden Stress,[104] der sich auf alle Systeme des Körpers nachteilig auswirkt – das Herz-Kreislauf-, Hormon-, Nerven-, sogar das Fortpflanzungssystem. Wie ein angelsächsisches Sprichwort besagt: »Wut höhlt das Gefäß aus, in dem sie enthalten ist.« Oder: »Wut ist wie das Gift, das wir selbst trinken, um eine andere Person zu töten.« Wenn Wut für uns nicht mehr hilfreich ist, zeugt es vom größten Mitgefühl, wenn wir unsere Beziehung zu ihr ändern, vor allem indem wir die Ressourcen der Achtsamkeit und des Selbstmitgefühls einsetzen.

Ja gut, aber wie? Der erste Schritt besteht darin, die weichen Gefühle hinter den harten der Wut zu identifizieren. Häufig schützt Wut wesentlich empfindlichere, sensiblere Emotionen wie zum Beispiel die des Verletztseins, der Angst, des Nicht-geliebt-Werdens, des Alleinseins oder der Verletzlichkeit. Entblättern wir die äußeren Schichten der Wut, um zu sehen, was darunter liegt, dann sind wir oft überrascht angesichts der Fülle und Komplexität unserer Regungen. Verhärtete Gefühle sind oft nicht leicht zu verarbeiten, da sie typischerweise nach außen gerichtet und defensiv sind. Wenn wir jedoch unsere weichen Gefühle identifizieren, dann wenden wir uns nach innen und können den Transformationsprozess beginnen.

Um wirklich zu heilen, müssen wir jedoch die Schichten noch mehr entblättern und die unerfüllten Bedürfnisse finden, die unsere weichen Gefühle hervorrufen. Unerfüllte Bedürfnisse sind universelle menschliche Bedürfnisse[105] – jene Erfahrungen, die für jeden Menschen von zentraler Bedeutung sind. (Der Verein D-A-CH deutsch sprechender Gruppen für Gewaltfreie Kommunikation e. V. bietet eine umfassende Liste von Bedürfnissen an.[106]) Einige Beispiele sind die Bedürfnisse nach Sicherheit, Verbundenheit, Wertschätzung, nach Autonomie und Respekt, ebenso wie die Bedürfnisse, gehört zu werden und einbezogen zu sein. Und unser tiefstes Bedürfnis ist es, geliebt zu werden.

Indem wir den Mut haben, uns unseren eigenen authentischen Gefühlen und Bedürfnissen zuzuwenden und sie zu erfahren, beginnen wir, Einblick in das zu bekommen, was wirklich in uns vor sich geht. Sobald wir mit dem Schmerz in Kontakt kommen und mit Selbstmitgefühl darauf reagieren, beginnen die Dinge sich auf einer tieferen Ebene zu wandeln. Wir können Selbstmitgefühl nutzen, um unsere Bedürfnisse direkt zu erfüllen.

Selbstmitgefühl als Reaktion auf unerfüllte Bedürfnisse bedeutet, uns selbst das geben zu können, was wir von anderen wünschen oder ersehnt haben, vielleicht schon seit vielen Jahren. Wir können dann unsere eigene Quelle der Unterstützung, des Respekts, der Liebe, der Anerkennung und der Sicherheit sein. Natürlich brauchen wir Beziehungen und Verbindungen zu unseren Mitmenschen. Niemand ist eine Insel. Wenn andere jedoch nicht in der Lage sind, unsere Bedürfnisse zu erfüllen, aus welchen Gründen auch immer, und wir uns dadurch verletzt fühlen, können wir gesunden, indem wir den Schmerz und die weichen Gefühle in einer mitfühlenden Umarmung halten und die Lücke in unseren Herzen mit liebevoller, verbundener Präsenz füllen.

Nate arbeitete fleißig daran, besser mit seiner Wut umzugehen, da er erkannt hatte, dass sie ihn massiv behinderte. Er hat es mit Abreagieren versucht, um sie loszuwerden – auf Kissen einhauen, sich die Lunge aus dem Hals schreien –, aber es wollte nicht funktionieren. Schließlich meldete er sich für einen Kurs in Selbstmitgefühl an, weil ein Freund begeistert davon war und ihm gesagt hatte, er würde seinen Stress so leicht abbauen.

Als Nate bei dem Teil des Kurses anlangte, der sich auf die Transformation von Wut konzentrierte, indem er seine unerfüllten Bedürfnisse erfüllte, war er zunächst nervös, machte aber trotzdem mit. Es fiel ihm leicht, mit seinem Ärger und auch der Verletzung dahinter in Kontakt zu kommen und beides in seinem Körper zu fühlen. Der schwierigste Teil war die Identifizierung seines unerfüllten Bedürfnisses.

Nate fühlte sich ganz klar verraten und ungeliebt, aber das war nicht das, was ihn zurückzuhalten schien. Er blieb bei der Übung – schließlich zeigte sich sein unerfülltes Bedürfnis von allein, und sein gesamter Körper entspannte sich. Respekt!

Nate stammte aus einer fleißigen Arbeiterfamilie, und seine Eltern waren auch nach dreißig Jahren noch glücklich verheiratet. Er versuchte, in seiner eigenen Ehe alles richtig zu machen, so gut er konnte, und nahm seine Gelübde sehr ernst. Für Nate stellten Ehrlichkeit und gegenseitiger Respekt zentrale Werte dar.

Mit der Gewissheit, dass Lila ihm nie den Respekt entgegenbringen würde, den er brauchte – dafür war es mittlerweile auch einfach zu spät –, wagte er den Sprung und versuchte, ihn sich selbst zuteilwerden zu lassen: »Ich respektiere dich«, sagte er sich selbst. Zuerst fühlte sich das albern, leer und hohl für ihn an. Also hielt er inne und versuchte, sich die Worte so zu sagen, als ob sie wahr wären. Er dachte daran, wie viel er geopfert hatte, um seinen Meister als Elektriker zu erlangen und ein eigenes Unternehmen zu gründen, die vielen Überstunden, die er geleistet hatte, um die Hypothek zu bezahlen und auf dem Sparkonto ein Guthaben aufzubauen. »Ich respektiere dich«, wiederholte er mehrmals, wenngleich es immer noch nur nach leeren Worten klang. Dann dachte er daran, wie er versucht hatte, ehrlich und fleißig in seiner Ehe zu sein, obwohl das für Lila nicht genug war. Ganz langsam fing Nate an, das an sich heranzulassen. Schließlich legte er seine Hand aufs Herz und sagte es so, wie er es auch wirklich meinte: »Ich respektiere dich.«

Tränen stiegen in ihm hoch, weil er es tatsächlich fühlte. Sobald er es fühlen konnte, begann sein Ärger auf seine Frau dahinzuschmelzen. Er fing an, ihre unerfüllten Bedürfnisse zu sehen, die sich von seinen unterschieden, nach mehr Nähe und Zuneigung. Nicht dass Lilas Verhalten für ihn nun plötzlich in Ordnung wäre, aber er erkannte, dass es nichts mit seinem Wert zu tun hatte. Er konnte sich auf keine Person im Außen verlassen – auch nicht auf eine, die treu und zuverlässig war –, welche ihm den Respekt entgegenbrachte, den er brauchte. Das Gefühl, respektiert zu werden, musste aus seinem Inneren kommen.

ÜBUNG

Unerfüllte Bedürfnisse erfüllen

Der Zweck dieser Übung besteht darin, alten Ressentiments Achtsamkeit entgegenzubringen und den zugrunde liegenden unerfüllten Bedürfnissen mit Selbstmitgefühl zu begegnen. Diese Übung wurde entwickelt, um eine neue Beziehung zu alten Verletzungen aufzubauen, die dich wütend gemacht haben, und nicht, um diese Wunden oder diese Beziehungen zu heilen. Lass daher das Bedürfnis los, dich besser zu fühlen, und schau einfach, was passiert.

Wähle eine leichte bis mittelschwere Beziehung für diese Übung, keine traumatische, da starke Emotionen es schwieriger machen können, die Übung zu durchlaufen. Fühle dich frei, diese Übung jetzt zu überspringen, wenn du dich emotional zu verletzlich dafür fühlst, oder löse dich von ihr, wenn du sie begonnen hast und dich verzweifelt fühlen solltest.

- Nutze den freigelassenen Platz, um eine frühere Beziehung, bei der du immer noch Bitterkeit oder Wut verspürst, zu notieren, und dann erinnere dich an ein konkretes Ereignis in dieser Beziehung, das leicht bis mäßig verstörend war – eine Drei auf einer »Bitterkeitsskala« von eins bis zehn. Denk daran, keine Erfahrung zu nehmen, die traumatisierend war oder dauerhafte psychische Narben hinterlassen hat.
- Für diese Übung ist es wichtig, eine Beziehung zu wählen, die beendet ist – keine bestehende –, eine, in der deine Wut keinen Zweck mehr erfüllt und bei der du bereit bist, sie loszulassen. Nimm dir Zeit, um die richtige Beziehung und das richtige Ereignis zu finden und damit zu arbeiten.

....

....

....

....

....

- Versuche, während du diese Übung machst, viel Raum für das zu schaffen, was du gerade erlebst; versuche, achtsam mit dem Geschehenen umzugehen, ohne dich in der Geschichte zu verlieren. Und wenn du zu irgendeinem Zeitpunkt den Eindruck hast, »dichtmachen« zu müssen oder die Übung abzubrechen, dann brich die Übung ab. Sorge gut für dich.
- Schließe die Augen für einen Moment, und vergegenwärtige dir das Ereignis innerhalb der Beziehung. Erinnere dich so lebhaft wie möglich an die Details, komm in Berührung mit deiner Wut, und spüre sie in deinem Körper.
- Sei dir dessen bewusst, dass es für dich ganz natürlich ist, so zu fühlen, wie du dich fühlst, und vielleicht zu dir selbst zu sagen: »Es ist in Ordnung, wütend zu sein – du wurdest verletzt! Das ist eine natürliche menschliche Reaktion darauf, verletzt zu sein.« Oder: »Du bist damit nicht allein. Viele hätten sich so gefühlt.«
- Erlaube dir, die Erfahrung der Wut voll und ganz anzuerkennen, während du versuchst, dich nicht zu sehr in der Geschichte von Richtig und Falsch zu verfangen.
- Es gibt keinen Grund, hier weiterzumachen, wenn die Anerkennung deiner Wut alles ist, was du gerade am meisten brauchst. Falls das so zutrifft, überspring einfach die weitere Anleitung. Denk daran, dass deine Wut etwas Natürliches ist, und sei sanft mit dir angesichts des Schmerzes, den du getragen hast, vielleicht schon seit vielen Jahren.

Weiche Gefühle

- Wenn es sich für dich gut anfühlt weiterzumachen, dann beginne, die Wut und den Groll zu entblättern – die verhärteten Gefühle –, und schau, was darunterliegt.
  Gibt es weiche Gefühle hinter den verhärteten?
  - Verletztheit? Angst? Einsamkeit? Traurigkeit? Trauer?
- Wenn du ein weiches Gefühl identifiziert hast, versuche, es für dich selbst mit einer sanften und verständnisvollen Stimme zu benennen: »Oh, das ist Traurigkeit.« Oder: »Das ist Angst.«
- Auch dabei gilt wieder: Wenn du es brauchst, verweile hier. Was fühlt sich für dich richtig an?

Unerfüllte Bedürfnisse

- Wenn du bereit bist weiterzugehen, schau, ob du die Person und die Geschichte zum Schmerz ziehen lassen kannst. Wenn auch nur für einen Moment. Möglicherweise hast du Gedanken bezüglich dessen, was sich richtig und was sich falsch anfühlt. Schau, ob du diese Gedanken für einen Moment zur Seite schieben kannst. Frage dich: »Welches grundlegend menschliche Bedürfnis habe ich oder hatte ich zu jener Zeit, das nicht erfüllt war?« Das Bedürfnis,
  - gesehen zu werden,
  - gehört zu werden,
  - sicher zu sein,
  - verbunden zu sein,
  - sich respektiert zu fühlen,
  - sich als etwas Besonderes zu fühlen,
  - sich geliebt zu fühlen?

- Welches deiner Bedürfnisse wurde nicht erfüllt?
- Versuch auch hier wieder, das Bedürfnis mit einer sanften und verständnisvollen Stimme zu benennen.

Mit Mitgefühl reagieren

- Wenn du weitermachen möchtest, lege deine Hände auf wohltuende Art auf deinen Körper und schenke dir selbst etwas Wärme und Freundlichkeit, nicht um die Gefühle zu vertreiben, sondern einfach weil diese Gefühle auftauchen.
- Die Arme, die du ausgestreckt hast – in der Sehnsucht, Fürsorge und Unterstützung von anderen zu empfangen –, können zu den Armen werden, die dir selbst die Fürsorge und Unterstützung geben, die du brauchst.
- Auch wenn du dir gewünscht haben solltest, dass deine Bedürfnisse durch jemand anders erfüllt würden, war die betreffende Person aus welchem Grund auch immer nicht in der Lage dazu. Wir haben allerdings eine andere Ressource – uns selbst –, und wir können erwägen, uns diese Bedürfnisse direkter selbst zu erfüllen:
    - Wenn du gesehen werden wolltest, versuch dir selbst zu sagen: »Ich sehe dich.« – »Es ist mir wichtig.«
    - Wenn du dich verbunden fühlen wolltest, versuch dir selbst zu sagen: »Ich bin für dich da.« – »Du gehörst dazu.«
    - Wenn du dich geliebt fühlen wolltest, versuch dir selbst zu sagen: »Ich liebe dich.« – »Du bist mir wichtig.«
- Schau, ob du diese Worte empfangen kannst. Vielleicht empfindest du Enttäuschung darüber, dass die andere Person nicht in der Lage war, deine Bedürfnisse zu erfüllen, aber ist es möglich, dass du zumindest einige deiner Bedürfnisse für dich selbst jetzt in diesem Moment erfüllen kannst?

- Und solltest du Schwierigkeiten damit haben, kannst du auch dafür Mitgefühl aufbringen – für den Schmerz, den wir Menschen erleben, wenn unsere tiefsten Bedürfnisse unerfüllt bleiben?
- Nun löse dich von der Übung, und ruhe einfach in deinem Erleben. Lass dabei diesen Moment einfach so sein, wie er ist, und dich selbst genau so, wie du bist.

REFLEXION

Wie fühlte es sich an, deine Wut anzuerkennen? Konntest du hinter der Wut weiche Gefühle entdecken? Hast du ein unerfülltes Bedürfnis ausgemacht? Konntest du etwas Selbstmitgefühl für dieses unerfüllte Bedürfnis empfinden und vielleicht sogar das Bedürfnis direkt erfüllen?

Hoffentlich bist du nur so weit in die Übung eingestiegen, wie es sich gut für dich anfühlte. Einige sind einfach nicht bereit, nachdem sie sich mit der alten Wut einer alten Verletztheit verbunden haben, die Schichten zu entblättern, sodass darunterliegende weiche Gefühle und Bedürfnisse freigelegt werden. In diesem Fall kann es das größte Selbstmitgefühl sein, deine Wut selbst zu bestätigen und an dieser Stelle aufzuhören. Andere mögen in der Lage sein, die weichen Gefühle und unerfüllten Bedürfnisse unter ihrer Wut freizulegen, aber wenn sie versuchen, ihre eigenen Bedürfnisse direkt zu erfüllen, sagt ihnen eine leise Stimme: »Ich will aber gar nicht meine eigenen Bedürfnisse erfüllen. Ich will, dass Person XY das macht!« In der Regel wird dadurch signalisiert, dass Gefühle der Verletzung geblieben sind, die noch nicht anerkannt worden sind. Oder es kann einfach sein, dass sich der natürliche Wunsch nach einer Entschuldigung seitens des anderen durchsetzt. Bis zu jenem segensreichen Tag, der wahrscheinlich nie kommen wird, solltest du jedoch die Möglichkeit in Betracht ziehen, dir selbst das zu geben, was du dringend brauchst, vielleicht schon seit geraumer Zeit.

ÜBUNG

Beherztes Mitgefühl

Wird Wut im Dienst der Linderung eigenen Leids beziehungsweise des Leids anderer eingesetzt, oder entflammt die Wut für die Durchsetzung »des Richtigen«, kann man sie als »beherztes Mitgefühl« bezeichnen. Einige der größten historischen Persönlichkeiten wie etwa Reverend Dr. Martin Luther King junior nutzten die Wut angesichts gesellschaftlicher Ungerechtigkeiten, um soziale Reformen zu beschleunigen und gleichzeitig die Flamme des universellen Respekts und Mitgefühls am Leben zu erhalten. Mit anderen Worten, Mitgefühl macht uns nicht schwach oder passiv oder führt dazu, dass wir die Fähigkeit verlieren, Recht von Unrecht zu unterscheiden. Mitgefühl hilft uns, klar zu sehen, was vor sich geht, und die komplexen Gründe zu verstehen, weshalb Menschen so handeln, wie sie handeln. Dies ermöglicht es uns, geeignete Maßnahmen zu ergreifen, um kontraproduktives oder destruktives Verhalten zu beenden, ohne andere pauschal den Kategorien »Gut« oder »Schlecht« zuzuordnen. Auf diese Weise hilft uns beherztes Mitgefühl im Gegensatz zu reaktiver Wut, der Ungerechtigkeit standzuhalten, ohne eine eh schon schlimme Situation durch Schuld oder Hass noch zu verschlimmern.

- Nimm zwei oder drei tiefe Atemzüge, und schließ die Augen für einen Moment, um zur Ruhe zu kommen und dich zu zentrieren. Versuche, deine Hände aufs Herz zu legen, oder schenk dir eine andere wohltuende Berührung als Geste der Unterstützung und Selbstfreundlichkeit.
- Denk an eine bestimmte soziale oder politische Situation, mit der du absolut nicht einverstanden bist. Statt nur wütend darüber zu sein, stell dir vor, wie du mit einer Denkweise von entschlossenem Mitgefühl darüber urteilen und fühlen würdest. Kannst du die Situation auf eine Art beschreiben, die niemanden verteufelt? Kannst du beginnen zu verstehen, dass die Leute, die diese Situation hervorgebracht haben, auch Menschen sind, die ihr

Bestes geben, während du gleichzeitig den entstandenen Schaden siehst, die Verantwortung der Verursacher nicht leugnest und die Notwendigkeit einer Veränderung anerkennst?

- Gibt es irgendeine *Aktivität,* die du initiieren möchtest, um die Situation aus der Perspektive des entschlossenen Mitgefühls heraus zu verändern?

- Nun denk an eine Situation in deinem *persönlichen Leben*, mit der du nicht einverstanden bist – eine Situation, die größtenteils von jemandem herbeigeführt wurde, den du persönlich kennst, zum Beispiel einem Partner, einem Kind, einem Freund, einer Kollegin … Nochmals, statt nur darüber wütend zu sein, stell dir vor, wie du mit entschlossenem Mitgefühl darüber denken und fühlen würdest. Kannst du die Situation so beschreiben, dass niemand verteufelt wird? Kannst du beginnen zu verstehen, dass die Leute, die diese Situation erschaffen haben, auch Menschen sind, die ihr Bestes geben, während sie gleichzeitig den zugefügten Schmerz und die Notwendigkeit einer Veränderung anerkennen?

....

....

....

....

....

....

- Gibt es etwas, was du von diesem Ort tiefen Mitgefühls aus unternehmen kannst, um zu versuchen, diese Situation zu ändern?

....

....

....

....

....

....

REFLEXION

Viele Menschen finden die Vorstellung von entschlossenem Mitgefühl befreiend. Es bietet eine Möglichkeit, Maßnahmen zu ergreifen und Veränderungen zu motivieren, ohne in die Fallen von Wut oder Schuldgefühlen zu geraten. Dies ist zwar ein nützliches Ideal, das man verfolgen kann, aber es ist auch wahr, dass Wut eine natürliche Reaktion ist und wir oft in unsere alten reaktiven Muster verfallen werden. Wenn das vorkommt, brauchen wir nicht auf uns selbst wütend zu werden, dass wir auf andere wütend sind! Stattdessen können wir Mitgefühl für unser eigenes Menschsein haben, unser Zentrum der liebevollen, verbundenen Präsenz finden und »es« erneut versuchen.

21

Selbstmitgefühl und Vergebung

Wenn uns jemand verletzt hat und wir immer noch Wut und Bitterkeit verspüren, dann kann Vergebung manchmal die mitfühlendste Reaktion darauf sein. Vergebung bedeutet, die Wut auf eine Person loszulassen, die uns wehgetan hat. Allerdings bedeutet Vergeben zunächst, dass wir trauern,[107] erst dann können wir loslassen. Der zentrale Punkt der Vergebungspraxis besteht darin, dass wir anderen nicht vergeben können, ohne uns zuerst für den Schmerz geöffnet zu haben, den wir erleiden mussten. Ebenso müssen wir uns, um uns selbst zu vergeben, zuerst dem Schmerz, der Reue und der Schuld öffnen, wenn wir andere verletzt haben.

Vergebung bedeutet nicht, schlechtes Verhalten zu dulden oder eine Beziehung aufrechtzuerhalten, die schmerzhaft ist. Wenn wir innerhalb einer Beziehung schlecht behandelt werden, dann müssen wir uns zunächst schützen, bevor wir vergeben können. Falls *wir* innerhalb einer Beziehung jemanden verletzen, dann können wir uns nicht vergeben,

> ***Vergebung hängt davon ab, ob man sich für die verursachten Schmerzen öffnen kann, ganz gleich, ob uns dieser Schmerz zugefügt wurde oder wir ihn verursacht haben.***

wenn wir dies als Ausrede für schlechtes Verhalten vorschieben. Zuerst müssen wir das abträgliche Verhalten unterlassen, dann den Schaden anerkennen, den wir verursacht haben, und dafür Verantwortung übernehmen.

Gleichzeitig ist es hilfreich, sich bewusst zu machen, dass der verursachte Schaden in der Regel das Produkt eines Universums von ineinander greifenden Ursachen und Bedingungen ist, die sich über einige Zeit erstrecken. Teilweise haben wir das Temperament unserer Eltern und Großeltern geerbt, und unser Handeln ist geprägt durch unsere frühe Kindheitsgeschichte, von unserer Kultur, unserem Gesundheitszustand, von aktuellen Ereignissen und so weiter. Deshalb haben wir nicht in jedem Moment die volle Kontrolle über das, was wir sagen und tun.

Manchmal verursachen wir im Leben Schmerzen, ohne das zu beabsichtigen, und dennoch kann es uns leidtun, diese unglückliche Situation verursacht zu haben: wenn wir beispielsweise, aus welchem Grund auch immer, ans andere Ende des Landes umziehen, um uns dort ein neues Leben aufzubauen, und Freunde und Familie zurücklassen, oder wenn wir aufgrund unserer Arbeitssituation unseren älteren Eltern nicht die Aufmerksamkeit schenken können, die sie bräuchten. Diese Art von Schmerz ist niemandes Schuld, und dennoch kann er anerkannt und mithilfe von Selbstmitgefühl geheilt werden.

Die Fähigkeit zu vergeben setzt ein ausgeprägtes Bewusstsein für unsere gemeinsame Humanität voraus. Wir alle sind unvollkommene Menschen, deren Handlungen aus einem Gewebe wechselseitig abhängiger Bedingungen resultieren, die viel größer sind als wir selbst. Mit anderen Worten: Wir brauchen unsere Fehler nicht so persönlich zu nehmen. Paradoxerweise hilft uns dieses Verständnis, mehr Verantwortung für unser Handeln zu entwickeln, da wir uns emotional sicherer fühlen.

In einer Studie[108] wurden die Teilnehmenden gebeten, sich eine Handlung aus jüngster Zeit zu vergegenwärtigen, für die sie sich schuldig fühlten, zum Beispiel in der Prüfung abschreiben, den Partner beziehungsweise die Partnerin belügen, etwas Verletzendes sagen – in jedem Falle etwas, wobei sie sich noch immer unwohl fühlten, wenn sie daran dachten. Die

Teilnehmenden, denen geholfen wurde, auf ihr Fehlverhalten mit Selbstmitgefühl zu reagieren, waren motivierter, sich für den von ihnen verursachten Schaden zu entschuldigen. Im Gegensatz zu jenen, denen nicht mit Selbstmitgefühl geholfen wurde, waren sie zudem entschlossener darin, dieses Verhalten nicht zu wiederholen.

> ***Wir sind von Natur aus unvollkommene Menschen, daher gibt es keinen Grund, uns selbst gegenüber so unnachgiebig zu sein.***

Anneka hatte große Schwierigkeiten, sich selbst zu vergeben, nachdem sie furchtbar wütend auf Hilde geworden war, ihre Freundin und Arbeitskollegin, der sie etwas derb gesagt hatte, sie könne sie mal … Anneka hatte bei der Arbeit unter enormem Druck gestanden, um einen Vertrag mit einem neuen Kunden abzuschließen, und war so weit, den Deal während eines Abendessen, zu dem der Kunde eingeladen hatte, zu beschließen. Die Kunden waren ziemlich konservativ; und Anneka wusste, um ihr Vertrauen zu gewinnen, musste sie pünktlich und angemessen gekleidet sein. Hilde sollte sie zu diesem Abendessen abholen, war jedoch zur vereinbarten Zeit nicht da. Aufgelöst rief Anneka sie an: »Wo steckst du?« Hilde hatte die Veranstaltung völlig vergessen und gab ein lauwarmes »Oh, tut mir Leid« zum Besten. Anneka platzte wie eine Bombe, sagte ein paar unschöne Dinge, legte auf und rief sich ein Taxi.

Unmittelbar danach fühlte Anneka sich schrecklich. Immerhin war es doch ihre Freundin! Hilde hatte ja sicher nicht mit Absicht irgendetwas »Schlimmes« getan, sie hatte es einfach vergessen, und Anneka war zu beschäftigt gewesen, um sie daran zu erinnern. In der Tat war Anneka wegen des erhofften Geschäftsabschlusses dermaßen angespannt, dass sie die Perspektive verlor und völlig überreagierte.

Vergebung geschieht in der Regel in fünf Schritten:

1. Sich dem Schmerz gegenüber öffnen: mit dem Kummer darüber, was geschehen ist, präsent sein.
2. Selbstmitgefühl: unsere Herzen in Anteilnahme für den Schmerz schmelzen lassen, ganz gleich, wodurch dieser verursacht wurde.
3. Weisheit: anfangen zu erkennen, dass die Situation nicht rein persönlich war, sondern die Folge vieler voneinander abhängiger Ursachen und Bedingungen.
4. Die Motivation zu vergeben: »Möge ich beginnen, mir selbst (oder einer anderen Person) zu vergeben für das, was ich (sie) getan habe (hat) – absichtlich oder unabsichtlich –, womit ihr (mir) Schmerz zugefügt wurde.«
5. Verantwortung übernehmen, sich zu schützen: sich selbst versprechen, den gleichen Fehler nicht zu wiederholen und sich so weit wie möglich vor solchen schädlichen Einflüssen zu schützen.

Anfänglich ging Anneka heftig mit sich selbst ins Gericht. Sie wusste aber auch, dass es niemandem helfen würde, sich selbst zu geißeln. Stattdessen musste sie sich verzeihen, weil sie ja nur einen Fehler gemacht hatte, so wie alle anderen auch Fehler begehen.

In ihrem MSC-Kurs hatte Anneka die fünf Schritte der Vergebung gelernt, also wusste sie, was zu tun war. Zunächst musste sie den Schmerz akzeptieren, den sie Hilde zugefügt hatte. Das war wirklich hart für Anneka, zumal es auch nicht zum erhofften Vertragsabschluss gekommen war. Ihr Verstand wollte Hilde dafür die ganze Schuld geben. Es war Hildes Schuld! Anneka kannte jedoch die Wahrheit. Es gab keine Entschuldigung dafür, so mit Hilde zu sprechen. Das war einfach nicht in Ordnung.

Anneka ließ sich instinktiv spüren, wie es für Hilde gewesen sein muss, all das zu hören – von jemandem, den sie für eine Freundin hielt. Das erforderte etwas Mut, denn Anneka fühlt sich ja deswegen so schlecht. Dann schenkte Anneka sich Mitgefühl für den Schmerz, dass sie einem Menschen, den sie mochte, wehgetan hatte. »Alle machen Fehler. Es tut mir so leid, dass du deiner Freundin auf diese Weise wehgetan hast. Ich weiß, du bereust das zutiefst.«

Sich Selbstmitgefühl zu schenken gab Anneka wieder etwas Perspektive, und sie konnte nun den unglaublichen Stress anerkennen, unter dem sie gestanden hatte. Die Umstände brachten das Schlimmste in ihr zum Vorschein. Dann versuchte Anneka, sich selbst zumindest vorläufig für ihr Verhalten zu vergeben. »Möge ich beginnen, mir selbst den Schmerz zu verzeihen, den ich meiner lieben Freundin Hilde unabsichtlich zugefügt habe.« Anneka verpflichtete sich darüber hinaus, bei Wutanfällen künftig mindestens einen tiefen Atemzug zu nehmen, bevor sie anfinge zu reden. Sie wusste auch, dass dies einige Zeit dauern würde, denn sie merkte nicht immer gleich, wann sie wütend war. Jedenfalls war sie entschlossen zu versuchen, weniger reaktiv zu sein, wenn sie in der Zukunft unter Druck stünde.

Die nächsten beiden Übungen führen dich durch die fünf Schritte zur Vergebung – uns selbst vergeben und anderen vergeben. Auch hier besteht der wesentliche Punkt der Vergebung darin, sich zuerst dem Schmerz zu öffnen, den wir erlebt oder anderen zugefügt haben. Das Timing ist dabei sehr wichtig, weil wir von Natur aus ambivalent sind, wenn es darum geht, die Schuld darüber zu fühlen, anderen wehgetan zu haben, und auch darum, uns anfällig für erneute Verletzungen zu machen. Um ein geflügeltes Wort zu zitieren, müssen wir zuerst »alle Hoffnung auf eine bessere Vergangenheit aufgeben«.

INFORMELLE PRAXIS

Anderen vergeben

- Nimm zwei oder drei tiefe Atemzüge, und schließe für einen Moment die Augen, um anzukommen und dich zu zentrieren. Leg deine Hände auf dein Herz, oder berühre dich anderswo wohltuend als Geste der Unterstützung und Selbstfreundlichkeit.

  Denke nun an eine Person, die dich verletzt hat und der du vielleicht zu vergeben bereit bist. Denke dabei an ein bestimmtes Ereignis in dieser Beziehung, das leicht störend war, vielleicht eine Drei auf einer Skala von eins bis zehn. Für diese Übung ist es wichtig, dass du eine Person und ein Ereignis wählst, bei dem du wirklich bereit bist zu verzeihen, weil du erkennst, dass das Festhalten an Wut und Vorwürfen dir unnötig wehtut. Nimm dir Zeit, und beschreibe das Ereignis, das du ansprechen möchtest.

- Während du die Übung machst, versuche, viel Raum für alles zu schaffen, was du erlebst, indem du dich dieser Übung mit Neugier näherst, dir der Ereignisse bewusst bist, ohne vom Drama mitgerissen zu werden. Wenn du anfängst, dich zu unwohl zu fühlen, solltest du dich von der Übung lösen. Du kannst jederzeit zu ihr zurückkehren.

Sich dem Schmerz gegenüber öffnen

- Erinnere dich so lebhaft wie möglich an die Details, komm mit dem Schmerz in Kontakt, den die Person dir zugefügt hat, spüre ihn vielleicht sogar in deinem Körper.
- Du brauchst den Schmerz nur zu berühren, du musst von ihm nicht überwältigt werden.

Selbstmitgefühl

- Erkenne den Schmerz so an, als würdest du mit einem lieben Freund oder einer lieben Freundin sprechen: »Natürlich fühlst du dich so … du wurdest verletzt!« Und: »Das tut weh!«
- Mach weiter damit, dir Selbstmitgefühl zu schenken, vielleicht indem du eine Hand aufs Herz oder an eine andere Stelle legst und die Freundlichkeit durch deine Hände in deinen Körper strömen lässt. Oder indem du dir selbst Sätze des Selbstmitgefühls schenkst: »Möge ich in Sicherheit sein.« – »Möge ich stark sein.« – »Möge ich freundlich zu mir sein.«
- Frage dich nun selbst: »Bin ich bereit, dieser Person zu vergeben?« Wenn nicht, dann schenk dir weiterhin Selbstmitgefühl.

Weisheit

- Wenn du wirklich bereit bist zu vergeben, dann schau, ob du die Kräfte verstehen kannst, die diese Person dazu gebracht haben, sich unangemessen zu verhalten. Indem du anerkennst, dass Fehler zu machen etwas zutiefst

Menschliches ist, schau, ob es irgendwelche äußeren Umstände gab, die das Geschehen beeinflussten – Faktoren außerhalb von dir und dieser anderen Person, die du noch nicht berücksichtigt hast.

- Stand der andere beispielsweise zu besagtem Zeitpunkt unter großem Stress? Oder gab es Schwierigkeiten, die die Persönlichkeit dieses Menschen geprägt haben (etwa eine wirklich problematische Kindheit, geringes Selbstwertgefühl, kulturelle Faktoren)? Die meisten Menschen versuchen nur, ihr Leben zu leben, so gut sie können. Und dennoch, ganz gleich, welche Faktoren beteiligt waren, dir hat ihr Verhalten trotzdem wehgetan.

Die Motivation zu vergeben

- Wenn es sich für dich nun richtig anfühlt zu vergeben – und nur dann! –, beginne, der anderen Person zu vergeben. Vielleicht mit dem Satz: »Möge ich beginnen, dir dafür zu vergeben, dass du mir durch dein Handeln absichtlich oder unabsichtlich Schmerzen zugefügt hast.«
- Wiederhole den Satz zwei- bis dreimal.

Verantwortung übernehmen, sich zu schützen

- Zu guter Letzt, wenn du so weit bist: Schließe einen Vertrag mit dir selbst ab – nimm dir vor, dich auf diese Art nicht wieder verletzen zu lassen, nicht von dieser Person und auch nicht von einer anderen. Zumindest soweit dir das möglich ist.

REFLEXION

Wie hat es sich angefühlt, noch einmal mit dem Schmerz Kontakt aufzunehmen, den du erlebt hattest? Konntest du dir selbst Mitgefühl schenken? Gab es Widerstand?

War es dir möglich, irgendwelche Faktoren zu identifizieren, die du vorher nicht berücksichtigt hattest, die zu dem verletzenden Verhalten dieser Person geführt haben? Wie hat es sich angefühlt, Sätze des Vergebens zu sprechen? Konntest du mit Gefühlen der Entschlossenheit in Kontakt kommen, dich in Zukunft zu schützen?

Einige entdecken bei dieser Übung, dass sie einfach noch nicht bereit sind zu verzeihen. Die fehlende Bereitschaft zu vergeben ist bereits selbst eine wichtige Lernerfahrung. Wenn dir das passiert ist, versuch, dich auf das Wort *»beginnen«* im Satz des Vergebens zu konzentrieren, das die Absicht würdigt, es ohne Ringen geschehen zu lassen. Wir wissen, dass wir verziehen haben, wenn sich das Herz frei fühlt. Falls wir das Vergeben jedoch als eine Last empfinden, sind wir noch nicht so weit.

INFORMELLE PRAXIS

Uns selbst vergeben

- Nimm zwei oder drei tiefe Atemzüge, und schließe für einige Momente die Augen, um zur Ruhe zu kommen und dich zu zentrieren. Leg deine Hände auf dein Herz, oder schenke dir eine andere wohltuende Berührung als Geste der Unterstützung und Selbstfreundlichkeit.
- Jetzt denke an eine Person, der du Schmerz zugefügt hast. Denke bitte an ein bestimmtes bedauerliches Ereignis, das in der Beziehung eingetreten ist und dessentwegen du dir selbst verzeihen möchtest. Wähle auch hier beim ersten Mal wieder eine relativ überschaubare Situation. Von der Heftigkeit vielleicht eine Drei auf einer Skala von eins bis zehn. Lass dir Zeit, um die richtige Situation zu finden, mit der du arbeiten willst.

....

....

....

....

....

....

....

Sich dem Schmerz gegenüber öffnen

- Nimm dir einen Moment Zeit, um darüber nachzudenken, welche Auswirkungen deine Handlungen auf die andere Person hatten, und erlaube dir, die Schuld und Reue zu fühlen, die natürlicherweise entstehen, wenn wir jemandem Schmerz bereiten. Das kann etwas Mut erfordern.
- Es könnte dir helfen, wenn du dich die mit Schuld verbundenen Körperempfindungen spüren lässt, indem du in deinem Körper dafür Raum schaffst.
- Solltest du feststellen, dass das, was du fühlst, eher Scham als Schuld ist, dann magst du vielleicht noch einmal in Kapitel 17 die Übung zum Umgang mit Scham durchgehen.

Selbstmitgefühl

- Wenn du das Gefühl hast, dass du falsch gehandelt hast, erkenne, dass es Teil des Menschseins ist, Fehler zu machen; auch Schuld gehört zur menschlichen Erfahrung.
- Schenke dir selbst Mitgefühl dafür, wie sehr du gelitten hast. Vielleicht, indem du dir sagst: »Möge ich freundlich zu mir selbst sein. Möge ich mich selbst

so akzeptieren, wie ich bin.« Wenn du magst, lege gegebenenfalls erneut eine Hand aufs Herz oder an eine andere Stelle, und lass die Freundlichkeit durch deine Finger in deinen Körper einströmen.

- Falls es sich so anfühlt, als wäre es gut, hier etwas zu verweilen, dann folge dieser Intuition. Es besteht keine Notwendigkeit weiterzugehen.

Weisheit

- Wenn du dazu bereit bist, versuche zu verstehen, was zu deinem Fehler geführt hat. Nimm dir einen Moment, um zu überlegen, ob irgendwelche äußeren Umstände sich zu jenem Zeitpunkt auf dich ausgewirkt haben. Hattest du beispielsweise gerade viel Stress? Oder wurden bestimmte Aspekte deiner Persönlichkeit auf eine irrationale Weise ausgelöst, wurden alte Knöpfe gedrückt? Nimm dir einen Moment Zeit, um über dich selbst und über deine persönliche Interpretation dieser Situation hinauszuschauen.
- Oder hast du vielleicht gar keinen erkennbaren Fehler gemacht und einfach nur versucht, dein Leben so zu leben, wie du es am besten kannst?

Die Motivation zu vergeben

- Nun schau, ob du dir selbst Vergebung zuteilwerden lassen kannst, indem du den Satz sagst: »Möge ich anfangen, mir selbst zu vergeben für das, was ich absichtlich oder auch unabsichtlich getan habe und was dieser Person Schmerzen bereitete.«

Verantwortung übernehmen, sich zu schützen

- Und wenn es sich richtig anfühlt, nimm dir vor, nie wieder jemanden auf diese Weise zu verletzen. Zumindest nach bestem Wissen und Gewissen.

REFLEXION

Was fiel dir leichter: dir selbst oder anderen zu verzeihen? Ist es dir gelungen, dich dem Schmerz darüber zu öffnen, dass du eine andere Person verletzt hast?

Konntest du dir selbst Mitgefühl schenken, obwohl du dich dessen unwürdig gefühlt hast? War es hilfreich, Faktoren zu identifizieren, die zu deinem Verhalten geführt haben? Wie fühlte es sich an, die Sätze des Vergebens zu sprechen? Konntest du mit Gefühlen der Entschlossenheit in Kontakt treten, einen anderen nicht wieder auf die gleiche Weise zu verletzen?

Es erfordert besonderen Mut, sich den Gefühlen von Schuld und Reue zu öffnen, die mit der Erkenntnis einhergehen, jemanden verletzt zu haben. Je mehr wir diese unangenehmen Gefühle mit Mitgefühl halten können, desto stärker wird unser Entschluss sein, denselben Fehler nicht noch einmal zu begehen. Bekanntlich befürchten einige Skeptiker, dass wir durch Selbstvergebung die Verantwortung für unser Handeln abgeben. Echte Selbstvergebung ist jedoch eigentlich ein Vorbote für wirksame Veränderungen.

22

Das Gute annehmen

Einer der größten Vorteile des Selbstmitgefühls besteht darin, dass es dir nicht nur beim Umgang mit negativen Gefühlen hilft, sondern auch aktiv positive Gefühle erzeugt.[109] Wenn wir uns selbst und unsere Erfahrung mit liebevoller, verbundener Präsenz annehmen, dann fühlt sich das gut an. Und zwar weder gut auf eine zuckersüße Art und Weise, noch leugnet es, was sich schlecht anfühlt, oder vermeidet dieses gar. Selbstmitgefühl ermöglicht es uns vielmehr, die ganze Bandbreite an Erfahrung zu haben, das Bittere wie das Süße.

Normalerweise neigen wir jedoch dazu, uns viel stärker auf das zu konzentrieren, was nicht stimmt, als auf das, was in unserem Leben gut läuft. Wenn du beispielsweise an deinem Arbeitsplatz dein jährliches Mitarbeitergespräch hast, woran erinnerst du dich mehr? An die Punkte des Lobs oder an die der Kritik? Oder wenn du es beim Einkauf im Einkaufszentrum mit fünf höflichen Verkäuferinnen und einer eher uncharmanten zu tun hattest, welche bleibt wohl in deinem Gedächtnis hängen?

Die Konzentration auf das Negative schützte unsere Vorfahren vor Gefahren. Heute beschert uns das ein unausgeglichenes, unrealistisches Gewahrsein.

Der psychologische Begriff dafür lautet »Negativitätstendenz« *(negativity bias).*[110] Rick Hanson sagt, das Gehirn sei wie ein »Klettverschluss für schlechte Erfahrungen und wie Teflon für gute«.[111] Evolutionsgeschichtlich gesehen, liegt der Grund für die Negativitätstendenz darin, dass unsere Vorfahren, die beunruhigt waren und sich am Ende des Tages sorgten – also die, die sich fragten, wo das Rudel Hyänen wohl gestern war und wo es sich morgen aufhalten könnte –, höhere Überlebenschancen hatten als jene Vorfahren, die sich ausruhten und sorglos entspannten. Dabei handelt es sich also um eine evolutionäre Anpassung, wenn wir physischer Gefahr ausgesetzt sind. Heutzutage allerdings stellen die meisten der Gefahren, denen wir gegenüberstehen, in erster Linie eine Bedrohung für unser Selbstempfinden dar. Daher ist das Korrigieren dieser Negativitätstendenz, die schlichtweg unsere Realität verzerrt, ein Zeichen reinen Selbstmitgefühls.

Damit wir ein realistischeres, ausgewogeneres Gewahrsein entwickeln, das nicht zum Negativen verzerrt ist, müssen wir positive Erfahrungen ganz bewusst erkennen und aufnehmen. Dies erfordert etwas Übung, so wie es für Achtsamkeit und Selbstmitgefühl Übung braucht. Da das Mitgefühlstraining auch die Öffnung für Schmerzen impliziert, brauchen wir vielleicht diesen Energieschub, um uns auf positive Erfahrungen zu konzentrieren und um unsere Mitgefühlspraxis zu unterstützen.[112]

In der Konzentration auf das Positive steckt ein wichtiger Nutzen. Barbara Fredrickson, die die *»Broaden-and-build«*-Theorie[113] entwickelt hat (eine der wichtigsten Theorien der Positiven Psychologie), postuliert, dass der evolutionäre Zweck positiver Gefühle darin besteht, die Aufmerksamkeit und das Verhaltensreservoir zu erweitern *(to broaden).* Mit anderen Worten, wenn Menschen sich sicher und zufrieden fühlen, werden sie neugierig, sie beginnen, ihre Umgebung zu erkunden, und nehmen Gelegenheiten für die Beschaffung von Nahrung, einer Unterkunft oder von Erholung wahr. So können wir Chancen nutzen, die sonst unbemerkt blieben, und persönliche Ressourcen bilden *(to build).*

»Wenn sich eine Tür der Freude schließt, geht eine andere auf, aber oft schauen wir so lange auf die geschlossene Tür, dass wir diejenige, die für uns geöffnet wurde, nicht sehen.«

HELEN KELLER[114]

Seit einiger Zeit gibt es eine Bewegung in der Psychologie, die sich darauf konzentriert, die effizientesten Wege zu finden, um Menschen zu helfen, positive Emotionen zu kultivieren. Zwei kraftvolle Praktiken, die dabei identifiziert wurden, sind Genießen und Dankbarkeit.

GENIESSEN

Genießen bedeutet, die positiven Aspekte des Lebens wahrzunehmen und wertzuschätzen – sie aufzunehmen, sie nachklingen zu lassen und sie dann loszulassen. Es geht um mehr als um bloßes Vergnügen – Genuss impliziert achtsames Gewahrsein der Erfahrung der Freude. Anders ausgedrückt, handelt es sich darum, sich bereits während des Geschehens bewusst zu sein, dass gerade etwas Gutes passiert.

Genießen ist Achtsamkeit gegenüber positiven Erfahrungen.

Angesichts unserer natürlichen Tendenz, das, was richtig läuft, zu übergehen und uns stattdessen auf das zu konzentrieren, was nicht stimmt, braucht es etwas mehr Einsatz, unsere Aufmerksamkeit darauf zu lenken, was uns Freude bereitet.[115] Zum Glück ist das Genießen eine einfache Übung – den säuerlichen und saftigen Geschmack eines Apfels wahrzunehmen, eine sanfte kühle Brise auf deiner Wange, das warme Lächeln deines Kollegen, die Hand deiner Partnerin, die behutsam deine Hand hält. Die Forschung legt nahe, dass die bloße Zeit, die wir uns nehmen, um diese Art von positiven Erfahrungen wahrzunehmen und in ihnen zu schwelgen, unser Glücksgefühl und damit unsere Gesundheit erheblich erhöhen kann.[116]

DANKBARKEIT

Dankbarkeit bedeutet, das Gute in unserem Leben zu identifizieren, es anzuerkennen und dafür dankbar zu sein.[117] Wenn wir uns nur auf das konzentrieren, was wir wollen, aber nicht haben, dann verharren wir in einem negativen Geisteszustand. Indem wir uns jedoch auf das konzentrieren, was wir haben, und das zu schätzen wissen, erleben wir eine radikale Neuausrichtung unserer Erfahrung.

Während der Genuss in erster Linie eine erfahrungsbasierte Übung sein wird, ist Dankbarkeit eine Weisheitspraxis. Weisheit bezieht sich auf das Verständnis dessen, wie alles aus wechselseitiger Abhängigkeit hervorgeht. Das komplexe Zusammenwirken von Faktoren, die erforderlich sind, damit selbst ein einfaches Ereignis eintritt, ist vielfach verblüffend und kann eine Haltung des Staunens und der Ehrfurcht hervorrufen. Dankbarkeit bedeutet, die unzähligen Menschen und Ereignisse zu erkennen, die zum Guten in unserem Leben beitragen. Wie es eine Teilnehmerin in einem MSC-Kurs einmal formulierte: »Dankbarkeit ist der Stoff, aus dem Weisheit gemacht ist.«

Die Weisheitspraxis namens Dankbarkeit bedeutet zu wissen, dass die guten Dinge in unserem Leben aus einer Vielzahl von Menschen und Ereignissen um uns herum hervorgehen.

Dankbarkeit mag auf die großen Dinge im Leben ausgerichtet sein, wie unsere Gesundheit und unsere Familie, aber die Wirkung der Dankbarkeit kann noch kraftvoller sein, wenn sie auf die vermeintlich kleinen Dinge ausgerichtet ist, wie die Tatsache, dass der Bus pünktlich kommt oder die Klimaanlage an einem heißen Sommertag für Kühlung sorgt.

Untersuchungen belegen, dass Dankbarkeit eng mit dem Gefühl des Glücklichseins verbunden ist.[118] Wie der Philosoph Mark Nepo schrieb: »Ein Schlüssel zur Freude liegt darin, leicht zufrieden zu sein.«[119] Der Meditationslehrer James Baraz erzählt in seinem Buch *Awakening Joy* (deutsch: Freude) diese wunderbare Geschichte über die Kraft der Dankbarkeit, die wir hier mit Erlaubnis angepasst haben:[120]

Als ich einmal meine damals 89-jährige Mutter besuchte, hatte ich eine Zeitschrift dabei, die einen Artikel über die wohltuende Wirkung der Dankbarkeit enthielt. Beim gemeinsamen Abendessen erzählte ich ihr von einigen der Ergebnisse. Sie sagte, sie sei beeindruckt von dem Bericht, gab aber auch zu, dass sie die Gewohnheit hatte, das Glas ein Leben lang als halb leer zu betrachten.

»Ich weiß, dass ich sehr begünstigt bin und so viele Dinge habe, für die ich dankbar sein kann. Dennoch können mich Kleinigkeiten aus der Fassung bringen.« Sie wollte diese Angewohnheit gerne ändern, hatte aber Zweifel daran, ob das wirklich möglich war. »Ich bin es einfach gewohnt, eher das zu sehen, was schiefgeht«, schloss sie ihre Rede.

»Weißt du, Mutter, der Schlüssel zur Dankbarkeit liegt wirklich darin, wie wir eine Situation beschreiben«, begann ich, »Stell dir zum Beispiel vor, dass plötzlich dein Fernsehempfang gestört ist.«

»Mit diesem Szenario kann ich tatsächlich etwas anfangen«, stimmte sie mit einem wissenden Lächeln zu.

»Eine Möglichkeit, deine Erfahrung zu beschreiben, könnte wie folgt klingen: ›Ich würde am liebsten schreien vor Wut!‹ Oder du könntest sagen: ›Das ist ärgerlich … und mein Leben ist wirklich sehr gesegnet.‹«

Sie stimmte zu, dass dies einen großen Unterschied ausmachen könnte.

Sie seufzte: »Ich glaube allerdings nicht, dass ich mich daran erinnern werde, es tatsächlich so zu machen.«

Also haben wir uns gemeinsam ein Dankbarkeitsspiel ausgedacht, um sie daran zu erinnern. Jedes Mal, wenn sie sich über etwas beschwerte, würde ich einfach sagen: »Und …«, worauf sie mit einem »Und mein Leben ist sehr gesegnet« antworten würde. Ich war begeistert zu sehen, dass sie bereit war, es auszuprobieren. Obwohl es ursprünglich nur ein amüsantes Spiel war, begann es nach einer Weile wirklich Wirkung zu zeigen. Ihre Stimmung hellte sich auf, als unsere Wochen von Dankbarkeit erfüllt wurden. Zu meiner Freude und Verwunderung setzte meine Mutter diese Praxis fort, und die Veränderung war revolutionär.

INFORMELLE PRAXIS

Der Sinnesgenuss-Spaziergang[121]

Diese Genusspraxis ist besonders erhebend, wenn sie in einer schönen Umgebung mitten in der Natur ausgeführt wird, zum Beispiel in einem Garten oder im Wald, aber sie kann überall dort durchgeführt werden, wo du dich ungehemmt fühlst.

- Nimm dir fünfzehn Minuten Zeit, um im Freien umherzuschlendern. Der Zweck des Spaziergangs ist es, alle anziehenden Objekte oder positiven inneren Erfahrungen langsam, nacheinander, mit allen Sinnen zu bemerken und zu genießen – Sehsinn, Geruchssinn, Hörsinn, Tastsinn ... vielleicht sogar den Geschmackssinn.
- Das Ziel besteht nicht darin, dass du »versuchst«, dich zu amüsieren oder irgendetwas zu verwirklichen. Erlaube dir einfach, wahrzunehmen, dich anziehen zu lassen, zu verweilen und dann das, was dir Vergnügen bereitet, wieder loszulassen – was auch immer dich »ruft«.
- Wie viele schöne, anziehende oder inspirierende Details fallen dir während deines Spaziergangs auf? Genießt du den Duft der Kiefer, die warme Sonne, ein schönes Blatt, die Form eines Steins, ein lächelndes Gesicht, das Lied eines Vogels, das Gespür für die Erde unter deinen Füßen?
- Wenn du etwas Entzückendes oder Angenehmes findest, lass dich davon anziehen. Genieß es wirklich. Rieche das frisch geschnittene Gras, oder spüre die Maserung eines Stocks, wenn du magst. Gib dich ganz der jeweiligen Erfahrung hin, als wäre sie das Einzige, was es gerade auf der Welt gäbe.
- Sobald du das Interesse verlierst und etwas Neues entdecken möchtest, lass es los, und warte, bis du etwas anderes Anziehendes und Entzückendes entdeckst. Sei wie eine Hummel, die von Blüte zu Blüte summt. Bist du von einer erfüllt, zieh zur nächsten.
- Lass dir Zeit, beweg dich langsam, und schau, was so alles vor dir auftaucht.

REFLEXION

Wie hat es sich angefühlt, dich gezielt den positiven Erfahrungen zuzuwenden? Ist dir etwas aufgefallen, was du normalerweise übersehen hättest? Konntest du dabei verweilen und Freude und Schönheit aufnehmen?

Wie fühlst du dich jetzt im Vergleich dazu, wie du dich vor der Übung gefühlt hast?

Die meisten Menschen finden, dass das Eintauchen in positive Erfahrungen sie auch glücklicher macht. Diese Übung kann darüber hinaus zeigen, wie unser gedankliches »Geschnatter« im Kopf über das Erlebte häufig dessen Genuss behindert. Wenn wir uns jedoch wieder auf unsere unmittelbare Erfahrung der Schönheit konzentrieren, werden unsere Sinne geschärft, sodass Farben heller werden, die Geräusche klarer, die Gerüche aromatischer und so fort. Wie Emily Dickinson einst schrieb: »Zu leben ist so erstaunlich, dass es wenig Raum für andere Tätigkeiten lässt.«[122]

INFORMELLE PRAXIS

Das Essen genießen

Bei der Wertschätzung einer Mahlzeit geht es um achtsames Essen mit der zusätzlichen Einladung, die Erfahrung der Nahrungsaufnahme voll und ganz zu genießen:

- Wähl einen Snack oder ein Gericht, auf das du Lust hast.
- Nimm dir einen Moment, um den Anblick des Essens zu bewundern. Dann erfasse den Duft und wie sich das Lebensmittel eventuell in der Hand anfühlt.
- Denke an die vielen Hände, die dazu beigetragen haben, dass dieses Essen nun bald in deinem Mund sein kann – die Landwirte, die Lkw-Fahrer, die Lebensmittelhändler …

- Nimm zunächst wahr, wie dir vom Anblick der Köstlichkeit eventuell das Wasser im Mund zusammenläuft, bring etwas davon an deinen Mund, nimm wahr, wenn es zwischen deine Lippen geführt wird, wenn du abbeißt, ob sich das Aroma ausbreitet, wann du anfängst zu schlucken …
- Iss weiter auf diese Art und Weise, und gib dir die volle Erlaubnis, jeden Augenblick der Erfahrung des Essens zu genießen, so als wäre es zugleich die erste und die letzte Mahlzeit deines Lebens.
- Wenn du fertig bist, nimm den »Abgang« und den Nachhall wahr – wie die Aromen in deinem Mund verweilen.

REFLEXION

Hat das Essen anders geschmeckt als sonst, nachdem du dir die Erlaubnis gegeben hattest, dir Zeit zu nehmen und es zu genießen? Wie war es für dich, auf diese Weise zu essen?

Der Genuss von Speisen bringt in der Regel unmittelbare Zufriedenheit und Wohlbefinden mit sich. Wenn wir hingegen unachtsam essen, genießen wir unsere Mahlzeiten normalerweise gar nicht und verschlingen oft mehr, als gut für uns wäre. Die Forschung zeigt, dass ein zusätzlicher Vorteil des achtsamen Essens darin besteht, dass es uns hilft, unser Gewicht zu halten, weil wir eher merken, dass wir satt sind, und mit dem Essen aufhören.[123]

ÜBUNG

Dankbarkeit für die großen und kleinen Dinge

Schreibe fünf »große« Umstände beziehungsweise Gegebenheiten aus deinem Leben auf, die dir sehr wichtig sind und für die du dankbar bist. Beispiele könnten deine Gesundheit, deine Kinder, dein Beruf, deine Freunde … sein:

1. ……………………………………………………………………………………

2. ……………………………………………………………………………………

3. ……………………………………………………………………………………

4. ……………………………………………………………………………………

5. ……………………………………………………………………………………

Nun schreib fünf eher »kleine« *und* unbedeutende Umstände beziehungsweise Gegebenheiten auf – Randerscheinungen oder vermeintliche Selbstverständlichkeiten, die du normalerweise übersiehst, für die du dennoch dankbar bist. Beispiele sind die Knöpfe an deiner Jacke, eine Fahrradpumpe zur rechten Zeit, warmes fließendes Wasser, das aufrichtige Lächeln eines Gegenübers, eine Brille fürs Kleingedruckte …

1. ……………………………………………………………………………………

2. ……………………………………………………………………………………

3. ……………………………………………………………………………………

4. ……………………………………………………………………………………

5. ……………………………………………………………………………………

REFLEXION

Ist auf deiner Liste irgendetwas aufgetaucht, was dich überrascht hat? War es einfacher, für die großen oder die kleinen Dinge Dankbarkeit zu empfinden? Wie fühlst du dich nach dieser Übung im Vergleich dazu, wie du dich zuvor gefühlt hast?

Du kannst diese Übung auch im Geiste morgens vor dem Aufstehen im Bett machen oder abends vor dem Einschlafen, wenn das Licht schon aus ist. Versuch dabei, die fünf Finger an jeder Hand zu nutzen – fünf für die großen Dinge und fünf für die kleinen, für die du dankbar bist. Dafür brauchst du nur wenige Minuten, aber die Forschung belegt, dass die Dankbarkeit für das, was man hat, einen großen positiven Einfluss auf die psychische Gesundheit haben kann.[124]

23

Selbstwertschätzung

Die meisten Menschen erkennen, wie wichtig es ist, Dankbarkeit und Wertschätzung anderen gegenüber auszudrücken. Nur was ist mit uns selbst? Das fällt oft nicht so leicht.

Die im vorigen Kapitel angesprochene Negativitätstendenz ist der eigenen Person gegenüber besonders stark ausgeprägt. Selbstwertschätzung fühlt sich nicht nur irgendwie unnatürlich an – sie kann uns geradezu falsch erscheinen. Da wir dazu neigen, mehr auf unsere Schwächen als auf unsere Stärken zu schauen, haben wir oft eine verzerrte Vorstellung davon, wer wir wirklich sind. Wie hältst du es denn, wenn du ein Kompliment erhältst? Lässt du es voll und ganz auf dich wirken, oder prallt es beinah sofort von dir ab? Oft fühlen wir uns schon beim bloßen Gedanken an unsere guten Qualitäten unwohl. Das Gegenargument taucht beinah sofort auf: »Ich bin nicht immer so.« Oder »Ich habe auch eine Reihe schlechter Eigenschaften.« Auch diese Reaktion deutet auf unsere Negativitätstendenz hin, denn wenn wir unangenehmes Feedback bekommen, sind unsere ersten Gedanken in der Regel ja wohl nicht automatisch:

> ***Die meisten Menschen halten Selbstwertschätzung für schlichtweg falsch.***

»Ja, aber ich bin nicht immer so.« Oder: »Bist du dir all meiner guten Eigenschaften auch bewusst?«

Viele von uns haben tatsächlich Angst davor, ihr eigenes Gutsein anzuerkennen. Einige verbreitete Gründe, die dafür angegeben werden, sind die folgenden:

- Ich will mich von meinen Freunden nicht durch Arroganz entfremden.
- Ich brauche mich nicht auf meine guten Eigenschaften zu konzentrieren, denn sie sind kein Problem, das behoben werden müsste.
- Ich fürchte, mich auf einen Sockel zu stellen, nur um da wieder herunterzufallen.
- Ich würde mich anderen überlegen fühlen und mich ausgrenzen.

Natürlich herrscht ein großer Unterschied zwischen dem einfachen Eingeständnis der Wahrheit – nämlich dass wir ebenso gute wie auch nicht so gute Eigenschaften haben – und der Behauptung, dass wir perfekt oder besser seien als andere. Es ist wichtig, unsere Stärken zu schätzen und Mitgefühl für unsere Schwächen zu hegen, damit wir unser ganzes Selbst genau so annehmen, wie wir sind.

Wir können die bereits genannten drei Komponenten des Selbstmitgefühls – Selbstfreundlichkeit, gemeinsames Menschsein und Achtsamkeit – sowohl auf unsere positiven als auch auf unsere negativen Eigenschaften anwenden. Diese drei Faktoren zusammengenommen ermöglichen es uns, uns selbst auf eine gesunde und ausgewogene Weise wertzuschätzen.

Selbstwertschätzung

Selbstfreundlichkeit: Um freundlich zu uns selbst zu sein, müssen wir unsere Wertschätzung für unsere guten Eigenschaften zum Ausdruck bringen, so wie wir es mit guten Freunden tun würden.

Gemeinsames Menschsein: Wenn wir uns daran erinnern, dass gute Eigenschaften Teil des Menschseins sind, dann können wir unsere Stärken anerkennen, ohne uns isoliert oder besser als andere zu fühlen.

Achtsamkeit: Um uns selbst wertzuschätzen, müssen wir unseren guten Eigenschaften Aufmerksamkeit schenken, statt sie als selbstverständlich anzusehen.

Es ist wichtig zu erkennen, dass die Praxis der Selbstwertschätzung weder egoistisch noch egozentrisch ist. Vielmehr erkennt sie einfach an, dass gute Eigenschaften Teil des Menschseins sind – wenngleich viele mit dem Verständnis aufgewachsen sind, dass Bescheidenheit heißt, die eigenen Errungenschaften nicht anzuerkennen. Dieser Ansatz kann dem Selbstverständnis der Kinder und später den Erwachsenen schaden und ihnen dabei im Weg stehen, sich selbst richtig kennenzulernen. Selbstwertschätzung ist ein Weg, die Negativitätstendenz uns selbst gegenüber zu korrigieren und uns selbst klarer als vollständige Person zu sehen. Selbstwertschätzung versorgt uns auch mit der emotionalen Resilienz und dem Selbstvertrauen, das erforderlich ist, um anderen etwas geben zu können.

Das Menschsein umfasst sowohl gute als auch schlechte Eigenschaften. Demnach ist Selbstwertschätzung realistisch und nicht egoistisch.

Die Bestsellerautorin und spirituelle Lehrerin Marianne Williamson schreibt, wir alle seien dazu da, zu leuchten wie die Kinder. Und wenn wir unser Licht scheinen ließen, gäben wir damit unbewusst anderen die Erlaubnis, das Gleiche zu tun. Wenn wir uns von unserer Furcht befreit hätten, würde unsere Gegenwart automatisch auch andere befreien.[125]

Weisheit und Dankbarkeit sind ebenfalls von zentraler Bedeutung für die Selbstwertschätzung. Diese im vorherigen Kapitel besprochenen Eigenschaften helfen uns, unsere guten Qualitäten in einem weiteren Kontext zu sehen. Wenn wir uns selbst wertschätzen, schätzen wir auch alle Ursachen, Bedingungen und Menschen – einschließlich Freunden, Eltern und Lehrern –, die uns geholfen haben, diese guten Eigenschaften überhaupt zu entwickeln. Daher brauchen wir unsere eigenen guten Eigenschaften gar nicht so persönlich zu nehmen …!

Wenn wir uns selbst ehren, ehren wir gleichzeitig all jene, die uns auf diesem Weg durch ihre Förderung und Unterstützung geholfen haben.

Alice wuchs in einer streng protestantischen Familie auf, in der Bescheidenheit und Zurückhaltung als Norm galten. Als sie acht Jahre alt war und mit einer Trophäe für den Sieg im Buchstabierwettbewerb der dritten Klasse nach Hause kam, so erinnert sie sich, zog ihre Mutter lediglich eine Augenbraue hoch und sagte: »Jetzt bild dir nur nicht zu viel darauf ein!« Jedes Mal, wenn Alice etwas erreicht hatte, fühlte sie sich gezwungen, es herunterzuspielen oder anderenfalls die Missbilligung ihrer Familie zu erfahren.

Als Erwachsene kam Alice mit Theo zusammen, der sie schön fand, freundlich, klug, kurz: wunderbar – und ihr das auch gern sagte. Alice zuckte dann nicht nur jedes Mal vor Verlegenheit zusammen, Theos Bemerkungen machten ihr auch Angst: Was, wenn Theo herausfindet, dass ich nicht perfekt bin? Was passiert, wenn ich ihn enttäusche? Sie wiegelte seine Komplimente immer wieder ab, überhaupt, wenn er etwas Nettes sagte, und ließ Theo perplex und auf der anderen Seite einer unsichtbaren Wand zurück.

Alice wurde allmählich geübter in der Praxis des Selbstmitgefühls, insbesondere in der Fähigkeit, ihre persönlichen Unzulänglichkeiten als einen Teil des gemeinsamen Menschseins anzusehen. Aber sie wusste, dass sie einen längeren Weg vor sich hatte. Zunächst einmal machte sie sich über alles Gute, das sie im Lauf eines Tages tat, eine mentale Notiz – ein Augenblick der Freundlichkeit, ein Erfolg, eine kleine Errungenschaft. Dann versuchte sie, etwas Wertschätzendes darüber zu sagen, so etwas wie: »Das war gut gemacht, Alice.« Als sie derart mit sich selbst sprach, fühlte sie sich so, als verstoße sie gegen einen ungeschriebenen Vertrag aus ihrer Kindheit, und damit fühlte sie sich unwohl. Sie blieb jedoch am Ball. »Ich sage nicht, dass ich besser bin als alle anderen oder dass ich perfekt bin. Ich erkenne einfach an, dass auch das stimmt.«

Schließlich verpflichtete sich Alice, die herzlichen Komplimente von Theo anzunehmen und sie zu schätzen. Theo war so angetan von dieser Wendung, dass er ihr ein Armband schenkte, auf dessen Innenseite zu lesen war: »Ich bin vielleicht nicht perfekt, aber zum Teil bin ich ausgezeichnet.«

ÜBUNG

Wie ist mein Verhältnis zu meinen guten Eigenschaften?

Sieh dir einmal die Fragen aus der folgenden Auflistung an, und sei bei der Beantwortung so offen und ehrlich wie möglich:

- Wie reagierst du auf Komplimente? Nimmst du sie mit Freude oder Anmut an, oder verspannst du dich, vermeidest du sie, oder wehrst du sie gar ab?

....

....

- Wenn du nur für dich allein bist: Findest du es angenehm oder unangenehm, deine guten Eigenschaften wertzuschätzen?

....

....

....

....

....

....

....

- Wenn du es unangenehm findest, deine guten Eigenschaften wertzuschätzen, überleg mal, woran das liegen mag. Hast du Angst davor, arrogant zu wirken, vom Sockel zu fallen, selbstgefällig zu werden oder dich von anderen ausgegrenzt zu fühlen? Oder gibt es einen anderen Grund? Wie ist es bei dir?

....

....

....

....

....

....

....

REFLEXION

Viele Menschen stellen fest, dass eher Selbstwertschätzung und nicht Selbstmitgefühl am »Wachstumsrand« ihrer Praxis liegt. Irgendwie scheint es in Ordnung zu sein, die eigenen Fehler und Unzulänglichkeiten zu akzeptieren, aber die eigenen Stärken und Leistungen anzuerkennen? Pfui! Wenn du das auch so siehst, dann bedeutet dies, dass du wirklich davon profitieren kannst, Selbstwertschätzung zu einer bewussten Praxis in deinem Alltag zu machen!

ÜBUNG

Selbstwertschätzung

Diese Übung wird dir helfen, Eigenschaften zu entdecken, die du an dir selbst schätzt, besonders indem du jene Einflüsse in deinem Leben erkennst, die dir geholfen haben, diese guten Eigenschaften hervorzubringen.

Sollte dir während dieser Übung irgendwie unwohl sein, schaffe Raum für alles, was du empfindest, und erlaube dir, so zu sein, wie du bist:

- Nimm zwei oder drei tiefe Atemzüge, und schließe die Augen für einige Momente, um anzukommen und dich zu zentrieren. Lege die Hände aufs Herz, oder verwende eine andere wohltuende Berührung als Geste der Unterstützung und Selbstfreundlichkeit.
- Denke nun an drei bis fünf Eigenschaften oder Gegebenheiten, die du an dir schätzt. Die ersten, die dir in den Sinn kommen, können etwas oberflächlich sein. Schau, ob du dich für das öffnen kannst, was du wirklich tief in deinem Inneren an dir magst und wertschätzt. Bitte nimm dir Zeit, und sei ehrlich.

- Jetzt betrachte nacheinander all diese positiven Eigenschaften, und nick dir selbst innerlich anerkennend dafür zu, dass du diese Gaben hast.
- Achte darauf, ob du dich unwohl fühlst, wenn du über deine guten Eigenschaften nachdenkst, und schaffe Raum dafür, damit deine Erfahrung genau so sein kann, wie sie ist.
- Denke daran, dass du nicht sagst, du würdest diese Eigenschaften immer an den Tag legen oder du wärst besser als andere. Du räumst lediglich ein, dass das Positive auch wahr ist.
- Nun schau, ob es Menschen gibt, die dir dabei geholfen haben, diese guten Eigenschaften zu entwickeln. Vielleicht Freunde, Eltern, Lehrer(innen) oder gar Buchautoren, die einen positiven Einfluss auf dich hatten.

- Denke an jeden dieser positiven Einflüsse, und sende in Gedanken allen ein wenig Dankbarkeit und Wertschätzung.
- Genieße dich selbst nur für diesen Augenblick so richtig, fühl dich gut angesichts deiner selbst, schwelge so richtig darin.

REFLEXION

Ist es dir gelungen, an ein paar gute Eigenschaften von dir zu denken? Wie fühlte es sich an, als du dich selbst wertgeschätzt hast? Fiel es dir leichter, als du auch anderen dankbar warst und sie gewürdigt hast?

Für die meisten Menschen ist das Interessante an dieser Übung, wie viel einfacher es ist, unsere guten Eigenschaften zu akzeptieren, wenn wir erkennen, wie sehr sie mit dem Leben und den Beiträgen anderer verflochten sind. Das Licht der Wertschätzung auf uns selbst zu lenken scheint dann weniger selbstzentriert zu sein, und wir fühlen uns nicht so allein, wenn wir andere in den Kreis der Wertschätzung einbeziehen.

Viele Menschen empfinden diese Übung als schwierig, besonders diejenigen, die an einem Kindheitstrauma leiden oder in einem Umfeld groß geworden sind, in dem Stolz auf die eigenen Erfolge als »etwas Schlechtes« galt. Bei dem Versuch, unsere guten Eigenschaften zu schätzen, erinnern wir uns manchmal daran, dass unsere positiven Leistungen nicht geschätzt wurden, oder unsere nicht so guten Anteile werden für uns deutlicher. Das ist Backdraft (siehe Kapitel 8). Wenn dir das passiert, denk daran, dass Backdraft Teil des Transformationsprozesses ist, und sei zärtlich und mitfühlend mit dir selbst.

Backdraft kann auch ein Signal dafür sein, dass dies eine fruchtbare Übung für dich ist, die langsam und mit Geduld angegangen werden sollte. Wenn du dir selbst erlaubst, dein ganzes Wesen anzuerkennen – sowohl das Gute als auch das Schlechte –, öffnest du die Tür zu einem erfüllteren, authentischeren Leben.

24

Wie kann es weitergehen?

Wir sind nun am Ende dieses Arbeitsbuchs angelangt, und du hast für das Kultivieren von Selbstmitgefühl eine Vielfalt von Prinzipien und Übungen kennengelernt. Vielleicht fragst du dich, wie du das Gelernte in deinen Alltag integrieren und wie du in den kommenden Monaten oder gar Jahren weiterüben kannst.

Manchmal wird die Frage gestellt: »Was ist die richtige Praxis für mich?« Die beste Antwort kommt von der Meditationslehrerin Sharon Salzberg: »Diejenige, der du dich am stärksten verbunden fühlst!« Oft erkennen wir erst im Nachhinein, welcher Übung wir uns am meisten gewidmet haben. Ein guter Start sind meist diejenigen, die uns am leichtesten fielen und uns am meisten Spaß gemacht haben. Welche das sind? Etwas weiter unten hast du Gelegenheit, darüber nachzudenken.

Auch hilft es zu wissen, welche Übungen für dich die bedeutsamsten und hilfreichsten waren. Vielleicht bist du auf einen »Wachstumsrand« gestoßen und hast dort Backdraft erlebt, spürst allerdings, dass die Freiheit in unmittelbarer Reichweite liegt. Wenn dem so ist, mach dir dazu eine Notiz, und kehr zu dieser Übung zurück, wenn du so

Die beste Übung für dich ist die, der du dich am stärksten verschrieben hast.

weit bist, während du mit Blick darauf, wie du übst, die ganze Zeit im Selbstmitgefühl bleibst.

Hier folgen nun noch einige hilfreiche Hinweise zur Aufrechterhaltung deiner Übungspraxis:

- Gestalte dein Üben so angenehm wie möglich – selbstverstärkend.
- Fange klein an. Kurze Übungen können schon einen großen Unterschied ausmachen.
- Übe in deinem Alltag, und zwar dann, wenn du es am meisten brauchst.
- Sei mitfühlend mit dir, wenn deine Übungspraxis nachlässt, und fang einfach neu an.
- Lass alle unnötige Anstrengung los, um auf richtige Art und Weise zu üben – sei einfach warm und wohlwollend mit dir selbst.
- Übe jeden Tag zur gleichen Zeit.
- Identifiziere die Hindernisse, die deiner Praxis im Weg stehen.
- Lies Bücher zum Thema Achtsamkeit und Selbstmitgefühl.
- Führe ein Tagebuch über deine Erfahrungen während der Übungspraxis.
- Bleib in Kontakt – praktiziere in Gemeinschaft.
- Hör dir die geführten Meditationen an. Die gesprochene Anleitung dazu findest du mit dem Code **3k35vp** auf *www.arbor-verlag.de/NeffGermer/MSC_ueben*
- Besuche einen MSC-Kurs. Die Website www.msc-selbstmitgefuehl.org verfügt über ein Verzeichnis von MSC-Kursen, die weltweit angeboten werden, sowie auch über einen eigenen Online-Trainingskurs.

ÜBUNG

Woran möchte ich mich erinnern?

Bevor du die Lektüre dieses Buches abschließt, möchtest du vielleicht über alles Gelernte reflektieren. Möglicherweise fühlst du dich auch vom reinen Umfang des neuen Lernstoffs überwältigt. Deshalb taucht die Frage auf: »Woran möchte ich mich erinnern?« Bitte beantworte die folgenden zwei Fragen – eine davon ist eine Herzensfrage, die andere eher auf die Übungen bezogen.

Herzensfrage

- Schließe die Augen für einen Moment, und lass dich über deine Erfahrung der Zeit nachsinnen, in der du dieses Buch durchgegangen bist. Scanne die Region deines Herzens, fühle dein Herz und frage dich: »Was hat mich berührt, bewegt oder etwas in mir verändert?« Zur Unterstützung deiner Erinnerung kannst du deine Aufzeichnungen in diesem Buch oder in deinem Notizbuch durchgehen.
- Es kann wirklich alles sein – vielleicht eine Überraschung, eine Erkenntnis, eine Eingebung? Oder etwas, was dir Trost gespendet, dich herausgefordert, aufgetankt oder auf dem Weg transformiert hat?
- Nimm dir Zeit und schreibe auf, was in deinem Geist auftaucht – woran du dich erinnern möchtest.

....

....

....

....

....

....

Auf die Übungen bezogene Frage

- Als Nächstes notier dir alle Übungen, an die du dich erinnern möchtest, die du wiederholen und mitnehmen magst. Schau, ob es formale Meditationen gibt, die dir hilfreich waren, und auch einige informelle Übungen für den Alltag. Um dich an die Übungen zu erinnern, blättere durch dieses Arbeitsbuch, und achte besonders auf die Übungen, bei denen du am leichtesten eine Resonanz verspürt hast oder die die kraftvollste Auswirkung auf dich hatten.

....

....

....

....

....

....

....

....

....

....

Zum Schluss

Wir sind dir, unserem Leser und unserer Leserin, aufrichtig dankbar dafür, dass du dich uns auf dem Pfad der Achtsamkeit und des Selbstmitgefühls angeschlossen hast. Uns ist bewusst, dass es Mut und Engagement erfordert, sich für die Fülle der menschlichen Erfahrung zu öffnen. Deine Bemühungen tragen hoffentlich bereits die ersten Früchte, vielleicht in Form eines leichteren, glücklicheren Herzens. Auf eine Art ist die Praxis paradox: Je mehr wir mit Achtsamkeit und Mitgefühl ins Leiden eintauchen, desto mehr befreit sie unsere Herzen. Wir müssen jedoch geduldig sein.

Die Praxis der Achtsamkeit und des Selbstmitgefühls ist eine lebenslange Reise – wir kommen nie an. Darin steckt etwas Gutes, denn so wird jeder Moment unseres Lebens zu etwas Kostbarem, und wir erkennen in jedem Augenblick eine Gelegenheit zum Üben. Besonders schätzen wir die Gelegenheit des gemeinsamen Praktizierens in Gemeinschaft. Wir hoffen, dass du dich als Teil dieser wachsenden Gemeinschaft in einer Weise betrachtest, die dich nährt.

Schließlich mögen die Früchte unserer gemeinsamen Bemühungen allen Wesen gewidmet sein, und mögen wir nie vergessen, uns selbst in den großen Kreis des Mitgefühls einzubeziehen.

Anhang

Dank

Auch wenn wir mit der Entwicklung Achtsamen Selbstmitgefühls (Mindful Self-Compassion, MSC) im Jahr 2010 begannen, so ist dies nun zu einem Projekt der weltweiten Gemeinschaft der MSC-Übenden, Lehrerinnen und Forscher geworden, und wir hatten das große Glück, deren kumulierte Weisheit zusammentragen und sie in das Trainingsprogramm integrieren zu können, was du hier in deinen Händen hältst. Wir hoffen, dass MSC sich auch künftig kontinuierlich weiterentwickeln wird, während wir die Kunst erlernen, Mitgefühl in diese Welt zu bringen – beginnend mit der Freundlichkeit uns selbst gegenüber. Dafür wollen wir uns bei den unzähligen Menschen bedanken, deren Stimmen in diesem Buch wiederzufinden sind.

Wir befinden uns auch in der glücklichen Lage, dass Mitgefühl und Wissenschaft nicht länger zwei voneinander getrennte Themen sind, sondern dass die Weisheiten des Ostens und des Westens zusammenfließen. Eine solche Zusammenführung ist beispiellos in der menschlichen Geschichte. Wir sind jenen Koryphäen zutiefst dankbar, die den Mut und die Visionskraft hatten, diese Brücken zu bauen. Um hier einige beim Namen zu nennen: der Dalai Lama, Jon Kabat-Zinn, Sharon Salzberg, Jack Kornfield, Richie Davidson, Sara Lazar, Tania Singer, Pema Chödrön, Thupten Jinpa, Tara Brach, Daniel Siegel, Rick Hanson und Paul Gilbert. Ihre Bemühungen haben den unsrigen den Weg geebnet, um die Ausbildung in Selbstmitgefühl einem breiten Lesepublikum zur Verfügung stellen zu können.

Von Anfang an hatten wir enge Verbindungen zu Kolleginnen und Kollegen, die den Wert des Selbstmitgefühls erkannt und unsere Bemühungen auf viele verschiedene Arten und Weisen selbstlos unterstützt haben. Darunter sind Michelle Becker, Steve Hickman, Christine Brähler, Susan Pollak, Pittman McGehee, Kristy Arbon, Lienhard Valentin, Wibo Koole, Hilde Steinhauser, Judith Soulsby, Vanessa Hope, Hailan Guo, Seogwang Snim, Marta Alonso Maynar, Dawn MacDonald und Micheline St. Hilaire. Besonders Steve und Michelle haben im Jahr 2014 unsere MSC-Lehrerausbildungsinitiative an der Universität von Kalifornien in San Diego eingeführt und uns dabei geholfen, die einzigartige Pädagogik zu entwickeln, die in diesem Buch wiederzufinden ist – ein Training in Selbstmitgefühl, das unterschiedlichen Menschen einen sicheren und wirksamen Ansatz bietet. Wir hoffen, dass die Lesenden, die durch die Verwendung dieses Buches Veränderungen in ihrem Leben wahrnehmen, in Erwägung ziehen, einen MSC-Kurs zu belegen, und die Gelegenheit erhalten, mit unseren ausgebildeten und talentierten Lehrerinnen und Lehrern in Kontakt zu kommen, die mit Herzblut diese Kurse geben. (Du kannst Kurse bei dir vor Ort unter *www.msc-selbstmitgefuehl.org* finden.)

Ohne die leidenschaftliche Unterstützung unserer lieben Lektorin Kitty Moore aus dem Hause The Guilford Press, die in den letzten Jahrzehnten bemüht war, die Welt zu einem besseren Ort zu machen, würde dieses Buch nicht existieren. Wir sind auch unserer Redakteurin Christine Benton sehr dankbar. Sie las jedes Wort dieses Handbuchs und prüfte es in Hinblick auf Inhalt und Stil, um es gut lesbar und so benutzerfreundlich wie möglich zu gestalten. Zu guter Letzt hoffen wir, dass wir in den nächsten Jahren etwas von der Großzügigkeit und dem Verständnis zurückgeben können, das unsere Lieben uns entgegengebracht haben, vor allem zu nennen sind Kristins Sohn Rowan und Chris' Lebenspartnerin Claire. Mögen ihre von Liebe erfüllten Herzen in den Zeilen dieses Buches wiederzufinden sein.

Anmerkungen

1 Zitiert nach *www.bbc.co.uk/worldservice/learningenglish/movingwords/quotefeature/rumi.shtml*, Zugriff 8.4.2019.

2 Zessin, U., Dickhauser, O., und Garbade, S. (2015): »The relationship between self-compassion and well-being: A meta-analysis«, *Applied Psychology: Health and Well-Being*, 7 (3), 340–364.

3 Breines, J. G., und Chen, S. (2012): »Self-compassion increases self-improvement motivation«, *Personality and Social Psychology Bulletin*, 38 (9), 1133–1143.

4 Neff, K. D., und Beretvas, S. N. (2013): »The role of self-compassion in romantic relationships«, *Self and Identity*, 12 (1), 78–98.

5 Dunne, S., Sheffield, D., und Chilcot, J. (2018): »Brief report: Self-compassion, physical health and the mediating role of health-promoting behaviours«, *Journal of Health Psychology*, 23 (7), 993–999.

6 MacBeth, A., und Gumley, A. (2012): »Exploring compassion: A meta-analysis of the association between self-compassion and psychopathology«, *Clinical Psychology Review*, 32, 545–552.

7 Sbarra, D. A., Smith, H. L., und Mehl, M. R. (2012): »When leaving your ex, love yourself: Observational ratings of self-compassion predict the course of emotional recovery following marital separation«, *Psychological Science*, 23, 261–269.

8 Brion, J. M., Leary, M. R., und Drabkin, A. S. (2014): »Self-compassion and reactions to serious illness: The case of HIV«, *Journal of Health Psychology*, 19 (2), 218–229.

9 Neff, K. D., Hseih, Y., und Dejitthirat, K. (2005): »Self-compassion, achievement goals, and coping with academic failure«, *Self and Identity*, 4, 263–287.

10 Hiraoka, R., Meyer, E. C., Kimbrel, N. A., DeBeer, B. B., Gulliver, S. B., und Morissette, S. B. (2015): »Self-compassion as a prospective predictor of PTSD symptom severity among trauma-exposed U.S. Iraq and Afghanistan war veterans«, *Journal of Traumatic Stress*, 28, 1–7.

11 Birnie, K., Speca, M., und Carlson, L. E. (2010): »Exploring self-compassion and empathy in the context of mindfulness-based stress reduction (MBSR)«, *Stress and Health*, 26, 359–371.

12 Kuyken, W., Watkins, E., Holden, E., White, K., Taylor, R. S., Byford, S., et al. (2010): »How does mindfulnessbased cognitive therapy work?«, *Behavior Research and Therapy*, 48, 1105–1112.

13 Keng, S., Smoski, M. J., Robins, C. J., Ekblad, A. G., und Brantley, J. G. (2012): »Mechanisms of change in mindfulness-based stress reduction: Self-compassion and mindfulness as mediators of intervention outcomes«, *Journal of Cognitive Psychotherapy*, 26 (3), 270–280.

14 Neff, K. D., und Germer, C. K. (2013): »A pilot study and randomized controlled trial of the Mindful Self-Compassion program«, *Journal of Clinical Psychology*, 69 (1), 28–44.

15 Bluth, K., Gaylord, S. A., Campo, R. A., Mullarkey, M. C., und Hobbs, L. (2016): »Making friends with yourself: A mixed methods pilot study of a Mindful Self-Compassion program for adolescents«, *Mindfulness*, 7 (2), 1–14.

16 Friis, A. M., Johnson, M. H., Cutfield, R. G., und Consedine, N. S. (2016): »Kindness matters: A randomized controlled trial of a mindful self-compassion intervention improves depression, distress, and HbA1c among patients with diabetes«, *Diabetes Care*, 39 (11), 1963–1971.

17 Neff, K. D., und Vonk, R. (2009): »Self-compassion versus global self-esteem: Two different ways of relating to oneself«, *Journal of Personality*, 77, 23–50.

18 Germer, Christopher, Siegel, Ronald D., und Fulton, Paul (Hg.): *Achtsamkeit in der Psychotherapie*, Freiamt, Arbor Verlag, 2009; Original: *Mindfulness and Psychotherapy*, New York, NY, Guilford Press, 2. Aufl. 2013.

19 Germer, Christopher: *Der achtsame Weg zum Selbstmitgefühl: Wie man sich von destruktiven Gedanken und Gefühlen befreit*, Freiburg, Arbor Verlag, 2017; Original: *The Mindful Path to Self-Compassion*, New York, Guilford Press, 2009.

20 Neff, Kristin: *Selbstmitgefühl: Wie wir uns mit unseren Schwächen versöhnen und uns selbst der beste Freund werden*, München, Kailash Verlag, 2012; Original: *Self-Compassion: The Proven Power of Being Kind to Yourself*, New York, NY, William Morrow, 2011.

21 Germer, Christopher, und Neff, Kristin: *Teaching the Mindful Self-Compassion Program: A Guide for Professionals*, New York, Guilford Press, 2019. Die deutsche Ausgabe wird Ende 2020 im Arbor Verlag erscheinen.

22 Neff, K. D. (2003): »Self-compassion: An alternative conceptualization of a healthy attitude toward oneself«, *Self and Identity*, 2, 85–102.

23 Neff, K. D., und Pommier, E. (2013): »The relationship between self-compassion and other-focused concern among college undergraduates, community adults, and practicing meditators«, *Self and Identity*, 12 (2), 160–176.

24 Raes, F. (2010): »Rumination and worry as mediators of the relationship between self-compassion and depression and anxiety«, *Personality and Individual Differences*, 48, 757–761.

25 Sbarra, D. A., Smith, H. L., und Mehl, M. R. (2012): »When leaving your ex, love yourself: Observational ratings of self-compassion predict the course of emotional recovery following marital separation«, *Psychological Science*, 23, 261–269.

26 Hiraoka, R., Meyer, E. C., Kimbrel, N. A., DeBeer, B. B., Gulliver, S. B., und Morissette, S. B. (2015): »Self-compassion as a prospective predictor of PTSD symptom severity among trauma-exposed U.S. Iraq and Afghanistan war veterans«, *Journal of Traumatic Stress*, 28, 1–7.

27 Wren, A. A., Somers, T. J., Wright, M. A., Goetz, M. C., Leary, M. R., Fras, A. M., et al. (2012): »Self-compassion in patients with persistent musculoskeletal pain: Relationship of self-compassion to adjustment to persistent pain«, *Journal of Pain and Symptom Management*, 43 (4), 759–770.

28 K. D., und Beretvas, S. N. (2013): »The role of self-compassion in romantic relationships«, *Self and Identity*, 12 (1), 78–98.

29 Yarnell, L. M., und Neff, K. D. (2013): »Self-compassion, interpersonal conflict resolutions, and well-being«, *Self and Identity*, 2 (2), 146–159.

30 Neff, K. D., und Pommier, E. (2013): »The relationship between self-compassion and other-focused concern among college undergraduates, community adults, and practicing meditators«, *Self and Identity*, 12 (2), 160–176.

31 Magnus, C. M. R., Kowalski, K. C., und McHugh, T. L. F. (2010): »The role of self-compassion in women's self-determined motives to exercise and exercise-related outcomes«, *Self and Identity*, 9, 363–382.

32 Schoenefeld, S. J., und Webb, J. B. (2013): »Self-compassion and intuitive eating in college women: Examining the contributions of distress tolerance and body image acceptance and action«, *Eating Behaviors*, 14 (4), 493–496.

33 Brooks, M., Kay-Lambkin, F., Bowman, J., und Childs, S. (2012): »Self-compassion amongst clients with problematic alcohol use«, *Mindfulness*, 3 (4), 308–317.

34 Terry, M. L., Leary, M. R., Mehta, S., und Henderson, K. (2013): »Self-compassionate reactions to health threats«, *Personality and Social Psychology Bulletin*, 39 (7), 911–926.

35 Zhang, J. W., und Chen, S. (2016): »Self-compassion promotes personal improvement from regret experiences via acceptance«, *Personality and Social Psychology Bulletin*, 42 (2), 244–258.

36 Howell, A. J., Dopko, R. L., Turowski, J. B., und Buro, K. (2011): »The disposition to apologize«, *Personality and Individual Differences*, 51 (4), 509–514.

37 Neff, K. D. (2003). Development and validation of a scale to measure self-compassion«, *Self and Identity*, 2, 223–250.

38 Neff, K. D., Hseih, Y., und Dejitthirat, K. (2005): »Self-compassion, achievement goals, and coping with academic failure«, *Self and Identity*, 4, 263–287.

39 Breines, J. G., und Chen, S. (2012): »Self-compassion increases self-improvement motivation«, *Personality and Social Psychology Bulletin*, 38 (9), 1133–1143.

40 Neff, K. D., und Vonk, R. (2009): »Self-compassion versus global self-esteem: Two different ways of relating to oneself«, *Journal of Personality*, 77, 23–50.

41 Zum Beispiel MacBeth, A., und Gumley, A. (2012): »Exploring compassion: A meta-analysis of the association between self-compassion and psychopathology«, *Clinical Psychology Review*, 32, 545–552. Zessin, U., Dickhauser, O., und Garbade, S. (2015): »The relationship between self-compassion and well-being: A meta-analysis«, *Applied Psychology: Health and Well-Being*, 7 (3), 340–364. Neff, K. D., Long, P., Knox, M. C., Davidson, O., Kuchar, A., Costigan, A., et al. (2019): »The forest and the trees: Examining the association of self-compassion and its positive and negative components with psychological functioning«, Self and Identity (im Druck). Hall, C. W., Row, K. A., Wuensch, K. L., und Godley, K. R. (2013): »The role of self-compassion in physical and psychological well-being«, *Journal of Psychology*, 147 (4), 311–323.

42 Neff, K. D., und Germer, C. K. (2013): »A pilot study and randomized controlled trial of the Mindful Self-Compassion program«, *Journal of Clinical Psychology*, 69 (1), 28–44.

43 Neff, K. D. (2003): »Development and validation of a scale to measure self-compassion«, *Self and Identity*, 2, 223–250.

44 Raes, F., Pommier, E., Neff, K. D., und Van Gucht, D. (2011): »Construction and factorial validation of a short form of the Self-Compassion Scale«, *Clinical Psychology and Psychotherapy*, 18, 250–255.

45 Ullrich, P. M., und Lutgendorf, S. K. (2002): »Journaling about stressful events: Effects of cognitive processing and emotional expression«, *Annals of Behavioral Medicine*, 24 (3), 244–250.

46 Gilbert, Paul: *The Compassionate Mind*, London, Constable & Robinson, 2009.

47 LeDoux, J. E.: Synaptic Self: *How Our Brains Become Who We Are,* New York, Penguin, 2003.

48 Solomon, J., und George, C. (1996): »Defining the caregiving system: Toward a theory of caregiving«, *Infant Mental Health Journal*, 17 (3), 183–197.

49 Stellar, J. E., und Keltner, D.: »Compassion«, in Tugade, M., Shiota, L., und Kirby, L. (Hg.): *Handbook of Positive Emotions*, New York, Guilford Press, 2014, 329–341.

50 Rockcliff, H., Gilbert, P., McEwan, K., Lightman, S., und Glover, D. (2008): »A pilot exploration of heart rate variability and salivary cortisol responses to compassion-focused imagery«, *Clinical Neuropsychiatry*, 5, 132–139.

51 Eagly, A. H.: *Sex Differences in Social Behavior: A Social-Role Interpretation*, Hillsdale, NJ, Erlbaum, 1987.

52 Bishop, S. R., Lau, M., Shapiro, S., Carlson, L., Anderson, N. D., Carmody, J., et al. (2004): »Mindfulness: A proposed operational definition«, *Clinical Psychology Science and Practice*, 11, 191–206.

53 Raichle, M. E., MacLeod, A. M., Snyder, A. Z., Powers, W. J., Gusnard, D. A., und Shulman, G. L. (2001): »A default mode of brain function«, *Proceedings of the National Academy of Sciences of the USA*, 98 (2), 676–682.

54 Brewer, J. A., Worhunsky, P. D., Gray, J. R., Tang, Y. Y., Weber, J., und Kober, H. (2011): »Meditation experience is associated with differences in default mode network activity and connectivity«, *Proceedings of the National Academy of Sciences of the USA*, 108 (50), 20 254–20 259. Taylor, V. A., Daneault, V., Grant, J., Scavone, G., Breton, E., Roffe-Vidal, S., et al. (2013): »Impact of meditation training on the default mode network during a restful state«, *Social Cognitive and Affective Neuroscience*, 8 (1), 4–14.

55 Young, S. (2016): »A pain processing algorithm«, *www.shinzen.org/wp-content/uploads/2016/12/art_painprocessingalg.pdf*, abgerufen am 8.2.2018.

56 McCracken, L. M., und Eccleston, C. (2003): »Coping or acceptance: What to do about chronic pain?«, *Pain*, 105 (1), 197–204.

57 Wegner, D. M., Schneider, D. J., Carter, S. R., und White, T. L. (1987): »Paradoxical effects of thought suppression«, *Journal of Personality and Social Psychology*, 53 (1), 5–13.

58 Germer, C. K., und Neff, K. D. (2013): »Self-compassion in clinical practice«, *Journal of Clinical Psychology*, 69 (8), 856–867.

59 Singh, N. N., Wahler, R. G., Adkins, A. D., Myers, R. E., und die Mindfulness Research Group (2003): »Soles of the feet: A mindfulness-based self-control intervention for aggression by an individual with mild mental retardation and mental illness«, *Research in Developmental Disabilities*, 24, 158–169.

60 Salzberg, Sharon: *Metta-Meditation: Buddhas revolutionärer Weg zum Glück. Geborgen im Sein*, Freiamt, Arbor Verlag, 2003; Original: *Lovingkindness: The Revolutionary Art of Happiness*, Boston, MA, Shambhala Publications, 1995.

61 Goetz, J. L., Keltner, D., und Simon-Thomas, E. (2010): »Compassion: An evolutionary analysis and empirical review«, *Psychological Bulletin*, 136, 351–374.

62 Dalai Lama: *Lighting the Path: The Dalai Lama Teaches on Wisdom and Compassion,* South Melbourne, Thomas C. Lothian, 2003.

63 Pace, T. W. W., Negi, L. T., Adame, D. D., Cole, S. P., Sivilli, T. I., Brown, T. D., et al. (2009): »Effect of compassion meditation on neuroendocrine, innate immune and behavioral responses to psychosocial stress«, *Psychoneuroendocrinology*, 43 (1), 87–98.

64 Shonin, E., Van Gordon, W., Compare, A., Zangeneh, M., und Griffiths, M. D. (2014). Buddhist-derived loving-kindness and compassion meditation for the treatment of psychopathology: A systematic review«, *Mindfulness*, 6, 1161–1180.

65 Fredrickson, B. L., Cohn, M. A., Coffey, K. A., Pek, J., und Finkel, S. M. (2008): »Open hearts build lives: Positive emotions, induced through loving-kindness meditation, build consequential personal resources«, *Journal of Personal and Social Psychology*, 95, 1045–1062.

66 Moyers, W., und Ketcham, K.: Broken: *My Story of Addiction and Redemption* (zitiert nach The Politics of the Brokenhearted von Parker J. Palmer), New York, Viking Press, 2006.

67 Gilbert, P. P., McEwan, K. K., Gibbons, L. L., Chotai, S. S., Duarte, J. J., und Matos, M. M. (2012): »Fears of compassion and happiness in relation to alexithymia, mindfulness, and self-criticism«, *Psychology and Psychotherapy: Theory, Research and Practice*, 85 (4), 374–390.

68 Neff, K. D., Hseih, Y., und Dejitthirat, K. (2005): »Self-compassion, achievement goals, and coping with academic failure«, *Self and Identity*, 4, 263–287.

69 Neely, M. E., Schallert, D. L., Mohammed, S. S., Roberts, R. M., und Chen, Y. (2009): »Self-kindness when facing stress: The role of self-compassion, goal regulation, and support in college students well-being«, *Motivation and Emotion*, 33, 88–97.

70 Breines, J. G., und Chen, S. (2012): »Self-compassion increases self-improvement motivation«, *Personality and Social Psychology Bulletin*, 38 (9), 1133–1143.

71 Schwartz, Richard: *IFS. Das System der Inneren Familie: Ein Weg zu mehr Selbstführung*, Books on Demand, Norderstedt 2008; Original: *Introduction to the Internal Family Systems Model*, Trailheads Publications, Oak Parl, IL, 2001.)

72 Grogan, S.: Body Image: *Understanding Body Dissatisfaction in Men, Women and Children*, London, Taylor & Francis, 2016.

73 Braun, T. D., Park, C. L., und Gorin, A. (2016): »Self-compassion, body image, and disordered eating: A review of the literature«, *Body Image*, 17, 117–131.

74 Albertson, E. R., Neff, K. D., und Dill-Shackleford, K. E. (2014): »Self-compassion and body dissatisfaction in women: A randomized controlled trial of a brief meditation intervention«, *Mindfulness*, 6 (3), 444–454.

75 Chödrön, Pema: Die Weisheit der Ausweglosigkeit, Freiburg, Arbor, 2012, X; Original: *The Wisdom of no Escape and the Path of Loving-Kindness*, Boston, MA, Shambhala Publications, 1991/2001, 4.

76 Rob Nairn im September 2009 bei einer Lesung (»Foundation Training in Compassion«), Kagyu Samye Ling Monastery, Dumfriesshire, Schottland.

77 Hayes, S. C., Strosahl, K. D., und Wilson, K. G.: *Acceptance and Commitment Therapy: The Process and Practice of Mindful Change*, New York, Guilford Press, 2. Aufl. 2011.

78 Thich Nhat Hanh: *Ohne Schlamm kein Lotos: Die Kunst, Leid zu verwandeln*, München, Nymphenburger, 2015; Original: *No Mud, No Lotus: The Art of Transforming Suffering*, Berkeley, CA, Parallax Press, 2014.

79 Rizzolatti, G., Fogassi, L., und Gallese, V. (2006): »Mirrors in the mind«, *Scientific American*, 295 (5), 54–61.

80 Lloyd, D., Di Pellegrino, G., und Roberts, N. (2004): »Vicarious responses to pain in anterior cingulate cortex: Is empathy a multisensory issue?«, *Cognitive, Affective, and Behavioral Neuroscience*, 4 (2), 270–278.

81 Germer, Christopher: *Der achtsame Weg zum Selbstmitgefühl: Wie man sich von destruktiven Gedanken und Gefühlen befreit*, Freiburg, Arbor Verlag, 2017; Original: *The Mindful Path to Self-Compassion*, New York, Guilford Press, 2009.

82 Creswell, J. D., Way, B. M., Eisenberger, N. I., und Lieberman, M. D. (2007): »Neural correlates of dispositional mindfulness during affect labeling«, *Psychosomatic Medicine*, 69, 560–565.

83 Lieberman, M. D.: *Social: Why our Brains are Wired to Connect*, Oxford, UK, Oxford University Press, 2014.

84 Tangney, J. P., und Dearing, R. L.: *Shame and Guilt*, New York, Guilford Press, 2003.

85 Johnson, E. A., und O'Brien, K. A. (2013): »Self-compassion soothes the savage ego-threat system: Effects on negative affect, shame, rumination, and depressive symptoms«, *Journal of Social and Clinical Psychology*, 32 (9), 939–963.

86 Dozois, D. J., und Beck, A. T. (2008): »Cognitive schemas, beliefs and assumptions«, *Risk Factors in Depression*, 1, 121–143.)

87 Sartre, Jean-Paul: *Geschlossene Gesellschaft*, Reinbek bei Hamburg, Rowohlt Taschenbuchverlag, 1991, 5. Auftritt, 59; Original: *Huis clos*, erschienen 1944 in der Zeitschrift *L'Arbalète*.

88 Decety, J., und Ickes, W.: *The Social Neuroscience of Empathy*, Cambridge, MA, MIT Press, 2011.

89 Garland, E. L., Fredrickson, B., Kring, A. M., Johnson, D. P., Meyer, P. S., und Penn, D. L. (2010): »Upward spirals of positive emotions counter downward spirals of negativity: Insights from the broaden-and-build theory and

affective neuroscience on the treatment of emotion dysfunctions and deficits in psychopathology«, *Clinical Psychology Review*, 30 (7), 849–864.

90 Klimecki, O. M., Leiberg, S., Ricard, M., und Singer, T. (2013): »Differential pattern of functional brain plasticity after compassion and empathy training«, *Social Cognitive and Affective Neuroscience*, 9 (6), 873–879.

91 Neff, K. D., und Beretvas, S. N. (2013): »The role of self-compassion in romantic relationships«, *Self and Identity*, 12 (1), 78–98.

92 Gilbert, P. (2009): »Introducing compassion-focused therapy«, *Advances in Psychiatric Treatment*, 15, 199–208.

93 Lloyd, D., Di Pellegrino, G., und Roberts, N. (2004): »Vicarious responses to pain in anterior cingulate cortex: Is empathy a multisensory issue?«, *Cognitive, Affective, and Behavioral Neuroscience*, 4 (2), 270–278.

94 Maslach, C. (2003): »Job burnout: New directions in research and intervention«, *Current Directions in Psychological Science*, 12 (5), 189–192.

95 Williams, C. A. (1989): »Empathy and burnout in male and female helping professionals«, *Research in Nursing and Health*, 12 (3), 169–178.

96 Singer, T., und Klimecki, O. M. (2014): »Empathy and compassion«, *Current Biology*, 24 (18), R875–R878.

97 Rogers, Carl: *On Becoming a Person: A Therapist's View of Psychotherapy*, London, Constable, 1961.

98 Klimecki, O. M., Leiberg, S., Ricard, M., und Singer, T. (2013): »Differential pattern of functional brain plasticity after compassion and empathy training«, *Social Cognitive and Affective Neuroscience*, 9 (6), 873–879.

99 Keltner, D., und Haidt, J.: »Social Functions of Emotions«, in Mayne, T. J., und Bonanno, G. A. (Hg.): *Emotions: Current Issues and Future Directions*, New York, Guilford Press, 2001, 192–213.

100 Dimsdale, J. E., Pierce, C., Schoenfeld, D., Brown, A., Zusman, R., und Graham, R. (1986): »Suppressed anger and blood pressure: The effects of race, sex, social class, obesity, and age«, *Psychosomatic Medicine*, 48 (6), 430–436.)

101 Blatt, S. J., Quinlan, D. M., Chevron, E. S., McDonald, C., und Zuroff, D. (1982): »Dependency and self-criticism: Psychological dimensions of depression«, *Journal of Consulting and Clinical Psychology*, 50 (1), 113–124.

102 Denson, T. F., Pedersen, W. C., Friese, M., Hahm, A., und Roberts, L. (2011): »Understanding impulsive aggression: Angry rumination and reduced self-control capacity are mechanisms underlying the provocation–aggression relationship«, *Personality and Social Psychology Bulletin*, 37 (6), 850–862.

103 Christensen, A., Doss, B., und Jacobson, N. S.: *Reconcilable Differences: Rebuild Your Relationship by Rediscovering the Partner You Love – Without Losing Yourself*, New York, Guilford Press, 2. Aufl. 2014.

104 Vgl. American Psychological Association: »Stress effects on the body«, o. J., *www.apa.org/helpcenter/stress-body.aspx*, abgerufen am 18.4.2019.

105 Rosenberg, Marshall B.: *Gewaltfreie Kommunikation: Eine Sprache des Lebens*, Paderborn, Junfermann, 12. überarb. u. erw. Aufl. 2016; Original: *Nonviolent Communication: A Language of Life*, Encinitas, CA, PuddleDancer Press, 2003.

106 Vgl. *www.gewaltfrei-dach.eu/sites/default/files/beduerfnisliste.pdf*, abgerufen am 18.4.2019.)

107 Luskin, Fred: *Die Kunst zu verzeihen: So werfen Sie Ballast von der Seele*, München, mvg, 2002; Original: *Forgive For Good*, New York, HarperCollins, 2002.

108 Breines, J. G., und Chen, S. (2012): »Self-compassion increases self-improvement motivation«, *Personality and Social Psychology Bulletin*, 38 (9), 1133–1143.

109 Singer, T., und Klimecki, O. M. (2014): »Empathy and compassion«, *Current Biology*, 24 (18), R875–R878.

110 Rozin, P., und Royzman, E. B. (2001): »Negativity bias, negativity dominance, and contagion«, *Personality and Social Psychology Review*, 5 (4), 296–320.

111 Hanson, Rick: *Das Gehirn eines Buddha: Die angewandte Neurowissenschaft von Glück, Liebe und Weisheit*, Freiburg, Arbor Verlag, 2010; Original: *Buddha's Brain: The Practical Neuroscience of Happiness, Love and Wisdom*, Oakland, CA, New Harbinger Publications, 2009.

112 Hanson, Rick (2013): *Hardwiring Happiness: The Practical Science of Reshaping Your Brain – And Your Life*, New York, Random House.

113 Fredrickson, B. L. (2004): »The broaden-and-build theory of positive emotions«, *Philosophical Transactions of the Royal Society B: Biological Sciences*, 359 (1449), 1367–1378

114 Keller, Helen: *To Love This Life: Quotations by Helen Keller*, New York: AFB Press, 2000.

115 Bryant, F. B., und Veroff, J.: *Savoring: A New Model of Positive Experience*, Hillsdale, NJ, Erlbaum, 2007.

116 Jose, P. E., Lim, B. T., und Bryant, F. B. (2012): »Does savoring increase happiness?: A daily diary study«, *Journal of Positive Psychology*, 7 (3), 176–187.

117 Emmons, R. A.: *Thanks!: How the New Science of Gratitude Can Make You Happier*, Boston, Houghton Mifflin Harcourt, 2007.

118 Krejtz, I., Nezlek, J. B., Michnicka, A., Holas, P., und Rusanowska, M. (2016): »Counting one's blessings can reduce the impact of daily stress«, *Journal of Happiness Studies*, 17 (1), 25–39.

119 Nepo, Mark: The Book of Awakening: Having the Life You Want by Being Present to the Life You Have, Newburyport, MA, Conari Press, 2011, 23.

120 Baraz, James, und Alexander, Shoshana: *Freude*, München, Nymphenburger, 2011; Original: *Awakening Joy: 10 Steps That Will Put You on the Road to Real Happiness*, New York, Bantam, 2010; vgl. auch das Video mit James Baraz' Mutter: »Confessions of a Jewish Mother: How My Son Ruined My Life« (in Englisch) auf *www.youtube.com/watch?v=FRbL46mWx9w*, abgerufen am 18.4.2019.

121 Diese informelle Praxis basiert auf einer von Bryant und Veroff (vgl. Anm. 115) entwickelten Übung. Die Autoren hatten herausgefunden, dass es eine signifikante Steigerung des Glücksempfindens zur Folge hat, wenn man eine Woche lang auf solche Weise geht.

122 Dickinson, Emily (1872): »Dickinson–Higginson correspondence, late 1872«, Dickinson Electronic Archives, Institute for Advanced Technology in the Humanities (IATH), University of Virginia, *http://archive.emilydickinson.org/correspondence/higginson/l381.html*, abgerufen am 8. 2. 2018.

123 Godsey, J. (2013): »The role of mindfulness-based interventions in the treatment of obesity and eating disorders: An integrative review«, *Complementary Therapies in Medicine*, 21 (4), 430–439.

124 Für einen Überblick über diese Forschung siehe Emmons, vgl. Anm. 117.

125 Williamson, Marianne: *Die Rückkehr zur Liebe: Harmonie, Lebenssinn und Glück durch »Ein Kurs in Wundern«*, München, Goldmann 2016, 181; Original: *A Return to Love: Reflections on the Principles of »A Course in Miracles«*, San Francisco, Harper One, 1996.

Literatur

Baraz, James, und Alexander, Shoshana: *Freude*, München, Nymphenburger Verlag, 2011; auch als: *Freude: Erfüllt und glücklich leben*, Freiburg, Herder Verlag, 2013; Original: *Awakening Joy: 10 Steps that will Put you on the Road to Real Happiness*, New York, NY, Bantam Books, 2010

Bluth, Karen: *The self-compassionate workbook for teens*, Oakland, CA, New Harbinger Press, 2017

Brach, Tara: *Mit dem Herzen eines Buddha: Heilende Wege zu Selbstakzeptanz und Lebensfreude*, München, Knaur Verlag, 2005; Original: *Radical Acceptance: Embracing your Life with the Heart of a Buddha*, New York, NY, Bantam Books, 2004

–, *Nach Hause kommen zu sich selbst: Im eigenen erwachten Herzen Zuflucht und Geborgenheit finden*, Burgrain, Koha Verlag, 2014; Original: *True Refuge: Finding Peace and Freedom in your own Awakened Heart*, New York, NY, Bantam Books, 2013

Brown, Brené: *Die Gaben der Unvollkommenheit: Lass los, was du glaubst, sein zu müssen und umarme, was du bist. Leben aus vollem Herzen*, Bielefeld, J. Kamphausen Verlag, 2012; Original: *The Gifts of Imperfection: Let Go of Who You Think You're Supposed to Be and Embrace Who You Are*, Center City, Minn., Hazelden, 2010.

–, *Verletzlichkeit macht stark: Wie wir unsere Schutzmechanismen aufgeben und innerlich reich werden*, München, Kailash Verlag, 2013; Original: *Daring Greatly: How the Courage to be Vulnerable Transforms the Way We Live, Love, Parent, and Lead*, New York, Gotham Books, 2012

Chödrön, Pema: *Wenn alles zusammenbricht: Hilfestellung für schwierige Zeiten*, Hamburg, Hoffmann und Campe, 1998; Tb.: München, Goldmann Verlag, 7. Aufl. 2001; Original: *When Things Fall Apart: Heart Advice for Difficult Times*, Boston, MA, Shambala Publications, 2000

–, *Beginne, wo du bist: Eine Anleitung zum mitfühlenden Leben*, Braunschweig, Aurum Verlag, 1995; Original: *Start where you are: A Guide to compassionate Living*, Boston, MA, Shambhala Publications, 1994 und 2004

Dalai Lama: *Mit dem Herzen denken: Mitgefühl und Intelligenz sind die Basis menschlichen Miteinanders*, Bern, München u. a., O. W. Barth Verlag, 1997; Original: *The power of Compassion: A Collection of Lectures by His Holiness the XIV Dalai Lama*, New York, Harper Collins, 1995

Fredrickson, Barbara: *Die Macht der Liebe: Ein neuer Blick auf das größte Gefühl*, Frankfurt am Main und New York, NY, Campus Verlag, 2013; Original: *Love 2.0: Finding Happiness and Health in Moments of Connection*, New York, NY, Hudson Street Press, 2013

Germer, Christopher, und Neff, Kristin: *Teaching the Mindful Self-Compassion Program: A Guide for Professionals*, New York, Guilford Press, 2019. (Die deutsche Ausgabe wird Ende 2020 erscheinen.)

Germer, Christopher: *Der achtsame Weg zum Selbstmitgefühl: Wie man sich von destruktiven Gedanken und Gefühlen befreit*, Freiburg, Arbor Verlag, 2017; Original: *The Mindful Path to Self-Compassion*, New York, Guilford Press, 2009

Germer, Christopher, Siegel, Ronald D., und Fulton, Paul (Hg.): *Achtsamkeit in der Psychotherapie*, Freiamt, Arbor Verlag, 2009; Original: *Mindfulness and Psychotherapy*, New York, NY, Guilford Press, 2. Aufl. 2013

Gilbert, Paul: *Mitgefühl: Wie wir Mitgefühl nutzen können, um Glück und Selbstakzeptanz zu entwickeln und es uns wohl sein zu lassen*, Freiburg, Arbor Verlag, 2011; Original: *The Compassionate Mind: A new Approach to Life's Challenges*, London, Constable & Robinson, 2009, sowie Oakland, CA, New Harbinger Publications, 2009

Hanson, Rick: *Das Gehirn eines Buddha: Die angewandte Neurowissenschaft von Glück, Liebe und Weisheit*, Freiburg, Arbor Verlag, 2010; Original: *Buddha's Brain: The Practical Neuroscience of Happiness, Love and Wisdom,* Oakland, CA, New Harbinger Publications, 2009

–, *Denken wie ein Buddha: Wie wir unser Gehirn positiv verändern. Gelassenheit und innere Stärke durch Achtsamkeit*, München, Irisiana Verlag, 2013; Original: *Hardwiring Happiness: The New Brain Science of Contentment, Calm, and Confidence*, New York, NY, Harmony Publications, 2013

Jinpa, Thupten: *Mitgefühl: Offen und empathisch sich selbst und dem Leben neu begegnen*, München, O. W. Barth Verlag, 2016; Original: *A fearless Heart*, New York, Avery/Penguin, 2015

Kabat-Zinn, Jon: *Gesund durch Meditation: Das große Buch der Selbstheilung*, Bern, O. W. Barth Verlag, 1991; Tb.: Frankfurt am Main, Fischer Taschenbuch Verlag, 2006; vollst. überarb. Aufl.: München, Knaur Verlag, 2013; Original: *Full Catastrophe Living: Using the Wisdom of Your Body and Mind to Face Stress, Pain, and Illness*, New York, Dell Publishing, 1991, überarbeitete Auflage: New York, Bantam Books, 2013

Keltner, D.: *Born to Be Good: The Science of a Meaningful Life*, New York, NY, W. W. Norton, 2009

Kornfield, Jack: *Frag den Buddha und geh den Weg des Herzens: Was uns bei der spirituellen Suche unterstützt*, München, Kösel Verlag, 2017; Original: *A Path with Heart: A Guide Through the Perils and Promises of Spiritual Life*, New York, NY, Bantam Books, 1993

Neff, Kristin: *Selbstmitgefühl: Wie wir uns mit unseren Schwächen versöhnen und uns selbst der beste Freund werden*, München, Kailash Verlag, 2012; Original: *Self-Compassion: The Proven Power of Being Kind to Yourself*, New York, NY, William Morrow, 2011

Rosenberg, Marshall: *Gewaltfreie Kommunikation: Eine Sprache des Lebens*, Paderborn, Junfermann, 2016; Original: *Nonviolent Communication: A Language of Life*, Encinitas, CA, Puddledancer Press, 3. Aufl. 2015

Salzberg, Sharon: *Metta-Meditation: Buddhas revolutionärer Weg zum Glück. Geborgen im Sein*, Freiamt, Arbor Verlag, 2003; Original: *Lovingkindness: The Revolutionary Art of Happiness*, Boston, MA, Shambhala Publications, 1995

–, *Das Handbuch der Achtsamkeit und Güte,* Güllesheim, Silberschnur, 2011; Orig.: *The Kindness Handbook*, Boulder, CO, Sounds True, 2008

Siegel, Daniel: *Die Alchemie der Gefühle: Wie die moderne Hirnforschung unser Seelenleben entschlüsselt. Das Navigationssystem zu emotionaler Klarheit*, München, Kailash Verlag, 2010; Original: *Mindsight: The New Science of Personal Transformation*, New York, Bantam Books, 2010, 2. Aufl. 2012

Thich Nhat Hanh: *Nimm das Leben ganz in deine Arme: Die Lehre des Buddha über die Liebe*, Müchnen, dtv, 2006; Original: *Teachings on Love*, Berkeley, CA, Parallax Press, 1998

Die Übungen und Meditationen

Das Symbol 🎧 zeigt an, dass eine ergänzende Audioaufnahme zur jeweiligen Übung vorliegt. Die gesprochene Anleitung findest du mit dem Code **3k35vp** auf *www.arbor-verlag.de/NeffGermer/MSC_ueben*

Das Audio-Begleitmaterial

KAP.	NR.	TITEL	DAUER	SPRECHER
4	1	Die Selbstmitgefühlspause	10:05	Arve Thürmann
	2	Die Selbstmitgefühlspause	09:49	Jörg Mangold
6	3	Liebevolles Atmen	10:54	Arve Thürmann
	4	Liebevolles Atmen	15:22	Jörg Mangold
9	5	Liebevolle Güte für ein geliebtes Wesen	21:24	Arve Thürmann
	6	Liebevolle Güte für ein geliebtes Wesen	16:49	Jörg Mangold
10	7	Vorbereitung liebevolle Güte	03:27	Jörg Mangold
	8	Sätze der liebevollen Güte finden	19:29	Arve Thürmann
	9	Sätze der liebevollen Güte finden	18:38	Jörg Mangold
	10	Liebevolle Güte für uns selbst	13:38	Arve Thürmann
	11	Liebevolle Güte für uns selbst	15:50	Jörg Mangold
12	12	Bodyscan mit Mitgefühl	40:15	Arve Thürmann
	13	Liebevoller Bodyscan	47:11	Jörg Mangold

KAP.	NR.	TITEL	DAUER	SPRECHER
15	14	Mitgefühl geben und empfangen	18:10	Arve Thürmann
	15	Mitgefühl geben und empfangen	20:46	Jörg Mangold
16	16	Umgang mit herausfordernden Gefühlen	24:34	Arve Thürmann
	17	Umgang mit schwierigen Gefühlen	22:19	Jörg Mangold
18	18	Mitfühlender Freund – mitfühlende Freundin	22:16	Arve Thürmann
	19	Mitfühlender Freund – mitfühlende Freundin	20:05	Jörg Mangold
19	20	Mitgefühl mit Gleichmut	16:04	Arve Thürmann
	21	Mitgefühl mit Gleichmut	13:10	Jörg Mangold

Sie finden diese Audiodateien im Arbor Online Center, wenn Sie auf: *www.arbor-verlag.de/NeffGermer/MSC_ueben* den Code **3k35vp** eingeben.

Sie können das Material gerne für Ihre eigene Praxis nutzen oder in der Arbeit mit Ihren Klientinnen und Klienten. Eine weitergehende gewerbliche Nutzung und auch die Bereitstellung im Internet indes gestatten wir nicht. Wir bitten Sie, stets auf die Quelle des Materials zurückzuverweisen und für jede Vervielfältigung oder Weitergabe eine schriftliche Genehmigung des Arbor Verlags einzuholen.

Zu den Sprechern

ARVE THÜRMANN ist Diplom-Psychologin, ausgebildet als Verhaltenstherapeutin und seit 2000 niedergelassen als Psychologische Psychotherapeutin in Berlin. Sie ist Trainerin für MBSR und MBCT, Dozentin und Supervisorin bei der Berliner Fortbildungsakademie (BFA) und der Berliner Akademie für Psychotherapie (BAP) mit den Themen Achtsamkeit und Meditation in der Psychotherapie und seit 2016 Certified Teacher of MSC durch die University of California-San Diego-School of Medicin/Center for Mindful Self-Compassion. Jahrelange eigene theoretische und praktische Meditationserfahrung in der Tradition von Thich Nhat Hanh sowie Vipassana-Meditation.
www.achtsamkeit-verhaltenstherapie.de

JÖRG MANGOLD, geboren 1963, verheiratet, vier Kinder, lebt in Ansbach. Oberarzttätigkeit am BKH Ansbach und seit 2001 niedergelassen in eigener Praxis. Aktuell tätig als Leiter des MangoldPRAXISTEAM. Lehrtherapeut, Dozent und Supervisor in der Ausbildung von Kinder- und Jugentherapeuten, sowohl tiefenpsychologisch als auch verhaltenstherapeutisch. Eigene Meditationspraxis seit 2007. Lehrerausbildung in den achtsamkeitsbasierten Verfahren MSC, MBSR, MBCL, PNT, Mindful Parenting, MYmind und CFT Advenced Skills.
www.we-mind.life und **www.achtsamkeitundselbstmitgefuehl.de**

Hilfreiche Webseiten

Vielfältige Informationen zum achtsamen Selbstmitgefühl sowie Kurse und Lehrerinnen und Lehrer findest du unter:
www.msc-selbstmitgefuehl.org

Die Weiterbildungs- und Kursangebote von Arbor Seminare findest du unter:
www.arbor-seminare.de

Die Autoren

KRISTIN NEFF ist Professorin für Psychologie und Persönlichkeitsentwicklung an der Universität von Texas in Austin. Sie war die Erste, die das buddhistische Konzept des Selbstmitgefühls psychologisch erforschte. Darauf aufbauend entwickelte sie, gemeinsam mit Christopher Germer, das achtwöchige Programm »Achtsames Selbstmitgefühl« (MSC, Mindful Self-Compassion).

Sie ist Autorin der Bücher »Selbstmitgefühl. Wie wir uns mit unseren Schwächen versöhnen und uns selbst der beste Freund werden« und »Selbstmitgefühl Schritt für Schritt« und hat zahlreiche wissenschaftliche Artikel veröffentlicht. Sie hält weltweit Vorträge und Workshops.

Mehr über Kristin Neff unter **www.self-compassion.org**
www.arbor-verlag.de/kristin-neff

CHRISTOPHER GERMER ist in eigener Praxis tätig und bietet achtsamkeits- und mitgefühlsbasierte Psychotherapie. Zudem ist er Lehrbeauftragter für Psychologie an der Harvard Medical School und Gründungsmitglied des Instituts für Meditation und Psychotherapie, das sich für eine Verbindung buddhistischer Psychologie mit westlichen Therapiemethoden einsetzt. Er ist Autor des Buchs »Der achtsame Weg zum Selbstmitgefühl. Wie man sich von destruktiven Gedanken und Gefühlen befreit«.

Christopher Germer bietet weltweit Vorträge und Workshops zu Achtsamkeit und Selbstmitgefühl an – in Deutschland lehrt er regelmäßig in Kooperation mit Arbor Seminare.

Mehr über Christopher Germer unter **www.mindfulselfcompassion.org**
www.arbor-verlag.de/christopher-germer